社会组织支持型政策选编

SHEHUI ZUZHI ZHICHIXING
ZHENGCE XUANBIAN

吴 刚 主编

人民出版社

目　录

一、综合改革类

二、党 建 类

三、政社分开类

四、转移职能类

五、购买服务类

六、税收优惠类

七、人才建设类

八、信用体系建设类

九、评　估　类

十、培育孵化类

一、综合改革类

1. 党的十八大以来中央关于社会组织改革的方针政策（节选）

党中央、国务院高度重视社会组织工作,改革开放以来出台了一系列方针政策,为社会组织发展奠定了重要基础。党的十八大以来,社会组织管理制度改革上升为党和国家重大发展战略。

(一)党的十八大提出:"加快形成政社分开、权责明确、依法自治的现代社会组织体制","引导社会组织健康有序发展"。

(二)十二届全国人大一次会议通过的《国务院机构改革和职能转变方案》对社会组织管理制度改革提出了具体任务:一是逐步推进行业协会商会与行政机关脱钩,强化行业自律,使其真正成为提供服务、反映诉求、规范行为的主体。探索一业多会,引入竞争机制。二是重点培育、优先发展行业协会商会类、科技类、公益慈善类、城乡社区服务类社会组织。成立这些社会组织,直接向民政部门依法申请登记,不再需要业务主管单位审查同意。三是坚持积极引导发展、严格依法管理的原则,建立健全统一登记、各司其职、协调配合、分级负责、依法监管的社会组织管理体制,健全管理制度,推动社会组织完善内部治理结构。四是加强社会管理能力建设,创新社会管理方式。公平对待社会力量提供医疗卫生、教育、文化、群众健身、社区服务等公共服务,加大政府购买服务力度。

(三)党的十八届三中全会通过的《中共中央关于全面深化改革若干重大问题的决定》从推进国家治理体系和治理能力现代化的高度,就"激发社会组织活力"作出专节部署,提出"激发社会组织活力。正确处理政府和社会关系,加快实施政社分开,推进社会组织明确权责、依法自治、发挥作用。适合由社会组织提供的公共服务和解决的事项,交由社会组织承担。支持和发展志愿服务组织。限期实现行业协会商会与行政机关真正脱钩,重点培育和优先发展行业协会商会类、科技类、公益慈善类、城乡社区服务类社会组织,成立时直接依法申请登记。加强对社会组织和在华境外非政府组织的管理,引导它们依法开展活动"。

此外,党的十八届三中全会《决定》中还有 12 处涉及社会组织的论述,分别是:

1.推广政府购买服务,凡属事务性管理服务,原则上都要引入竞争机制,通过合同、委托等方式向社会购买。(四、加快转变政府职能(15))

2.建立事业单位法人治理结构,推进有条件的事业单位转为企业或社会组织。(四、加快转变政府职能(15))

3.鼓励社会资本投向农村建设,允许企业和社会组织在农村兴办各类事业。(六、健全城乡发展一体化体制机制(22))

4.构建程序合理、环节完整的协商民主体系,拓宽国家政权机关、政协组织、党派团体、基层组织、社会组织的协商渠道。(八、加强社会主义民主政治制度建设(28))

5.加强社会组织民主机制建设,保障职工参与管理和监督的民主权利。(八、加强社会主义民主政治制度建设(29))

6.完善并严格执行领导干部亲属经商、担任公职和社会组织职务、出国定居等相关制度规定。(十、强化权力运行制约和监督体系(37))

7.鼓励社会力量、社会资本参与公共文化服务体系建设,培育文化非营利组织。(十一、推进文化体制机制创新(40))

8.提高文化开放水平。鼓励社会组织、中资机构等参与孔子学院和海外文化中心建设,承担人文交流项目。(十一、推进文化体制机制创新(41))

9.强化国家教育督导,委托社会组织开展教育评估监测。(十二、推进社会事业改革创新(42))

10.完善慈善捐助减免税制度,支持慈善事业发挥扶贫济困积极作用。(十二、推进社会事业改革创新(44))

11.鼓励社会办医,优先支持举办非营利性医疗机构。(十二、推进社会事业改革创新(46))

12.人民是改革的主体,要坚持党的群众路线,建立社会参与机制,充分发挥人民群众积极性、主动性、创造性,充分发挥工会、共青团、妇联等人民团体作用,齐心协力推进改革。(十六、加强和改善党对全面深化改革的领导(60))

(四)党的十八届四中全会通过的《中共中央关于全面推进依法治国若干重大问题的决定》就发挥社会组织在全面推进依法治国中的积极作用作出重要部署:

1.在"健全宪法实施和监督制度"中指出:各社会团体、各企业事业组织,都必须以宪法为根本的活动准则,并且负有维护宪法尊严、保证宪法实施的职责。

2.在"深入推进科学立法、民主立法"中提出:充分发挥政协委员、民主党派、工商联、无党派人士、人民团体、社会组织在立法协商中的作用,探索建立有关国家机关、社会团体、专家学者等对立法中涉及的重大利益调整论证咨询机制。

3.在"加强重点领域立法"中提出:加强社会组织立法,规范和引导各类社会组织健康发展。

4.在"推进多层次多领域依法治理"中提出:深入开展多层次多形式法治创建活动,深化基层组织和部门、行业依法治理,支持各类社会主体自我约束、自我管理。发挥市民公约、乡规民约、行业规章、团体章程等社会规范在社会治理中的积极作用。发挥人民团体和社会组织在法治社会建设中的积极作用。建立健全社会组织参与社会事务、维护公共利益、救助困难群众、帮教特殊人群、预防违法犯罪的机制和制度化渠道。支持行业协会商会类社会组织发挥行业自律和专业服务功能。发挥社会组织对其成员的行为导引、规则约束、权益维护作用。加强在华境外非政府组织管理,引导和监督其依法开展活动。

5.在"坚持依法执政"中强调:加强和改进党对全面推进依法治国的领导,各级党委要领导和支持工会、共青团、妇联等人民团体和社会组织在依法治国中积极发挥作用。

（五）党的十八届五中全会通过的《中共中央关于制定国民经济和社会发展第十三个五年规划的建议》提出："牢固树立创新、协调、绿色、开放、共享的发展理念"，在社会事业改革方面，要求"创新公共服务提供方式，能由政府购买服务提供的，政府不再直接承办"，"激励各类企业、社会组织、个人自愿采取包干方式参与扶贫"，"支持和规范民办教育发展，鼓励社会力量和民间资本提供多样化教育服务"，"广泛动员社会力量开展社会救济和社会互助、志愿服务活动"，"完善鼓励回馈社会、扶贫济困的税收政策"，"鼓励社会力量兴办健康服务业，推进非营利性民营医院和公立医院同等待遇"，等等。

2. 中共中央办公厅 国务院办公厅 关于改革社会组织管理制度促进 社会组织健康有序发展的意见

2016 年 8 月 21 日,中共中央办公厅、国务院办公厅印发了《关于改革社会组织管理制度促进社会组织健康有序发展的意见》,并发出通知,要求各地区各部门结合实际认真贯彻执行。

《关于改革社会组织管理制度促进社会组织健康有序发展的意见》主要内容如下。

为深入贯彻党的十八大和十八届二中、三中、四中、五中全会精神,进一步加强社会组织建设,激发社会组织活力,现就改革社会组织管理制度、促进社会组织健康有序发展提出以下意见。

一、重要性和紧迫性

以社会团体、基金会和社会服务机构为主体组成的社会组织,是我国社会主义现代化建设的重要力量。党中央、国务院历来高度重视社会组织工作,改革开放以来,在各级党委和政府的重视和支持下,我国社会组织不断发展,在促进经济发展、繁荣社会事业、创新社会治理、扩大对外交往等方面发挥了积极作用。同时也要看到,目前社会组织工作中还存在法规制度建设滞后、管理体制不健全、支持引导力度不够、社会组织自身建设不足等问题,从总体上看社会组织发挥作用还不够充分,一些社会组织违法违规现象时有发生。当前,我国正处于全面建成小康社会决胜阶段,改革社会组织管理制度、促进社会组织健康有序发展,有利于厘清政府、市场、社会关系,完善社会主义市场经济体制;有利于改进公共服务供给方式,加强和创新社会治理;有利于激发社会活力,巩固和扩大党的执政基础。各地区各部门要站在战略和全局高度,充分认识做好这项工作的重要性和紧迫性,将其作为一项重要基础性工作来抓,主动适应新形势新任务要求,全面落实相关政策措施,扎扎实实做好各项工作。

二、指导思想、基本原则和总体目标

(一)指导思想。以邓小平理论、"三个代表"重要思想、科学发展观为指导,深入贯彻习近平总书记系列重要讲话精神,按照"四个全面"战略布局要求,贯彻落实创新、协调、绿色、开放、共享发展理念,一手抓积极引导发展,一手抓严格依法管理,充分发挥社会组织服务国家、服务社会、服务群众、服务行业的作用,努力走出一条具有中国特色的社会组织发展之路。

(二)基本原则

——坚持党的领导。按照党中央明确的党组织在社会组织中的功能定位,发挥党组织的政治核心作用,加强社会组织党的建设,注重加强对社会组织的政治引领和示范带动,支持群团组织充分发挥作用,增强联系服务群众的合力,确保社会组织发展的正确政治方向。

——坚持改革创新。改革社会组织管理制度,正确处理政府、市场、社会三者关系,改革制约社会组织发展的体制机制,激发社会组织内在活力和发展动力,促进社会组织真正成为提供服务、反映诉求、规范行为、促进和谐的重要力量。

——坚持放管并重。处理好"放"和"管"的关系,既要简政放权,优化服务,积极培育扶持,又要加强事中事后监管,促进社会组织健康有序发展。

——坚持积极稳妥推进。统筹兼顾,分类指导,抓好试点,确保改革工作平稳过渡、有序推进。

(三)总体目标。到 2020 年,统一登记、各司其职、协调配合、分级负责、依法监管的中国特色社会组织管理体制建立健全,社会组织法规政策更加完善,综合监管更加有效,党组织作用发挥更加明显,发展环境更加

优化;政社分开、权责明确、依法自治的社会组织制度基本建立,结构合
理、功能完善、竞争有序、诚信自律、充满活力的社会组织发展格局基本
形成。

三、大力培育发展社区社会组织

(一)降低准入门槛。对在城乡社区开展为民服务、养老照护、公益
慈善、促进和谐、文体娱乐和农村生产技术服务等活动的社区社会组织,
采取降低准入门槛的办法,支持鼓励发展。对符合登记条件的社区社会
组织,优化服务,加快审核办理程序,并简化登记程序。对达不到登记条
件的社区社会组织,按照不同规模、业务范围、成员构成和服务对象,由街
道办事处(乡镇政府)实施管理,加强分类指导和业务指导。鼓励在街道
(乡镇)成立社区社会组织联合会,发挥管理服务协调作用。

(二)积极扶持发展。鼓励依托街道(乡镇)综合服务中心和城乡社
区服务站等设施,建立社区社会组织综合服务平台,为社区社会组织提供
组织运作、活动场地、活动经费、人才队伍等方面支持。采取政府购买服
务、设立项目资金、补贴活动经费等措施,加大对社区社会组织扶持力度,
重点培育为老年人、妇女、儿童、残疾人、失业人员、农民工、服刑人员未成
年子女、困难家庭、严重精神障碍患者、有不良行为青少年、社区矫正人员
等特定群体服务的社区社会组织。有条件的地方可探索建立社区社会组
织孵化机制,设立孵化培育资金,建设孵化基地。鼓励社会力量支持社区
社会组织发展。

(三)增强服务功能。发挥社区社会组织在创新基层社会治理中的
积极作用,推动建立多元主体参与的社区治理格局。鼓励社区社会组织
开展邻里互助、居民融入、纠纷调解、平安创建等社区活动,组织社区居民
参与社区公共事务和公益事业,促进社区和谐稳定。支持社区社会组织
承接社区公共服务和基层政府委托事项,开展社区志愿服务。建立社区
社会组织与社区建设、社会工作联动机制,促进资源共享、优势互补,把社
区社会组织建设成为增强社区自治和服务功能、吸纳社会工作人才的重
要载体。

四、完善扶持社会组织发展政策措施

（一）支持社会组织提供公共服务。结合政府职能转变和行政审批改革，将政府部门不宜行使、适合市场和社会提供的事务性管理工作及公共服务，通过竞争性方式交由社会组织承担。逐步扩大政府向社会组织购买服务的范围和规模，对民生保障、社会治理、行业管理等公共服务项目，同等条件下优先向社会组织购买。

（二）完善财政税收支持政策。中央财政继续安排专项资金，有条件的地方可参照安排专项资金，支持社会组织参与社会服务，加强社会组织能力建设，有计划有重点地扶持一批品牌性社会组织。落实国家对社会组织各项税收优惠政策，符合条件的社会组织按照有关法律法规享受相关税收优惠政策。财政、税务部门要结合综合监管体制建设，研究完善社会组织税收政策体系和票据管理制度，改进和落实公益慈善事业捐赠税收优惠制度。鼓励银行业金融机构加大对符合条件社会组织的金融支持力度。

（三）完善人才政策。把社会组织人才工作纳入国家人才工作体系，对社会组织的专业技术人员执行与相关行业相同的职业资格、注册考核、职称评定政策，对符合条件的社会组织专门人才给予相关补贴，将社会组织人才纳入国家专业技术人才知识更新工程。建立社会组织负责人培训制度，引导其自觉践行社会主义核心价值观，增强社会责任意识和诚信意识。积极向国际组织推荐具备国际视野的社会组织人才。有关部门和群团组织要将社会组织及其从业人员纳入有关表彰奖励推荐范围。民政部、人力资源社会保障部要会同有关部门研究制定加强社会组织人才工作的意见。

（四）发挥社会组织积极作用。进一步发挥社会组织在促进经济发展、管理社会事务、提供公共服务中的作用。支持社会组织尤其是行业协会商会在服务企业发展、规范市场秩序、开展行业自律、制定团体标准、维护会员权益、调解贸易纠纷等方面发挥作用，使之成为推动经济发展的重要力量。支持社会组织在创新社会治理、化解社会矛盾、维护社会秩序、促进社会和谐等方面发挥作用，使之成为社会建设的重要主体。支持社

会组织在发展公益慈善事业、繁荣科学文化、扩大就业渠道等方面发挥作用,满足人民群众多样化需求。

五、依法做好社会组织登记审查

(一)稳妥推进直接登记。重点培育、优先发展行业协会商会类、科技类、公益慈善类、城乡社区服务类社会组织。成立行业协会商会,按照《行业协会商会与行政机关脱钩总体方案》的精神,直接向民政部门依法申请登记。在自然科学和工程技术领域内从事学术研究和交流活动的科技类社会组织,以及提供扶贫、济困、扶老、救孤、恤病、助残、救灾、助医、助学服务的公益慈善类社会组织,直接向民政部门依法申请登记。为满足城乡社区居民生活需求,在社区内活动的城乡社区服务类社会组织,直接向县级民政部门依法申请登记。民政部门审查直接登记申请时,要广泛听取意见,根据需要征求有关部门意见或组织专家进行评估。国务院法制办要抓紧推动修订《社会团体登记管理条例》等行政法规。民政部要会同有关部门尽快制定直接登记的社会组织分类标准和具体办法。

(二)完善业务主管单位前置审查。对直接登记范围之外的其他社会组织,继续实行登记管理机关和业务主管单位双重负责的管理体制。业务主管单位要健全工作程序,完善审查标准,切实加强对社会组织名称、宗旨、业务范围、发起人和拟任负责人的把关,支持符合条件的社会组织依法成立。

(三)严格民政部门登记审查。民政部门要会同行业管理部门及相关党建工作机构,加强对社会组织发起人、拟任负责人资格审查。对跨领域、跨行业以及业务宽泛、不易界定的社会组织,按照明确、清晰、聚焦主业的原则,加强名称审核、业务范围审定,听取利益相关方和管理部门意见。严禁社会组织之间建立垂直领导或变相垂直领导关系,严禁社会组织设立地域性分支机构。对全国性社会团体,要从成立的必要性、发起人的代表性、会员的广泛性等方面认真加以审核,业务范围相似的,要充分进行论证。活动地域跨省(自治区、直辖市)的社会组织比照全国性社会组织从严审批。

(四)强化社会组织发起人责任。国务院法制办会同民政部推动将社会组织发起人的资格、人数、行为、责任等事项纳入有关行政法规予以规范。发起人应当对社会组织登记材料的合法性、真实性、准确性、有效性、完整性负责,对社会组织登记之前的活动负责,主要发起人应当担任首届负责人。建立发起人不良行为记录档案。发起人不得以拟成立社会组织名义开展与发起无关的活动,禁止向非特定对象发布筹备和筹款信息。党政领导干部未经批准不得发起成立社会组织。经批准担任发起人但不履行责任的,批准机关要严肃问责。

六、严格管理和监督

(一)加强对社会组织负责人的管理。民政部门会同有关部门建立社会组织负责人任职、约谈、警告、责令撤换、从业禁止等管理制度,落实法定代表人离任审计制度。建立负责人不良行为记录档案,强化社会组织负责人过错责任追究,对严重违法违规的,责令撤换并依法依规追究责任。推行社会组织负责人任职前公示制度、法定代表人述职制度。

(二)加强对社会组织资金的监管。建立民政部门牵头,财政、税务、审计、金融、公安等部门参加的资金监管机制,共享执法信息,加强风险评估、预警。民政、财政部门要推动社会组织建立健全内控管理机制,严格执行国家有关财务会计制度和票据管理使用制度,推行社会组织财务信息公开和注册会计师审计制度。财政部门要加强对社会组织财政、财务、会计等政策执行情况的监督检查,发现问题依法处罚并及时通报民政部门。税务部门要推动社会组织依法进行税务登记,对于没有在税务机关登记的社会组织,要在本意见下发后半年内完成登记手续;加强对社会组织非营利性的监督,严格核查非营利组织享受税收优惠政策的条件,落实非营利性收入免税申报和经营性收入依法纳税制度;加强对社会组织的税务检查,对违法违规开展营利性经营活动的,依法取消税收优惠资格,通报有关部门依法处罚社会组织和主要责任人。审计机关要对社会组织的财务收支情况、国有资产管理使用情况进行审计监督。金融管理部门要加强对社会组织账户的监管、对资金往来特别是大额现金支付的监测,防范和打击洗钱和恐怖融资等违法犯罪活动。中国人民银行要会同民政部加快研究将社会组织纳入反洗钱监管体系。

（三）加强对社会组织活动的管理。各级政府及有关部门要按照职能分工加强对社会组织内部治理、业务活动、对外交往的管理。民政部门要通过检查、评估等手段依法监督社会组织负责人、资金、活动、信息公开、章程履行等情况,建立社会组织"异常名录"和"黑名单",加强与有关部门的协调联动,将社会组织的实际表现情况与社会组织享受税收优惠、承接政府转移职能和购买服务等挂钩。民政部门要会同有关部门建立联合执法制度,严厉查处违法违规行为,依法取缔未经登记的各类非法社会组织。对被依法取缔后仍以非法社会组织名义活动的,公安机关要依法处理。行业管理部门要将社会组织纳入行业管理,加强业务指导和行业监管,引导社会组织健康发展,配合登记管理机关做好本领域社会组织的登记审查,协助登记管理机关和相关部门做好对本领域社会组织非法活动和非法社会组织的查处。外交、公安、物价、人力资源社会保障等部门对社会组织涉及本领域的事项事务履行监管职责,依法查处违法违规行为并及时向民政部门通报。实行双重管理的社会组织的业务主管单位,要对所主管社会组织的思想政治工作、党的建设、财务和人事管理、研讨活动、对外交往、接收境外捐赠资助、按章程开展活动等事项切实负起管理责任,每年组织专项监督抽查,协助有关部门查处社会组织违法违规行为,督促指导内部管理混乱的社会组织进行整改,组织指导社会组织清算工作。

（四）规范管理直接登记的社会组织。直接登记的行业协会商会类、科技类、公益慈善类、城乡社区服务类社会组织的综合监管以及党建、外事、人力资源服务等事项,参照《行业协会商会与行政机关脱钩总体方案》及配套政策执行,落实"谁主管谁负责"的原则,切实加强事中事后监管。对已经成立的科技类、公益慈善类、城乡社区服务类社会组织,本着审慎推进、稳步过渡的原则,通过试点逐步按照对直接登记社会组织的管理方式进行管理。民政部要会同有关部门制定全国性社会组织试点方案,具体负责组织实施。地方社会组织试点工作,在各省（自治区、直辖市）党委和政府统一领导下,由民政部门具体负责组织实施,试点方案要根据当地情况研究制定。具备条件的地方可探索一业多会。已开展试点工作的地区要根据本意见精神进一步完善试点工作。

（五）加强社会监督。鼓励支持新闻媒体、社会公众对社会组织进行监督。民政部要会同有关部门制定实施各类社会组织信息公开办法，探索建立社会组织年度报告制度，规范公开内容、机制和方式，提高透明度；探索建立专业化、社会化的第三方监督机制，建立健全社会组织第三方评估机制，确保评估信息公开、程序公平、结果公正；建立对社会组织违法违规行为及非法社会组织投诉举报受理和奖励机制，依法向社会公告行政处罚和取缔情况。

（六）健全社会组织退出机制。对严重违反国家有关法律法规的社会组织，要依法吊销其登记证书；对弄虚作假骗取登记的社会组织，依法撤销登记；对未经许可擅自以社会组织名义开展活动的非法社会组织，依法予以取缔。完善社会组织清算、注销制度，确保社会组织资产不被侵占、私分或者挪用。

七、规范社会组织涉外活动

引导社会组织有序开展对外交流，参加非政府间国际组织，参与国际标准和规则制定，发挥社会组织在对外经济、文化、科技、体育、环保等交流中的辅助配合作用，在民间对外交往中的重要平台作用。完善相应登记管理制度，积极参与新建国际性社会组织，支持成立国际性社会组织，服务构建开放型经济新体制。确因工作需要在境外设立分支（代表）机构的，必须经业务主管单位或者负责其外事管理的单位批准。党政领导干部如确需以个人身份加入境外专业、学术组织或兼任该组织有关职务的，按干部管理权限和有关规定报批。

八、加强社会组织自身建设

（一）健全社会组织法人治理结构。针对不同类型社会组织特点制定章程示范文本。社会组织要依照法规政策和章程建立健全法人治理结构和运行机制以及党组织参与社会组织重大问题决策等制度安排，完善会员大会（会员代表大会）、理事会、监事会制度，落实民主选举、民主决策和民主管理，健全内部监督机制，成为权责明确、运转协调、制衡有效的法人主体，独立承担法律责任。推动社会组织建立健全内部纠纷解决机

制,推行社会组织人民调解制度,引导当事人通过司法途径依法解决
纠纷。

(二)充分发挥党组织的战斗堡垒作用和党员的先锋模范作用。社
会组织党组织要紧紧围绕党章赋予党的基层组织的基本任务开展工作,
团结凝聚群众,保证社会组织正确政治方向;对社会组织重要事项决策、
重要业务活动、大额经费开支、接收大额捐赠、开展涉外活动等提出意见,
加强对社会组织分支机构党建工作的指导,对具备条件的分支机构,督促
其及时建立党组织。对住所地不在北京以及设立分支机构的全国性、跨
区域社会组织,除按有关规定由中央直属机关工委、中央国家机关工委、
国务院国资委党委加强党的领导外,住所地及分支机构所在地党委应当
按照"条块结合"的要求,加强对有关社会组织及其分支机构党组织的日
常指导和监管服务。社会组织党组织书记一般从社会组织内部产生,提
倡党员社会组织负责人担任党组织书记。规模较大、成员较多或没有合
适党组织书记人选的社会组织,上级党组织可按规定选派党组织书记。
积极开展党员先锋岗、党员责任区、党员公开承诺等活动。注重在社会组
织负责人、管理层和业务骨干中培养和发展党员。坚持党建带群建,推动
有条件的社会组织建立工会、共青团、妇联等群团组织。支持工会代表职
工对社会组织贯彻执行有关法律法规和政策实施监督。

(三)加强社会组织诚信自律建设。推动社会组织建立诚信承诺制
度,建立行业性诚信激励和惩戒机制。支持社会组织建立社会责任标准
体系,积极履行社会责任。引导社会组织建立活动影响评估机制,对可能
引发社会风险的重要事项应事先向政府有关部门报告。强化社会组织管
理服务意识,社会团体设立机构、发展会员要与其管理服务能力相适应。
探索建立各领域社会组织行业自律联盟,通过发布公益倡导、制定活动准
则、实行声誉评价等形式,引领和规范行业内社会组织的行为。规范社会
组织收费行为,严禁巧立名目乱收费,切实防止只收费不服务、只收费不
管理的现象。

(四)推进社会组织政社分开。支持社会组织自我约束、自我管理,
发挥提供服务、反映诉求、规范行为、促进和谐的作用。贯彻落实《行业

协会商会与行政机关脱钩总体方案》,稳妥开展脱钩试点。除法律法规有特殊规定外,政府部门不得授权或委托社会组织行使行政审批。国务院决定取消的行政审批事项,原承担审批职能的部门不得通过任何形式指定交由行业协会商会继续审批。严格执行《中共中央办公厅、国务院办公厅关于党政机关领导干部不兼任社会团体领导职务的通知》《中共中央组织部关于规范退(离)休领导干部在社会团体兼职问题的通知》,从严规范公务员兼任社会团体负责人,因特殊情况确需兼任的,按照干部管理权限从严审批,且兼职一般不得超过 1 个。在职公务员不得兼任基金会、社会服务机构负责人,已兼职的在本意见下发后半年内应辞去公职或辞去社会组织职务。

九、加强党对社会组织工作的领导

(一)完善领导体制。各级党委和政府要把加强和改进社会组织管理工作列入重要议事日程,列入地方党委和政府绩效考核内容和社会治安综合治理考评体系。地方党委和政府要建立完善研究决定社会组织工作重大事项制度;党委常委会应该定期听取社会组织工作汇报。各部门党组(党委)要加强对社会组织管理工作的组织领导,落实党建工作责任制,制定本部门管理规定,配齐配强相关管理力量,抓好督促落实。中央建立社会组织工作协调机制,地方各级要建立相应机制,统筹、规划、协调、指导社会组织工作,及时研究解决工作中出现的问题。重视和加强社会组织党风廉政建设和反腐败工作,完善社会组织惩治和预防腐败机制。

(二)推进社会组织党的组织和工作有效覆盖。按照应建尽建的原则,加大社会组织党组织组建力度,实现党的组织和工作全覆盖。暂不具备组建条件的社会组织,可通过选派党建工作指导员、联络员或建立工会、共青团组织等开展党的工作,条件成熟时及时建立党组织。新成立的社会组织,具备组建条件的应同步建立党组织。经党中央批准,全国性重要社会组织可以设立党组。各有关部门要结合社会组织登记、检查、评估以及日常监管等工作,督促推动社会组织及时成立党组织和开展党的工作。

(三)加强社会组织党建工作基础保障。推动建立多渠道、多元化投入的党建工作基础保障,提倡企事业单位、机关和街道社区、乡镇、村党组织与社会组织党组织资源共享、共建互促,为党组织开展活动、发挥作用创造条件。根据实际给予社会组织党组织书记和专职党务工作者适当工作津贴。加强对社会组织负责人的思想政治教育,引导他们主动支持党建工作。推动将党的建设写入社会组织章程。

十、抓好组织实施

(一)加快法制建设。加快修订出台社会团体、基金会和民办非企业单位登记管理条例。研究制定志愿服务和行业协会商会等方面的单项法律法规。加快调研论证,适时启动社会组织法的研究起草工作。鼓励和支持有条件的地方根据本意见精神出台地方性法规、地方政府规章。

(二)加强服务管理能力建设。各有关部门、地方各级政府要寓服务于管理中,加强社会组织管理服务队伍建设,配齐配强工作力量,确保事有人管、责有人负。各级民政部门特别是县级民政部门要有专门机构和人员负责社会组织登记管理日常工作。重点加强执法队伍建设,保障工作经费,确保服务到位、执法有力、监管有效。加快建设全国社会组织管理信息系统和社会组织信用信息管理平台,推进社会组织法人库建设,提高监管水平和服务能力。

(三)加强宣传引导。充分利用报刊、广播、电视、网络等多种方式,广泛宣传社会组织在参与社会建设和治理中的积极作用,及时总结、宣传、推广社会组织先进典型,加强社会组织理论研究和文化建设,提高公众对社会组织的认识,为社会组织改革发展营造良好社会氛围。

(四)做好督促落实工作。各省(自治区、直辖市)党委和政府要结合实际制定本地区社会组织管理制度改革的具体实施意见,做好组织贯彻落实工作。各有关部门要根据本意见要求和职责分工,抓紧制定落实相关配套政策措施和具体管理办法,做好本系统社会组织改革工作。民政部要会同有关部门做好本意见执行情况的监督检查,确保各项任务落到实处。

3.中华人民共和国慈善法

（2016年3月16日第十二届全国人民
代表大会第四次会议通过）

第一章　总　则

第一条　为了发展慈善事业，弘扬慈善文化，规范慈善活动，保护慈善组织、捐赠人、志愿者、受益人等慈善活动参与者的合法权益，促进社会进步，共享发展成果，制定本法。

第二条　自然人、法人和其他组织开展慈善活动以及与慈善有关的活动，适用本法。其他法律有特别规定的，依照其规定。

第三条　本法所称慈善活动，是指自然人、法人和其他组织以捐赠财产或者提供服务等方式，自愿开展的下列公益活动：

（一）扶贫、济困；

（二）扶老、救孤、恤病、助残、优抚；

（三）救助自然灾害、事故灾难和公共卫生事件等突发事件造成的损害；

（四）促进教育、科学、文化、卫生、体育等事业的发展；

（五）防治污染和其他公害，保护和改善生态环境；

（六）符合本法规定的其他公益活动。

第四条　开展慈善活动，应当遵循合法、自愿、诚信、非营利的原则，不得违背社会公德，不得危害国家安全、损害社会公共利益和他人合法权益。

第五条 国家鼓励和支持自然人、法人和其他组织践行社会主义核心价值观,弘扬中华民族传统美德,依法开展慈善活动。

第六条 国务院民政部门主管全国慈善工作,县级以上地方各级人民政府民政部门主管本行政区域内的慈善工作;县级以上人民政府有关部门依照本法和其他有关法律法规,在各自的职责范围内做好相关工作。

第七条 每年9月5日为"中华慈善日"。

第二章 慈善组织

第八条 本法所称慈善组织,是指依法成立、符合本法规定,以面向社会开展慈善活动为宗旨的非营利性组织。

慈善组织可以采取基金会、社会团体、社会服务机构等组织形式。

第九条 慈善组织应当符合下列条件:

(一)以开展慈善活动为宗旨;

(二)不以营利为目的;

(三)有自己的名称和住所;

(四)有组织章程;

(五)有必要的财产;

(六)有符合条件的组织机构和负责人;

(七)法律、行政法规规定的其他条件。

第十条 设立慈善组织,应当向县级以上人民政府民政部门申请登记,民政部门应当自受理申请之日起三十日内作出决定。符合本法规定条件的,准予登记并向社会公告;不符合本法规定条件的,不予登记并书面说明理由。

本法公布前已经设立的基金会、社会团体、社会服务机构等非营利性组织,可以向其登记的民政部门申请认定为慈善组织,民政部门应当自受理申请之日起二十日内作出决定。符合慈善组织条件的,予以认定并向社会公告;不符合慈善组织条件的,不予认定并书面说明理由。

有特殊情况需要延长登记或者认定期限的,报经国务院民政部门批准,可以适当延长,但延长的期限不得超过六十日。

第十一条　慈善组织的章程,应当符合法律法规的规定,并载明下列事项:

（一）名称和住所;

（二）组织形式;

（三）宗旨和活动范围;

（四）财产来源及构成;

（五）决策、执行机构的组成及职责;

（六）内部监督机制;

（七）财产管理使用制度;

（八）项目管理制度;

（九）终止情形及终止后的清算办法;

（十）其他重要事项。

第十二条　慈善组织应当根据法律法规以及章程的规定,建立健全内部治理结构,明确决策、执行、监督等方面的职责权限,开展慈善活动。

慈善组织应当执行国家统一的会计制度,依法进行会计核算,建立健全会计监督制度,并接受政府有关部门的监督管理。

第十三条　慈善组织应当每年向其登记的民政部门报送年度工作报告和财务会计报告。报告应当包括年度开展募捐和接受捐赠情况、慈善财产的管理使用情况、慈善项目实施情况以及慈善组织工作人员的工资福利情况。

第十四条　慈善组织的发起人、主要捐赠人以及管理人员,不得利用其关联关系损害慈善组织、受益人的利益和社会公共利益。

慈善组织的发起人、主要捐赠人以及管理人员与慈善组织发生交易行为的,不得参与慈善组织有关该交易行为的决策,有关交易情况应当向社会公开。

第十五条　慈善组织不得从事、资助危害国家安全和社会公共利益的活动,不得接受附加违反法律法规和违背社会公德条件的捐赠,不得对受益人附加违反法律法规和违背社会公德的条件。

第十六条 有下列情形之一的,不得担任慈善组织的负责人:

(一)无民事行为能力或者限制民事行为能力的;

(二)因故意犯罪被判处刑罚,自刑罚执行完毕之日起未逾五年的;

(三)在被吊销登记证书或者被取缔的组织担任负责人,自该组织被吊销登记证书或者被取缔之日起未逾五年的;

(四)法律、行政法规规定的其他情形。

第十七条 慈善组织有下列情形之一的,应当终止:

(一)出现章程规定的终止情形的;

(二)因分立、合并需要终止的;

(三)连续二年未从事慈善活动的;

(四)依法被撤销登记或者吊销登记证书的;

(五)法律、行政法规规定应当终止的其他情形。

第十八条 慈善组织终止,应当进行清算。

慈善组织的决策机构应当在本法第十七条规定的终止情形出现之日起三十日内成立清算组进行清算,并向社会公告。不成立清算组或者清算组不履行职责的,民政部门可以申请人民法院指定有关人员组成清算组进行清算。

慈善组织清算后的剩余财产,应当按照慈善组织章程的规定转给宗旨相同或者相近的慈善组织;章程未规定的,由民政部门主持转给宗旨相同或者相近的慈善组织,并向社会公告。

慈善组织清算结束后,应当向其登记的民政部门办理注销登记,并由民政部门向社会公告。

第十九条 慈善组织依法成立行业组织。

慈善行业组织应当反映行业诉求,推动行业交流,提高慈善行业公信力,促进慈善事业发展。

第二十条 慈善组织的组织形式、登记管理的具体办法由国务院制定。

第三章 慈善募捐

第二十一条 本法所称慈善募捐,是指慈善组织基于慈善宗旨募集财产的活动。

慈善募捐,包括面向社会公众的公开募捐和面向特定对象的定向募捐。

第二十二条 慈善组织开展公开募捐,应当取得公开募捐资格。依法登记满二年的慈善组织,可以向其登记的民政部门申请公开募捐资格。民政部门应当自受理申请之日起二十日内作出决定。慈善组织符合内部治理结构健全、运作规范的条件的,发给公开募捐资格证书;不符合条件的,不发给公开募捐资格证书并书面说明理由。

法律、行政法规规定自登记之日起可以公开募捐的基金会和社会团体,由民政部门直接发给公开募捐资格证书。

第二十三条 开展公开募捐,可以采取下列方式:

(一)在公共场所设置募捐箱;

(二)举办面向社会公众的义演、义赛、义卖、义展、义拍、慈善晚会等;

(三)通过广播、电视、报刊、互联网等媒体发布募捐信息;

(四)其他公开募捐方式。

慈善组织采取前款第一项、第二项规定的方式开展公开募捐的,应当在其登记的民政部门管辖区域内进行,确有必要在其登记的民政部门管辖区域外进行的,应当报其开展募捐活动所在地的县级以上人民政府民政部门备案。捐赠人的捐赠行为不受地域限制。

慈善组织通过互联网开展公开募捐的,应当在国务院民政部门统一或者指定的慈善信息平台发布募捐信息,并可以同时在其网站发布募捐信息。

第二十四条 开展公开募捐,应当制定募捐方案。募捐方案包括募捐目的、起止时间和地域、活动负责人姓名和办公地址、接受捐赠方式、银行账户、受益人、募得款物用途、募捐成本、剩余财产的处理等。

募捐方案应当在开展募捐活动前报慈善组织登记的民政部门备案。

第二十五条 开展公开募捐,应当在募捐活动现场或者募捐活动载体的显著位置,公布募捐组织名称、公开募捐资格证书、募捐方案、联系方式、募捐信息查询方法等。

第二十六条 不具有公开募捐资格的组织或者个人基于慈善目的,可以与具有公开募捐资格的慈善组织合作,由该慈善组织开展公开募捐并管理募得款物。

第二十七条 广播、电视、报刊以及网络服务提供者、电信运营商,应当对利用其平台开展公开募捐的慈善组织的登记证书、公开募捐资格证书进行验证。

第二十八条 慈善组织自登记之日起可以开展定向募捐。

慈善组织开展定向募捐,应当在发起人、理事会成员和会员等特定对象的范围内进行,并向募捐对象说明募捐目的、募得款物用途等事项。

第二十九条 开展定向募捐,不得采取或者变相采取本法第二十三条规定的方式。

第三十条 发生重大自然灾害、事故灾难和公共卫生事件等突发事件,需要迅速开展救助时,有关人民政府应当建立协调机制,提供需求信息,及时有序引导开展募捐和救助活动。

第三十一条 开展募捐活动,应当尊重和维护募捐对象的合法权益,保障募捐对象的知情权,不得通过虚构事实等方式欺骗、诱导募捐对象实施捐赠。

第三十二条 开展募捐活动,不得摊派或者变相摊派,不得妨碍公共秩序、企业生产经营和居民生活。

第三十三条 禁止任何组织或者个人假借慈善名义或者假冒慈善组织开展募捐活动,骗取财产。

第四章 慈善捐赠

第三十四条 本法所称慈善捐赠,是指自然人、法人和其他组织基于慈善目的,自愿、无偿赠与财产的活动。

第三十五条 捐赠人可以通过慈善组织捐赠,也可以直接向受益人捐赠。

第三十六条 捐赠人捐赠的财产应当是其有权处分的合法财产。捐赠财产包括货币、实物、房屋、有价证券、股权、知识产权等有形和无形财产。

捐赠人捐赠的实物应当具有使用价值,符合安全、卫生、环保等标准。

捐赠人捐赠本企业产品的,应当依法承担产品质量责任和义务。

第三十七条 自然人、法人和其他组织开展演出、比赛、销售、拍卖等经营性活动,承诺将全部或者部分所得用于慈善目的的,应当在举办活动前与慈善组织或者其他接受捐赠的人签订捐赠协议,活动结束后按照捐赠协议履行捐赠义务,并将捐赠情况向社会公开。

第三十八条 慈善组织接受捐赠,应当向捐赠人开具由财政部门统一监(印)制的捐赠票据。捐赠票据应当载明捐赠人、捐赠财产的种类及数量、慈善组织名称和经办人姓名、票据日期等。捐赠人匿名或者放弃接受捐赠票据的,慈善组织应当做好相关记录。

第三十九条 慈善组织接受捐赠,捐赠人要求签订书面捐赠协议的,慈善组织应当与捐赠人签订书面捐赠协议。

书面捐赠协议包括捐赠人和慈善组织名称,捐赠财产的种类、数量、质量、用途、交付时间等内容。

第四十条 捐赠人与慈善组织约定捐赠财产的用途和受益人时,不得指定捐赠人的利害关系人作为受益人。

任何组织和个人不得利用慈善捐赠违反法律规定宣传烟草制品,不得利用慈善捐赠以任何方式宣传法律禁止宣传的产品和事项。

第四十一条 捐赠人应当按照捐赠协议履行捐赠义务。捐赠人违反捐赠协议逾期未交付捐赠财产,有下列情形之一的,慈善组织或者其他接受捐赠的人可以要求交付;捐赠人拒不交付的,慈善组织和其他接受捐赠的人可以依法向人民法院申请支付令或者提起诉讼:

(一)捐赠人通过广播、电视、报刊、互联网等媒体公开承诺捐赠的;

(二)捐赠财产用于本法第三条第一项至第三项规定的慈善活动,并签订书面捐赠协议的。

捐赠人公开承诺捐赠或者签订书面捐赠协议后经济状况显著恶化,严重影响其生产经营或者家庭生活的,经向公开承诺捐赠地或者书面捐赠协议签订地的民政部门报告并向社会公开说明情况后,可以不再履行捐赠义务。

第四十二条 捐赠人有权查询、复制其捐赠财产管理使用的有关资料,慈善组织应当及时主动向捐赠人反馈有关情况。

慈善组织违反捐赠协议约定的用途,滥用捐赠财产的,捐赠人有权要求其改正;拒不改正的,捐赠人可以向民政部门投诉、举报或者向人民法院提起诉讼。

第四十三条 国有企业实施慈善捐赠应当遵守有关国有资产管理的规定,履行批准和备案程序。

第五章　慈善信托

第四十四条 本法所称慈善信托属于公益信托,是指委托人基于慈善目的,依法将其财产委托给受托人,由受托人按照委托人意愿以受托人名义进行管理和处分,开展慈善活动的行为。

第四十五条 设立慈善信托、确定受托人和监察人,应当采取书面形式。受托人应当在慈善信托文件签订之日起七日内,将相关文件向受托人所在地县级以上人民政府民政部门备案。

未按照前款规定将相关文件报民政部门备案的,不享受税收优惠。

第四十六条 慈善信托的受托人,可以由委托人确定其信赖的慈善组织或者信托公司担任。

第四十七条 慈善信托的受托人违反信托义务或者难以履行职责的,委托人可以变更受托人。变更后的受托人应当自变更之日起七日内,将变更情况报原备案的民政部门重新备案。

第四十八条 慈善信托的受托人管理和处分信托财产,应当按照信托目的,恪尽职守,履行诚信、谨慎管理的义务。

慈善信托的受托人应当根据信托文件和委托人的要求,及时向委托人报告信托事务处理情况、信托财产管理使用情况。慈善信托的受托人应当每年至少一次将信托事务处理情况及财务状况向其备案的民政部门报告,并向社会公开。

第四十九条 慈善信托的委托人根据需要,可以确定信托监察人。

信托监察人对受托人的行为进行监督,依法维护委托人和受益人的权益。信托监察人发现受托人违反信托义务或者难以履行职责的,应当向委托人报告,并有权以自己的名义向人民法院提起诉讼。

第五十条 慈善信托的设立、信托财产的管理、信托当事人、信托的终止和清算等事项,本章未规定的,适用本法其他有关规定;本法未规定的,适用《中华人民共和国信托法》的有关规定。

第六章 慈善财产

第五十一条 慈善组织的财产包括:
(一)发起人捐赠、资助的创始财产;
(二)募集的财产;
(三)其他合法财产。

第五十二条 慈善组织的财产应当根据章程和捐赠协议的规定全部用于慈善目的,不得在发起人、捐赠人以及慈善组织成员中分配。

任何组织和个人不得私分、挪用、截留或者侵占慈善财产。

第五十三条 慈善组织对募集的财产,应当登记造册,严格管理,专款专用。

捐赠人捐赠的实物不易储存、运输或者难以直接用于慈善目的的,慈善组织可以依法拍卖或者变卖,所得收入扣除必要费用后,应当全部用于慈善目的。

第五十四条 慈善组织为实现财产保值、增值进行投资的,应当遵循合法、安全、有效的原则,投资取得的收益应当全部用于慈善目的。慈善组织的重大投资方案应当经决策机构组成人员三分之二以上同意。政府资助的财产和捐赠协议约定不得投资的财产,不得用于投资。慈善组织的负责人和工作人员不得在慈善组织投资的企业兼职或者领取报酬。

前款规定事项的具体办法,由国务院民政部门制定。

第五十五条 慈善组织开展慈善活动,应当依照法律法规和章程的规定,按照募捐方案或者捐赠协议使用捐赠财产。慈善组织确需变更募捐方案规定的捐赠财产用途的,应当报民政部门备案;确需变更捐赠协议约定的捐赠财产用途的,应当征得捐赠人同意。

第五十六条 慈善组织应当合理设计慈善项目,优化实施流程,降低运行成本,提高慈善财产使用效益。

慈善组织应当建立项目管理制度,对项目实施情况进行跟踪监督。

第五十七条 慈善项目终止后捐赠财产有剩余的,按照募捐方案或者捐赠协议处理;募捐方案未规定或者捐赠协议未约定的,慈善组织应当将剩余财产用于目的相同或者相近的其他慈善项目,并向社会公开。

第五十八条 慈善组织确定慈善受益人,应当坚持公开、公平、公正的原则,不得指定慈善组织管理人员的利害关系人作为受益人。

第五十九条 慈善组织根据需要可以与受益人签订协议,明确双方权利义务,约定慈善财产的用途、数额和使用方式等内容。

受益人应当珍惜慈善资助,按照协议使用慈善财产。受益人未按照协议使用慈善财产或者有其他严重违反协议情形的,慈善组织有权要求其改正;受益人拒不改正的,慈善组织有权解除协议并要求受益人返还财产。

第六十条 慈善组织应当积极开展慈善活动,充分、高效运用慈善财产,并遵循管理费用最必要原则,厉行节约,减少不必要的开支。慈善组织中具有公开募捐资格的基金会开展慈善活动的年度支出,不得低于上一年总收入的百分之七十或者前三年收入平均数额的百分之七十;年度管理费用不得超过当年总支出的百分之十,特殊情况下,年度管理费用难以符合前述规定的,应当报告其登记的民政部门并向社会公开说明情况。

具有公开募捐资格的基金会以外的慈善组织开展慈善活动的年度支出和管理费用的标准,由国务院民政部门会同国务院财政、税务等部门依照前款规定的原则制定。

捐赠协议对单项捐赠财产的慈善活动支出和管理费用有约定的,按照其约定。

第七章　慈善服务

第六十一条　本法所称慈善服务,是指慈善组织和其他组织以及个人基于慈善目的,向社会或者他人提供的志愿无偿服务以及其他非营利服务。

慈善组织开展慈善服务,可以自己提供或者招募志愿者提供,也可以委托有服务专长的其他组织提供。

第六十二条　开展慈善服务,应当尊重受益人、志愿者的人格尊严,不得侵害受益人、志愿者的隐私。

第六十三条　开展医疗康复、教育培训等慈善服务,需要专门技能的,应当执行国家或者行业组织制定的标准和规程。

慈善组织招募志愿者参与慈善服务,需要专门技能的,应当对志愿者开展相关培训。

第六十四条　慈善组织招募志愿者参与慈善服务,应当公示与慈善服务有关的全部信息,告知服务过程中可能发生的风险。

慈善组织根据需要可以与志愿者签订协议,明确双方权利义务,约定服务的内容、方式和时间等。

第六十五条　慈善组织应当对志愿者实名登记,记录志愿者的服务时间、内容、评价等信息。根据志愿者的要求,慈善组织应当无偿、如实出具志愿服务记录证明。

第六十六条　慈善组织安排志愿者参与慈善服务,应当与志愿者的年龄、文化程度、技能和身体状况相适应。

第六十七条　志愿者接受慈善组织安排参与慈善服务的,应当服从管理,接受必要的培训。

第六十八条 慈善组织应当为志愿者参与慈善服务提供必要条件,保障志愿者的合法权益。

慈善组织安排志愿者参与可能发生人身危险的慈善服务前,应当为志愿者购买相应的人身意外伤害保险。

第八章 信息公开

第六十九条 县级以上人民政府建立健全慈善信息统计和发布制度。

县级以上人民政府民政部门应当在统一的信息平台,及时向社会公开慈善信息,并免费提供慈善信息发布服务。

慈善组织和慈善信托的受托人应当在前款规定的平台发布慈善信息,并对信息的真实性负责。

第七十条 县级以上人民政府民政部门和其他有关部门应当及时向社会公开下列慈善信息:

(一)慈善组织登记事项;

(二)慈善信托备案事项;

(三)具有公开募捐资格的慈善组织名单;

(四)具有出具公益性捐赠税前扣除票据资格的慈善组织名单;

(五)对慈善活动的税收优惠、资助补贴等促进措施;

(六)向慈善组织购买服务的信息;

(七)对慈善组织、慈善信托开展检查、评估的结果;

(八)对慈善组织和其他组织以及个人的表彰、处罚结果;

(九)法律法规规定应当公开的其他信息。

第七十一条 慈善组织、慈善信托的受托人应当依法履行信息公开义务。信息公开应当真实、完整、及时。

第七十二条 慈善组织应当向社会公开组织章程和决策、执行、监督机构成员信息以及国务院民政部门要求公开的其他信息。上述信息有重大变更的,慈善组织应当及时向社会公开。

慈善组织应当每年向社会公开其年度工作报告和财务会计报告。具有公开募捐资格的慈善组织的财务会计报告须经审计。

第七十三条 具有公开募捐资格的慈善组织应当定期向社会公开其募捐情况和慈善项目实施情况。

公开募捐周期超过六个月的,至少每三个月公开一次募捐情况,公开募捐活动结束后三个月内应当全面公开募捐情况。

慈善项目实施周期超过六个月的,至少每三个月公开一次项目实施情况,项目结束后三个月内应当全面公开项目实施情况和募得款物使用情况。

第七十四条 慈善组织开展定向募捐的,应当及时向捐赠人告知募捐情况、募得款物的管理使用情况。

第七十五条 慈善组织、慈善信托的受托人应当向受益人告知其资助标准、工作流程和工作规范等信息。

第七十六条 涉及国家秘密、商业秘密、个人隐私的信息以及捐赠人、慈善信托的委托人不同意公开的姓名、名称、住所、通讯方式等信息,不得公开。

第九章 促进措施

第七十七条 县级以上人民政府应当根据经济社会发展情况,制定促进慈善事业发展的政策和措施。

县级以上人民政府有关部门应当在各自职责范围内,向慈善组织、慈善信托受托人等提供慈善需求信息,为慈善活动提供指导和帮助。

第七十八条 县级以上人民政府民政部门应当建立与其他部门之间的慈善信息共享机制。

第七十九条 慈善组织及其取得的收入依法享受税收优惠。

第八十条 自然人、法人和其他组织捐赠财产用于慈善活动的,依法享受税收优惠。企业慈善捐赠支出超过法律规定的准予在计算企业所得税应纳税所得额时当年扣除的部分,允许结转以后三年内在计算应纳税所得额时扣除。

境外捐赠用于慈善活动的物资,依法减征或者免征进口关税和进口环节增值税。

第八十一条 受益人接受慈善捐赠,依法享受税收优惠。

第八十二条 慈善组织、捐赠人、受益人依法享受税收优惠的,有关部门应当及时办理相关手续。

第八十三条 捐赠人向慈善组织捐赠实物、有价证券、股权和知识产权的,依法免征权利转让的相关行政事业性费用。

第八十四条 国家对开展扶贫济困的慈善活动,实行特殊的优惠政策。

第八十五条 慈善组织开展本法第三条第一项、第二项规定的慈善活动需要慈善服务设施用地的,可以依法申请使用国有划拨土地或者农村集体建设用地。慈善服务设施用地非经法定程序不得改变用途。

第八十六条 国家为慈善事业提供金融政策支持,鼓励金融机构为慈善组织、慈善信托提供融资和结算等金融服务。

第八十七条 各级人民政府及其有关部门可以依法通过购买服务等方式,支持符合条件的慈善组织向社会提供服务,并依照有关政府采购的法律法规向社会公开相关情况。

第八十八条 国家采取措施弘扬慈善文化,培育公民慈善意识。

学校等教育机构应当将慈善文化纳入教育教学内容。国家鼓励高等学校培养慈善专业人才,支持高等学校和科研机构开展慈善理论研究。

广播、电视、报刊、互联网等媒体应当积极开展慈善公益宣传活动,普及慈善知识,传播慈善文化。

第八十九条 国家鼓励企业事业单位和其他组织为开展慈善活动提供场所和其他便利条件。

第九十条 经受益人同意,捐赠人对其捐赠的慈善项目可以冠名纪念,法律法规规定需要批准的,从其规定。

第九十一条 国家建立慈善表彰制度,对在慈善事业发展中做出突出贡献的自然人、法人和其他组织,由县级以上人民政府或者有关部门予以表彰。

第十章　监督管理

第九十二条　县级以上人民政府民政部门应当依法履行职责,对慈善活动进行监督检查,对慈善行业组织进行指导。

第九十三条　县级以上人民政府民政部门对涉嫌违反本法规定的慈善组织,有权采取下列措施:

(一)对慈善组织的住所和慈善活动发生地进行现场检查;

(二)要求慈善组织作出说明,查阅、复制有关资料;

(三)向与慈善活动有关的单位和个人调查与监督管理有关的情况;

(四)经本级人民政府批准,可以查询慈善组织的金融账户;

(五)法律、行政法规规定的其他措施。

第九十四条　县级以上人民政府民政部门对慈善组织、有关单位和个人进行检查或者调查时,检查人员或者调查人员不得少于二人,并应当出示合法证件和检查、调查通知书。

第九十五条　县级以上人民政府民政部门应当建立慈善组织及其负责人信用记录制度,并向社会公布。

民政部门应当建立慈善组织评估制度,鼓励和支持第三方机构对慈善组织进行评估,并向社会公布评估结果。

第九十六条　慈善行业组织应当建立健全行业规范,加强行业自律。

第九十七条　任何单位和个人发现慈善组织、慈善信托有违法行为的,可以向民政部门、其他有关部门或者慈善行业组织投诉、举报。民政部门、其他有关部门或者慈善行业组织接到投诉、举报后,应当及时调查处理。

国家鼓励公众、媒体对慈善活动进行监督,对假借慈善名义或者假冒慈善组织骗取财产以及慈善组织、慈善信托的违法违规行为予以曝光,发挥舆论和社会监督作用。

第十一章　法律责任

第九十八条　慈善组织有下列情形之一的,由民政部门责令限期改正;逾期不改正的,吊销登记证书并予以公告:

(一)未按照慈善宗旨开展活动的;

(二)私分、挪用、截留或者侵占慈善财产的;

(三)接受附加违反法律法规或者违背社会公德条件的捐赠,或者对受益人附加违反法律法规或者违背社会公德的条件的。

第九十九条　慈善组织有下列情形之一的,由民政部门予以警告、责令限期改正;逾期不改正的,责令限期停止活动并进行整改:

(一)违反本法第十四条规定造成慈善财产损失的;

(二)将不得用于投资的财产用于投资的;

(三)擅自改变捐赠财产用途的;

(四)开展慈善活动的年度支出或者管理费用的标准违反本法第六十条规定的;

(五)未依法履行信息公开义务的;

(六)未依法报送年度工作报告、财务会计报告或者报备募捐方案的;

(七)泄露捐赠人、志愿者、受益人个人隐私以及捐赠人、慈善信托的委托人不同意公开的姓名、名称、住所、通讯方式等信息的。

慈善组织违反本法规定泄露国家秘密、商业秘密的,依照有关法律的规定予以处罚。

慈善组织有前两款规定的情形,经依法处理后一年内再出现前款规定的情形,或者有其他情节严重情形的,由民政部门吊销登记证书并予以公告。

第一百条　慈善组织有本法第九十八条、第九十九条规定的情形,有违法所得的,由民政部门予以没收;对直接负责的主管人员和其他直接责任人员处二万元以上二十万元以下罚款。

第一百零一条　开展募捐活动有下列情形之一的,由民政部门予以警告、责令停止募捐活动;对违法募集的财产,责令退还捐赠人;难以退还的,由民政部门予以收缴,转给其他慈善组织用于慈善目的;对有关组织或者个人处二万元以上二十万元以下罚款:

(一)不具有公开募捐资格的组织或者个人开展公开募捐的;

(二)通过虚构事实等方式欺骗、诱导募捐对象实施捐赠的;

(三)向单位或者个人摊派或者变相摊派的;

(四)妨碍公共秩序、企业生产经营或者居民生活的。

广播、电视、报刊以及网络服务提供者、电信运营商未履行本法第二十七条规定的验证义务的,由其主管部门予以警告,责令限期改正;逾期不改正的,予以通报批评。

第一百零二条　慈善组织不依法向捐赠人开具捐赠票据、不依法向志愿者出具志愿服务记录证明或者不及时主动向捐赠人反馈有关情况的,由民政部门予以警告,责令限期改正;逾期不改正的,责令限期停止活动。

第一百零三条　慈善组织弄虚作假骗取税收优惠的,由税务机关依法查处;情节严重的,由民政部门吊销登记证书并予以公告。

第一百零四条　慈善组织从事、资助危害国家安全或者社会公共利益活动的,由有关机关依法查处,由民政部门吊销登记证书并予以公告。

第一百零五条　慈善信托的受托人有下列情形之一的,由民政部门予以警告,责令限期改正;有违法所得的,由民政部门予以没收;对直接负责的主管人员和其他直接责任人员处二万元以上二十万元以下罚款:

(一)将信托财产及其收益用于非慈善目的的;

(二)未按照规定将信托事务处理情况及财务状况向民政部门报告或者向社会公开的。

第一百零六条　慈善服务过程中,因慈善组织或者志愿者过错造成受益人、第三人损害的,慈善组织依法承担赔偿责任;损害是由志愿者故意或者重大过失造成的,慈善组织可以向其追偿。

志愿者在参与慈善服务过程中,因慈善组织过错受到损害的,慈善组织依法承担赔偿责任;损害是由不可抗力造成的,慈善组织应当给予适当补偿。

第一百零七条 自然人、法人或者其他组织假借慈善名义或者假冒慈善组织骗取财产的,由公安机关依法查处。

第一百零八条 县级以上人民政府民政部门和其他有关部门及其工作人员有下列情形之一的,由上级机关或者监察机关责令改正;依法应当给予处分的,由任免机关或者监察机关对直接负责的主管人员和其他直接责任人员给予处分:

(一)未依法履行信息公开义务的;

(二)摊派或者变相摊派捐赠任务,强行指定志愿者、慈善组织提供服务的;

(三)未依法履行监督管理职责的;

(四)违法实施行政强制措施和行政处罚的;

(五)私分、挪用、截留或者侵占慈善财产的;

(六)其他滥用职权、玩忽职守、徇私舞弊的行为。

第一百零九条 违反本法规定,构成违反治安管理行为的,由公安机关依法给予治安管理处罚;构成犯罪的,依法追究刑事责任。

第十二章　附　则

第一百一十条 城乡社区组织、单位可以在本社区、单位内部开展群众性互助互济活动。

第一百一十一条 慈善组织以外的其他组织可以开展力所能及的慈善活动。

第一百一十二条 本法自 2016 年 9 月 1 日起施行。

4. 中共安徽省委办公厅 安徽省人民政府办公厅关于加强和创新社会组织建设与管理的意见

（皖办发〔2013〕9号）

各市、县委，各市、县人民政府，省直各单位，各大学：

《关于加强和创新社会组织建设与管理的意见》已经省委、省政府负责同志同意，现印发给你们，请结合实际认真贯彻执行。

中共安徽省委办公厅
安徽省人民政府办公厅
2013年5月6日

为贯彻落实党的十八大精神，促进社会组织健康有序发展，加快形成政社分开、权责明确、依法自治的现代社会组织体制，现提出以下意见。

一、指导思想、基本原则和总体目标

1. 指导思想。以邓小平理论、"三个代表"重要思想、科学发展观为指导，坚持培育发展和管理监督并重，创新社会组织登记管理体制，完善社会组织培育扶持政策，提高社会组织建设质量，充分发挥社会组织在经济社会发展中的积极作用。

2. 基本原则。坚持解放思想、深化改革。巩固合芜蚌自主创新综合试验区、皖江城市带承接产业转移示范区社会组织改革创新成果，加大改革创新力度，在全省范围内全面推开。坚持分类指导、突出重点。以服务经济社会发展、满足人民群众物质文化需求为出发点，重点培育、优先发展行业协会商会类、科技类、公益慈善类、城乡社区服务类社会组织。坚

持宽进严管、依法监督。以发展为主线,以规范为手段,一手抓数量,一手抓质量,实现在发展中规范,在规范中提高。

3.总体目标。加快建立统一登记、各司其职、协调配合、分级负责、依法监管的社会组织管理体制。力争到2020年,形成与我省经济社会发展相适应,布局合理、结构优化、功能完善、作用明显的社会组织体系。

二、改革登记管理体制,推进社会组织社会化

4.简化登记程序,实行直接登记。除政治法律类、宗教类社会组织和境外非政府组织在皖代表机构等外,其他各类社会组织按照分级负责的原则,由各级人民政府民政部门实行直接登记。登记管理机关、行业主管部门及相关职能部门在各自职责范围内依法对社会组织进行业务指导和管理服务。

5.下放管理权限,创新组织形式。探索非公募基金会和异地商会按照分级负责的原则由市级以上人民政府民政部门直接,经依法选举后方可担任领导职务,登记。经市人民政府同意,市人民政府民政部门可委托外来投资企业较多的县级人民政府民政部门登记管理异地商会。继续实行城乡基层社会组织登记和备案并行的双轨制,探索建立城乡社区枢纽(联合)型社会组织,增强社区自治服务功能。

6.实行政社分开,推进自主办会。支持社会组织依法按章、独立自主开展活动,切实解决行政化倾向严重等问题。行业协会商会和工商经济类的联合性社会团体,一般只吸收企业会员,秘书长可通过聘任或向社会公开招聘等方式产生。现职公务员和具有行政管理职能的事业单位工作人员不得在行业协会商会、工商经济类的联合性社会团体、民办非企业单位和基金会兼任领导职务;严格限制上述人员在其他类型社会组织兼任领导职务,确因工作需要兼任的,应按照干部管理权限从严审批。规范离退休人员在社会组织担任领导职务。政府及部门、企事业单位要从职能、机构、工作人员、资产和财务等方面与社会组织脱钩,实行政社、社企分开。

三、完善培育扶持政策,改善社会组织发展环境

7.推进政府职能转移,建立购买服务机制。各级政府部门要全面梳理自身职能,逐步将政府的事务性管理工作、适合通过市场和社会组织提供的公共服务,以授权、委托等适当方式依法交给具有相应资质的社会组织承担。通过项目购买、项目补贴、项目奖励等方式,建立健全政府购买服务机制。

8.加大资助和支持力度,落实税收优惠政策。建立完善资金保障方式,用足、用好公益性、福利性社会组织的税收减免政策,推进公共财政对社会组织的资助、补贴和奖励,采取多种形式扶持社会组织发展。推动建立各级社会组织发展孵化基地,为初创期社会组织提供人力、物力和财力支持。完善福彩公益金资助社会组织开展公益服务等扶持政策,各地每年可从福彩公益金中安排资金资助基层社会组织开展公益服务活动。鼓励金融机构为符合条件的社会组织提供信贷支持,拓宽社会组织筹资渠道。

9.发挥社会组织参政议政作用,拓展社会组织发展空间。各级政府及相关部门应加强与社会组织的信息沟通,在制定政策、实施重大决策等过程中,注重广泛听取社会组织的意见和建议,提高社会组织对公共事务的参与度。党的代表大会、人民代表大会可适当安排社会组织代表,在政协增加社会组织方面的委员。

四、优化结构布局,提高社会组织建设质量

10.着眼经济社会发展需求,优化社会组织结构布局。民政部门编制社会组织设立指引,鼓励发展慈善组织、学术性组织、社会服务公益组织、新兴产业行业协会等。对行业性、专业性、自然科学学术性社会团体,可突破"一业一会"或适当细化分类设置,通过适度竞争提高服务质量。建立和完善退出机制,对活动不经常、作用不明显的社会组织,由民政部门督促整改;对违反有关法律法规的社会组织,依法予以查处;情节严重的,依法撤销登记。

11.优化社会组织法人治理结构,提高社会组织建设质量。引导各类社会组织加强自身建设,建立健全以章程为核心的独立自主、权责明确、运转协调、有效制衡的法人治理结构。完善会员(会员代表)大会、理事会、监事会制度,实行决策、执行、监督分立。积极推行会长(理事长)兼任法定代表人制度,提高秘书长专业化、职业化水平。合理确定理事会、常务理事会规模和负责人数量,逐步推行差额提名和无记名投票表决的选举方式。每个社会组织均应配备与其业务相适应的专职工作人员。

12.强化社会组织社会责任意识,加强社会组织人才队伍建设。引导和鼓励社会组织服务经济社会发展,投身社会互助和慈善事业,主动承担社会责任。加强社会组织诚信自律建设,严格规范社会组织评比达标表彰和收费行为。加大社会组织专业人才培育和引进力度,促进社会组织人才队伍职业化、专业化和年轻化。鼓励社会组织根据工作需要聘用持有职业水平证书的专业人才。按照国家有关规定,推动解决社会组织专职人员社会保险问题。

五、创新服务管理模式,提升社会组织服务管理水平

13.加强社会组织党建工作,提高社会组织党组织覆盖率。逐步理顺社会组织党建管理体制,探索建立结合业务抓党建的工作机制。坚持"应建尽建、应派尽派"的原则,采取单建、联建、挂靠组建、区域或行业统建等形式,抓好社会组织组建党组织工作;选派党建工作指导员或联络员,指导社会组织开展党建工作。支持工会、共青团、妇联等人民团体在社会组织开展工作。

14.推进社会组织法制建设,加快完善社会组织评估机制。加快推进社会组织法制建设,推动完善相关地方性法规、规章,强化法律监督,严格依法监管。按照政府指导、社会参与、独立运作的总体要求,建立社会组织评估指标体系,完善公开、公平、公正的评估制度,形成组织健全、程序完备、操作规范、运转协调的评估工作机制,发挥评估的导向、激励和约束作用,促进社会组织健康发展。制定社会组织行为规范和活动准则,推进信息公开,完善失信惩罚机制,提升社会组织公信力。

15.加强社会组织登记管理力量,提升服务管理水平。进一步发挥各级党委领导下的社会组织管理工作领导小组的作用,切实加强对社会组织管理工作的领导。建立健全民政、财政、公安、司法行政、审计、税务、物价、质监、外事、金融等部门信息共享、齐抓共管的联动工作机制,形成各司其职、协调配合的工作局面。加强社会组织登记管理力量,建立与其业务相适应的登记管理机构,提供经费保障,配备必要的执法装备,建立管理信息平台,提升服务管理水平。

5.中共福建省委办公厅 省人民政府办公厅 关于进一步培育发展和规范管理社会 组织的意见

（闽委办发〔2013〕9 号）

各市、县（区）党委和人民政府,平潭综合实验区党工委和管委会,省直各单位:

社会组织是指按规定在各级民政部门登记注册的社会团体、基金会和民办非企业单位。为深入贯彻党的十八大关于"加快形成政社分开、权责明确、依法自治的现代社会组织体制"的要求,经省委、省政府领导同志同意,现就进一步培育发展和规范管理我省社会组织提出如下意见。

一、改革登记管理制度

（一）实行直接登记。除依据法律法规需前置行政审批及政治法律类、宗教类、社科类的社会组织外,其他社会组织均可直接向登记管理机关申请登记。

（二）打破登记限制。打破行业协会商会"一业一会"的限制,引入行业协会商会竞争机制,放宽行业协会商会准入条件,允许一业多会,允许按国民经济行业分类的小类标准设立行业协会,允许按产业链各个环节、经营方式和服务类型设立行业协会。打破异地商会登记限制,将异地商会的登记范围从省扩大到县（市、区）。在我省同城化范围内,允许跨行政区域成立社会组织。

（三）下放登记权限。异地商会登记管理权限从省直接下放至县（市、区）民政部门。下放基金会登记管理权限,将非公募基金会的登记管理权限从省下放至设区的市民政部门,将公募基金会的登记管理权限从省下放至厦门市民政部门。

(四)允许登记备案。城乡基层社会组织符合登记条件的,由县(市、区)社会组织登记管理机关登记;暂不符合登记条件的,由街道办事处(乡、镇人民政府)备案。

二、确定培育发展重点

(一)行业协会商会。针对我省经济社会发展中的重点行业、支柱行业和潜力行业,有重点地培育和扶持一批有资质、有能力承接政府职能转移的行业协会商会,初步形成符合社会主义市场经济规律和国际惯例的行业协会商会准入、组建、发展、运作和退出机制。

(二)科技类社会组织。充分发挥科技类社会组织专家荟萃的特点和优势,开展学术研究,普及科学知识,提高全民科学素质,推动科技进步。

(三)公益慈善类社会组织。拓宽社会福利事业的资金筹集渠道,积极发展面向社会公众,具有社会性、保障性和非营利性特点的公益服务类社会组织,培育和发展一批志愿服务组织,建立覆盖全社会、与政府服务和市场服务相衔接的社会志愿服务体系。发挥公益服务类社会组织在扶贫济困、抢险救灾、化解矛盾、公益捐赠等方面的作用。

(四)社区服务类社会组织。重点培育和发展公益服务、文化、体育、家政、娱乐等不以营利为目的,满足居民多种需求的城乡社区服务类社会组织,建立结构合理、专业化程度高的社区社会组织体系。

三、优化管理服务机制

(一)加强党组织建设。完善社会组织党建工作管理体制,探索依托登记管理机关实行社会组织党建归口管理。完善党组织设置形式,扩大党组织在社会组织的覆盖面。探索社会组织中党组织负责人选拔培养方式。加强对社会组织党员的教育管理服务,激发党员保持先进性的内生动力。创新党组织活动内容和载体,充分发挥社会组织中党组织和党员的积极作用。

(二)健全等级评估体系。进一步完善分类评估指标体系,健全评估机制,统一评估标准,细化评估指标,提高评估工作的准确性和科学性。到 2015 年,全面完成对全省社会组织的评估工作。将评估结果作为政府向社会组织转移职能、购买服务的重要依据和条件,对于达到 3A 等级以上的社会组织,优先作为转移职能和购买服务的对象。等级评估经费由各级财政列入预算,不得以任何形式向受评对象收取费用。

（三）完善联合监管格局。民政、经贸、公安、司法、财政、审计、税务、工商、物价、工商联等单位和银行金融机构,要依法履行服务指导和监督管理职能,明确和落实相应管理责任,建立和完善统一登记、各司其职、协调配合、分级负责、依法监管的管理体制,形成登记审批、日常监管、违法审查、信息披露、行政处罚等各环节信息共享、沟通协作的工作机制。

（四）实行分类监管机制。根据社会组织的宗旨和业务范围,实施分类监管。对行业协会商会等工商经济类社会组织,侧重于维持市场经济秩序的监管;对社会服务类社会组织,侧重于提高服务质量的监管;对公益慈善类社会组织,侧重于资金筹集使用情况的监管;对城乡基层社会组织,侧重于引导和服务的监管。

（五）建立有序退出渠道。健全社会组织负责人管理、资金管理、年度检查、查出退出等制度,对社会组织出现完成宗旨、自行解散、合并分立、无法按照章程规定的宗旨继续开展活动等情形的,应在进行财产清算后,办理注销手续。对活动不正常、运作能力弱和社会认可度低的社会组织,应引导其合并或注销。对组织机构不健全、管理混乱、超过一年未开展活动、符合注销条件但不办理注销手续的,连续两年或累计三年未年检的社会组织,实行有序退出。对社会组织的违法违规行为依法追究责任。

四、明确扶持政策措施

（一）向社会组织转移职能和购买服务。结合深化行政体制改革,政府各部门要对各自职能进行全面梳理,明确可以转移给社会组织的职能范围,逐步将能够由社会组织承担的有关行业管理职能、服务职能以及社会管理中的技术性、事务性、辅助性职能等,通过授权、委托及其方式依法转移给有相应资质的社会组织承担。符合条件的,由政府向其购买服务,扶持社会组织发展。

（二）给予资金政策扶持。逐步建立公共财政对社会组织的扶持机制，综合考虑本地区经济社会发展的需要，培育发展一批社会需求度高、影响力大、品牌效果好的社会组织。鼓励社会力量在教育、科技、文化、卫生、体育、社会福利等领域兴办民办非企业单位。发挥民办非企业单位在扩大就业、培养人才、便民服务等方面的作用，使之成为政府管理与服务功能的有效延伸。落实国家有关社会组织的税收优惠政策。鼓励金融机构在加强风险控制的前提下为符合条件的社会组织提供信贷支持，拓宽社会组织筹资渠道。

（三）拓宽参政议政渠道。建立社会组织参政议政机制。各地可根据实际，适当增加社会组织代表在党代会、人大代表和政协委员中的比例。鼓励和引导社会组织以团体会员等形式加入工商联等人民团体，积极反映社情民意，有序参与政治生活和社会事务。社会组织代表的政治安排，应充分听取登记管理机关和业务指导单位的意见。各级政府在制定政策、进行重大决策等过程中，应加强与相关社会组织的信息沟通，听取意见；邀请社会组织代表参加相关听证会、论证会，提高社会组织对公共事务的参与度。政府各部门在行政管理过程中，应与相关社会组织建立日常联系制度，方便社会组织及时反映意见。

五、加强自身建设管理

（一）完善法人治理结构。建立健全社会组织内部治理结构和管理制度，科学合理设置理事会、常务理事会的规模和负责人的数量。完善内部制约机制，建立权责明确、协调运转、有效制衡的内部治理结构。严格执行《民间非营利组织会计制度》，设立独立财务账户，实行财务电算化，不得与行政机关合账或实行财务集中管理。开展自律与诚信建设，制定信息公开和承诺服务制度实施办法。尊重社会组织独立自主的法人地位，严格推进政社分开，不得与业务指导单位合署办公。现职公务人员不得在社会组织中兼任领导职务，特殊情况确需兼职的，应严格按照干部管理权限进行审批。

（二）加强专职从业人员队伍建设。制定社会组织专职从业人员管理办法，完善激励和退出机制，不断优化专职从业人员队伍结构；建立社会组织专职从业人员职业能力培训机制,鼓励参加社会工作职业资格考试;研究制定社会组织专职从业人员权益保障政策,完善人员招聘流动、户籍管理、档案管理、职称评定、社保、医保、住房保障等具体政策措施。

六、强化保障措施

(一)建立政府购买服务制度。由编制部门牵头,编制政府向社会组织转移职能目录。由财政部门牵头,研究制定政府向社会组织等购买公共服务的办法,编制相应的目录,明确政府购买服务的基本原则、实施范围和主体、承接对象和条件等。由民政部门牵头,编制社会组织目录,明确具有资质条件承接政府转移职能和购买服务的社会组织。相关部门要加强引导、扶持、管理和监督,强化标准化建设、资质审查、跟踪指导和绩效评估,推动政府购买服务经常化、规范化、制度化。

(二)建立长效工作机制。按照一手抓积极引导发展,一手抓严格依法管理的原则,建立健全促进社会组织培育发展和规范管理的法规政策。各级党委、政府领导牵头,组织、宣传、编制、经贸、公安、监察、民政、司法、财政、人力资源和社会保障、外事、法制、工商、税务、工商联等部门密切配合,建立齐抓共管的协调机制,统筹解决制约社会组织发展的困难和问题。

(三)加强登记管理机构队伍建设。省、市、县(区)要重视解决社会组织登记管理部门的人员、经费、执法等实际问题,加强人力、物力和财力支持,配备必要的专职工作人员,建立定期培训机制,提高工作人员的能力和水平。

(四)建立责任考核制度。将社会组织培育发展和规范管理列入地方党委、政府社会建设绩效考核的重点内容,作为促进我省建设社会信用体系和市场监管体系的重要工作。完善考核评价指标体系,定期对地方社会组织培育发展和监督管理情况进行考核,并接受社会监督。

2013 年 5 月 12 日

6.中共湖南省委办公厅 湖南省人民政府办公厅关于加强和创新社会组织建设与管理的意见

（湘办发〔2014〕7号）

为创新社会治理,充分发挥社会组织在全面建成小康社会中的积极作用,加快形成政社分开、权责明确、依法自治的现代社会组织体制,经省委、省人民政府同意,现就我省加强和创新社会组织建设与管理提出如下意见。

一、指导思想、基本原则和总体目标

1.指导思想。以邓小平理论、"三个代表"重要思想、科学发展观为指导,深入贯彻党的十八大、十八届三中全会精神,围绕健全和完善"党委领导、政府负责、社会协同、公众参与"的社会管理格局,坚持培育发展和管理监督并重,创新社会组织登记管理体制,完善社会组织培育扶持政策,提高社会组织建设质量,充分发挥社会组织在经济社会发展中的积极作用,为促进我省社会和谐,群众安居乐业,全面建成小康社会作出积极贡献。

2.基本原则。以服务经济社会发展、满足人民群众物质文化需求为出发点,重点培育、优先发展、科学规范行业协会商会类、科技类、公益慈善类、城乡社区服务类社会组织;加强社会组织管理和服务,做到依法监督、规范运行、发挥作用。

3.总体目标。加快建立统一登记、各司其职、协调配合、分级负责、依法监管的社会组织管理体制。力争到2020年,建立与全省经济社会发展相适应的现代社会组织体系,全省社会组织总量达到4万个以上,平均每万人拥有社会组织5个以上(其中长株潭地区达到每万人7个以上),初步形成发展有序、门类齐全、层次多样、覆盖广泛、服务有效的发展格局,实现全省社会组织数量稳步增长,质量显著提升,作用明显发挥,成为政府职能转变的主要承接者、党的政策的重要执行者和社会道德的自觉践行者。

二、改革创新社会组织登记管理体制

4.实行直接登记管理制度。除依据法律法规需前置行政审批及政治法律类、宗教类社会组织和境外非政府组织在湘代表机构等外,其他各类社会组织按照分级负责的原则,由各级人民政府民政部门实行直接登记。登记管理机关、行业主管部门及相关职能部门在各自职责范围内依法对社会组织进行业务指导和管理服务。民政部门依法登记后,及时向社会公布。

5.下放登记审批权限。市州、县市区民政部门可以登记基金会和异地商会。允许民办非企业单位以某一服务品牌在其活动区域内形成连锁服务。社会团体的分支(代表)机构、内设机构根据其章程、业务范围和会员主体自行设立。

6.降低登记准入门槛。除法律法规规定有注册资金量要求的,各级社会组织登记管理机关要结合实际,适当放宽社会组织登记注册资金量和会员最低要求量。特别是对于公益慈善类、社会福利类、社会服务类和城乡社区服务类社会组织,可比照现行规定和要求适当降低登记门槛。

7.引入竞争机制。探索一业多会,对行业性、专业性、自然科学学术性的社会团体,突破"一业一会"限制,可按国民经济行业分类的小类标准设立行业协会,允许同一行业按产业链各个环节、经营方式和服务类型设立行业协会。鼓励行业协会适度竞争,优胜劣汰。

8.简化登记审批程序。取消社会团体的筹备批复阶段,将社会团体的筹备成立和正式成立合并为直接申请成立登记,并将资料完备、条件成熟的社会团体申请审批时限由原来的60日缩短为30个工作日。城乡社区社会组织既可以申请登记,也可以备案,增强社区自治服务功能。

9.实行政社分开。按照政社分开、管办分离的原则,分类推进各类社会组织特别是行业协会商会在机构、人员、财务等方面与行政机关脱钩,切实解决行政化倾向问题。严格执行中央和省关于党政机关领导干部不兼任社会团体领导职务的有关规定。政府部门应尊重社会组织的法人主体地位,依法保护社会组织的财产权和合法收入,不得干预社会组织的人事、资产、财务等内部事务。

三、加大对社会组织的培育扶持力度

10.建立政府职能转移和购买服务制度。按照推进政府职能转变、建设服务型政府的要求,将政府部门不应行使和可由社会组织承担的事务性管理工作、适合由社会组织提供的公共服务、社会组织通过自律能够解决的事项,转移给社会组织,更好地发挥社会力量在公共事务管理中的作用。按照政府机构改革和职能转变的要求,由各级机构编制部门和民政部门牵头编制政府向社会组织转移职能目录,明确转移职能的部门、事项及方式。各级财政部门牵头编制政府向社会组织购买服务目录,制订相应的实施办法,明确政府向社会组织购买服务的基本原则、实施范围和主体、承接对象和条件、购买形式、操作流程、支付方式和职责分工等,政府向社会组织购买服务所需资金在既有预算安排中统筹考虑。各级民政部门牵头编制社会组织目录,明确具备资质条件承接政府转移职能和购买服务的社会组织。

11.加大资金扶持和税收优惠力度。支持社会组织参与社会管理和公共服务,落实公益性、福利性社会组织的税收减免政策。依法登记的社会组织除享受国家规定的税收优惠政策外,省级政府税政权限内的税收政策依法实行倾斜。社会组织免税资格和公益性捐赠税前扣除资格申报认定每半年办理一次。逐步建立公共财政对社会组织提供公共服务的支持、资助和奖励机制,将符合条件的社会组织纳入政府产业扶持和社会事业发展扶持政策范围。各地各部门可采取政府投资或利用现有场所建设社会组织孵化基地,为初创时期社会组织提供人力、物力和财力支持。完善福利彩票公益金资助社会组织开展公益服务等扶持政策,鼓励金融机构为符合条件的社会组织提供信贷支持,拓宽社会组织筹资渠道。

12.推进社会组织参政议政。各级政府及相关部门应加强与社会组织的联系沟通,建立政府部门与社会组织沟通协调机制。在制定政策、实施重大决策等过程中,要注重广泛听取社会组织的意见和建议,提高社会组织对公共事务的参与度。增加全省各级党代表大会、人民代表大会和政协全会中社会组织代表、委员的比例,探索在政协设立"社会组织"界别,科学确定适当的委员名额比例,充分发挥社会组织在扩大群众参与、反映群众诉求方面的积极作用。

四、完善社会组织内部治理机制

13.优化社会组织法人治理结构。引导各类社会组织加强自身建设,建立健全独立自主、权责明确、运转协调、有效制衡的法人治理结构。完善会员(会员代表)大会、理事会、监事会制度,实行决策、执行、监督分立。科学合理确定社会组织的执行机构规模和表决方式。

14.加强社会组织人才队伍建设。加大社会组织专业人才培育和引进力度,促进社会组织人才队伍职业化、专业化和年轻化。制定社会组织专职(从业)人员培训规划,建立社会组织人才培训长效机制,提高社会组织专职(从业)人员工作水平。支持社会组织相关人员参加社会工作专业人才职业资格考试或考评,不断提高职业素质和专业水平。鼓励社会组织根据工作需要聘用持有职业资格证书或专业技术职务任职资格证书的社会工作专业人才,重视解决社会组织专职人员的社会保障问题,按照国家有关规定办理社会保险事宜。

15.加强社会组织党建和党群工作。健全社会组织党建管理体制,依托民政部门建立社会组织党工委,推进在业务主管部门或行业建立党委(党总支)的工作,建立健全社会组织党建工作网络。探索建立结合业务抓党建的"双培"工作机制,将社会组织中的骨干培养成中共党员,将社会组织中的中共党员培养成社会组织骨干。坚持"应建必建、应派必派"原则,抓好社会组织党组织组建工作,选派党建工作指导员或联络员,指导社会组织开展党建工作。加强社会组织党建规范化建设,探索促进社会组织健康发展的有效途径和作用发挥方式,建设服务型社会组织党组织。建立健全社会组织工会、共青团和妇联等群团组织,以党组织建设带动工会、共青团、妇联组织建设。

五、健全社会组织监督管理体系

16.建立部门联合监管机制。有关部门要依法履行服务指导和监督管理职能,依法承担相应管理责任。建立社会组织登记管理服务综合信息平台。各级民政部门负责社会组织发展和管理的统筹协调、政策制定、宏观指导,依法履行登记备案、年度检查、日常监管、执法查处等职能,指导社会组织信息公开和等级评估,为社会组织提供党建指导和人才、外事服务,年度检查要注意听取有关部门对社会组织的工作评价,并作为年度检查结论的重要依据;教育、科技、文化、卫生、商务、经信及工商联、经协办等行业主管单位要制定完善社会组织在本行业的活动指南和管理服务规范,通过转移职能、项目委托、资金扶持、购买服务、发布信息等方式引导社会组织健康发展;财政、税务、人力资源和社会保障、公安、金融、审计等相关职能部门要依照法律法规和有关规定,负责社会组织与其相关专项事务的管理服务。

17.建立健全退出机制。健全社会组织负责人管理、资金管理、年度检查、查处退出等制度,对社会组织出现完成章程规定的宗旨、自行解散、分立合并和由于其他原因终止等情形之一的,应先按规定完成清算,再按规定办理注销手续。根据社会组织管理有关法律法规和政策规定,符合撤销登记条件的,由登记管理机关依法依规撤销登记。

18.建立健全评估机制。各级民政部门应建立健全社会组织评估指标体系、评估制度和评估工作机制,坚持先建后评、以评促建、评建结合、重在建设,注重发挥评估的导向、激励和约束作用。到2016年,全面完成全省社会组织的等级评估。等级评估要听取相关部门的意见建议,等级评估经费由各级财政列入预算,不得以任何形式向受评对象收取。

19.建立信息披露机制。搭建面向公众的社会组织公共信息披露平台,完善社会公众投诉举报机制,畅通新闻媒体、社会公众和会员监督社会组织的渠道,促进社会组织诚信建设。

六、强化社会组织建设管理工作保障

20.加强组织领导。各级党委、政府要将加强和创新社会组织建设与

管理工作列入重要议事日程,明确专人负责,层层落实责任,切实把加强
和创新社会组织建设与管理工作落到实处。要按照相对独立、统一协调、
力量匹配的要求,根据工作任务、社会组织数量等因素,加强登记管理机
关建设,提高登记管理队伍素质,改进服务工作,提升管理效能。

21.建立责任考核制度。将社会组织培育发展和规范管理纳入各级
党委、政府社会建设绩效考核内容,完善考核评价指标体系,定期对社会
组织培育发展情况进行考核,并接受社会监督。

22.加强政策过渡期间的管理。直接登记类社会组织的原业务主管
部门,要本着积极推进、稳步过渡的原则,继续履行业务主管职责,确保到
2015 年底前,完成新老体制的衔接过渡。

2014 年 2 月 14 日

7.中共海南省委办公厅 海南省人民 政府办公厅关于培育发展和规范 管理社会组织的意见

（琼办发〔2014〕42 号）

为贯彻落实党的十八大和十八届三中、四中全会精神,以及省第六次党代会精神,着眼于国家治理体系和治理能力现代化目标,全力推进社会组织改革与发展,优化发展环境,促进社会组织健康有序发展。现就我省培育发展和规范管理社会组织提出如下意见。

一、总体思路和目标

（一）总体思路。以邓小平理论、"三个代表"重要思想、科学发展观为指导,深入贯彻习近平总书记系列重要讲话精神,推进社会组织登记管理制度改革,坚持统筹协调,分步实施,有序推进;坚持培育发展,规范引导,增强服务;坚持突出重点,分类指导,分级负责;坚持放宽准入,加强自律,依法监管,形成政社分开、权责明确、依法自治的现代社会组织体制,充分发挥社会组织在社会建设中的重要作用。

（二）总体目标。力争到 2020 年,形成与我省经济社会发展相适应,布局合理、结构优化、功能完善、作用明显的社会组织体系。

二、重点培育发展四类社会组织

（一）行业协会商会类社会组织。重点培育发展服务我省支柱产业、优势产业、新兴产业的行业协会商会,发挥其服务企业、促进产业、招商引资、助推经济的作用。

（二）科技类社会组织。充分发挥科技类社会组织专家荟萃的特点

和优势,开展学术研究,普及科学知识,提高全民科学素质。通过科研攻
关、新产品研发、技术创新、高新技术成果(专利)转让等方式,推动科技
进步。

(三)公益慈善类社会组织。积极发展面向社会公众,具有社会性、
保障性和非营利性特点的公益慈善类社会组织。发挥公益慈善类社会组
织在扶贫济困、抢险救灾、化解矛盾、公益捐赠等方面的作用。

(四)城乡社区服务类社会组织。重点培育发展满足居民多种需求
的城乡社区服务类社会组织,推动城乡社区精神文明建设。支持城乡社
区社会组织参与社区自治,发挥其团结社区群众、化解社会矛盾、促进社
区和谐的作用。

三、改革登记管理制度

(一)对四类社会组织实行直接登记。成立行业协会商会类、科技
类、公益慈善类、城乡社区服务类社会组织,实行直接向各级民政部门依
法申请登记。

(二)适当实行"一业多会"。取消"一业一会"限制,允许同一行政
区域、同一行业内成立若干个业务范围相同或者相似的社会团体。

(三)下放异地商会登记权限。将异地商会成立登记的审批权从省
民政部门下延至市县民政部门。

(四)取消两项审批事项。申请成立社会团体时,取消筹备审批环
节。社会团体、基金会设立分支(代表)机构和内设机构,取消登记审批,
只须报送各级民政部门备案。

(五)推进政社分开。按照政社分开、管办分离的原则,分类推进各
类社会组织在机构、人员、财务、职能等方面与行政机关脱钩。现职公务
员一律不得兼任行业协会商会、基金会负责人。严格限制现职公务员在
其他类型社会组织兼任负责人,确因特殊情况需兼任的,应按照干部管理
权限从严审批。

四、制定扶持政策措施

(一)向社会组织转移职能和购买服务。各级政府部门要结合深化
行政人事制度改革的发展要求,逐步将政府的事务性、技术性、辅助性职

能等,通过授权、委托及其他方式依法转移给有相应资质、公信力高的社会组织承担。符合条件的,由政府向其购买服务,扶持社会组织发展。

(二)给予资金扶持和落实税收优惠政策。逐步建立公共财政支持社会组织发展的机制,加大资金扶持力度,培育和扶持一批社会信誉好、影响力大的社会组织。推动建立省、市县级社会组织发展孵化基地,为初创期的社会组织提供人力、物力和财力支持。落实好非营利组织免税和公益性捐赠税前扣除的优惠政策。

(三)拓宽社会组织参政议政渠道。建立社会组织参政议政机制。适当增加社会组织代表在党代会代表、人大代表和政协委员中的比例。各级政府在制定有关社会管理政策、进行重大决策等过程中,应邀请社会组织代表参加相关听证会、论证会,听取相关社会组织的意见。提高社会组织对公共事务的参与度。

五、强化监督管理

(一)推进社会组织法制建设。加快推进社会组织法制建设,推动制定和完善相关地方性法规和规章,严格依法监管,强化法律监督。建立完善的综合执法制度,实现社会组织日常监督与执法查处的有机结合。依法查处社会组织违法违规行为,取缔非法社会组织。严格执行国家有关法律法规,切实加强对境外非政府组织在琼活动的监督管理。

(二)完善监督管理制度。建立社会组织负责人管理制度,规范负责人资格、产生程序、任职年限等。完善社会组织资金管理制度和终止后剩余财产处理制度。制定社会组织会费收取、网络募捐、项目合作、不动产捐赠等行为规范和活动准则。建立和完善社会组织征信体系,规范社会组织信息公开的机制和方式,有效整合社会组织资源,实现资源共享,对严重违法违规的社会组织实行"黑名单"管理。建立和完善社会组织退出机制,对组织机构不健全、管理混乱、连续两年未提交年度报告的社会组织劝其退出或撤销。优化年度报告制度,提高年度报告效能。建立社会组织评估指标体系,完善评估工作机制,发挥评估的导向作用。建立健全第三方评估制度,增强评估功效。

(三)注重内部管理和行业自律。引导社会组织完善以章程为核心

的独立自主、权责明确、运转协调、制衡有效的法人治理结构。健全会员
(代表)大会、理事会、监事会制度,实行决策、执行与监督分立。建立民
主选举、民主决策、民主管理、民主监督的自治机制。坚持诚信原则,制定
行业规范,开展行业自律,增强诚信守法意识,推行服务承诺制,提高社会
公信力。

六、保障措施

(一)加强社会组织党组织建设。完善社会组织党建工作管理体制,
理顺社会组织党建管理关系。充分发挥各级社会组织党工委组织、指导、
协调的作用,提高社会组织党建工作的科学化水平。采取单独建、联合
建、挂靠建、区域或行业统建等形式,抓好社会组织党组织的组建工作,不
断提高社会组织党组织的覆盖率。支持工会、共青团、妇联等人民团体在
社会组织开展工作,提高社会组织党的工作覆盖面。

(二)建立统筹协调的工作机制。建立由各级党委、政府领导牵头,
组织、宣传、编制、商贸、公安、监察、民政、司法、财政、人力资源和社会保
障、外事、法制、工商、税务、工商联等部门密切配合、齐抓共管的协调机
制,统筹解决制约社会组织发展的困难和问题。将社会组织培育发展和
规范管理工作,纳入市县党委、政府社会建设绩效考核的重要内容定期进
行考核,并完善考核评价指标体系,以推动社会组织管理的规范化、制
度化。

(三)加强登记管理机构队伍建设。各级政府部门要重视解决社会
组织登记管理部门的人员、经费、执法等实际问题,加强人力、物力和财力
支持,配备必要的专职工作人员,建立定期培训制度,提高工作人员的能
力和水平。

2014 年 12 月 6 日

8.中共云南省委 云南省人民政府关于大力培育发展社会组织加快推进现代社会组织体制建设的意见

（云发〔2013〕12号）

为深入贯彻党的十八大和十八届二中全会精神,认真落实《国务院机构改革和职能转变方案》要求,推进社会建设,深化社会体制改革,加快构建现代社会组织体制,推进社会组织健康有序发展,充分发挥社会组织在全面建成小康社会中的重要的作用,现就我省大力培育发展社会组织、加快推进现代社会组织体制建设提出如下意见。

一、加快现代社会组织体制建设的重要意义

（一）基本现状。社会组织是社会建设的重要主体。近年来,全省社会组织发展成效明显,在经济社会诸多领域发挥着积极作用,已成为我省经济社会发展不可或缺的力量。但是,由于思想认识不到位、法规政策不健全、管理体制不完善、扶持力度不够、监管力量薄弱,社会组织还存在数量少、规模小、政社不分、作用不明显等问题,迫切需要加快推进现代社会组织体制建设。

（二）重要作用。加快推进现代社会组织体制建设,促进社会组织健康有序发展,有利于促进政府职能转变,改进公共服务供给方式,降低管理服务成本,提高行政效能和服务质量;有利于激发社会活力,增强社会自律,增进社会协同,充分发挥社会组织在加强和创新社会管理中的积极作用;有利于创新群众工作方式和载体,满足社会公众多元化、个性化需求,密切党与群众的联系,促进社会和谐,巩固党的执政基础。

二、指导思想、基本原则、总体目标

（三）指导思想。以邓小平理论、"三个代表"重要思想、科学发展观为指导,紧密结合深化行政体制改革和政府职能转变,坚持培育发展和管理监督并重,建立与全省经济社会发展相适应的现代社会组织体系,健全统一登记、各司其职、协调配合、分级负责、依法监管的社会组织管理体制,加快形成政社分开、权责明确、依法自治的现代社会组织体制,充分发挥社会组织在社会建设中的重要作用,为建设开放富裕文明幸福新云南作出积极贡献。

（四）基本原则。坚持培育发展、规范管理。以发展为主线,一手抓培育发展,一手抓严格依法管理,在发展中规范,在规范中提升。坚持政社分开、依法自治。加快政府转变职能,下放权力,实行政社分开、管办分离;加快社会组织去行政化步伐,强化依法按章、独立自主开展活动,提高独立运作水平。

（五）总体目标。到2020年,建成覆盖广泛、门类齐全、结构优化、布局合理、作用明显的社会组织体系,形成法规政策健全、监管有力、服务到位的社会组织管理服务格局,构建参与广泛、资源整合、协调顺畅、充满活力、富有效率的社会组织工作体制,使社会组织成为政府职能转变承接者、社会政策重要执行者、社会道德自觉践行者、社会和谐稳定生力军。

三、培育发展重点

（六）公益慈善类社会组织。加快构建多样化、多层次公益慈善社会组织体系,推动扶贫、救灾、教育、卫生、救助、养老、环保、文化等公益慈善事业健康发展。政府退出公益慈善募捐市场,除发生重特大灾害外,不再参与社会募捐。加大扶持力度,制定公益性捐赠税前扣除及财政税收扶持公益慈善事业发展的优惠政策。建立公益慈善组织扶持孵化基地。制定云南省慈善事业发展专项规划。建立公益慈善项目库,为国际国内知名度高、实力强的公益慈善组织入驻云南、项目落地和合作交流提供便利。建立统一、权威的信息公开平台,打造廉洁透明慈善,提升公益慈善品牌创新能力和公益慈善项目运作水平,全面提升公益慈善组织公信力。

（七）行业协会商会类社会组织。认真贯彻执行《云南省行业协会条例》，大力推进行业协会商会与行政机关脱钩，强化行业自律，使其真正成为提供服务、反映诉求、规范行为的主体。重点培育和发展服务我省支柱产业、优势产业、新兴产业的行业协会商会，发挥其服务企业、促进产业、招商引资、助推经济的作用。

（八）城乡社区服务类社会组织。大力培育民办社会服务机构、城镇住宅小区业主大会、农村专业经济协会、老年协会等城乡社区社会组织，全面提升服务管理能力。鼓励城乡社区文体娱乐类社会组织积极开展健康向上的娱乐、文化、体育等活动，推动社区精神文明建设。支持城乡社区社会组织参与社区自治，发挥其团结社区群众、化解社会矛盾、促进社区和谐的作用。

（九）科技文化类社会组织。鼓励成立基础科学研究基金会，加大对民办科学研究、技术开发机构（院所）和科技协会的扶持力度，通过科研攻关、新产品研发、技术创新、高新技术成果（专利）转让、科技项目实施、技术咨询、技术服务等方式，加快提升我省科技自主创新和产品研发能力。坚持以重大现实问题研究为主攻方向，推进理论创新，培育发展社会科学类社会组织。加大文化产业社会组织培育力度，推进文化与旅游、资本、科技深度融合，提升文化产业规模化、集约化、专业化水平，把文化产业培育成支柱型产业。

四、改革登记管理制度

（十）深化改革登记体制。实行直接登记。除依据法律法规需前置行政审批及政治法律类、宗教类的社会组织外，其他社会团体、民办非企业单位、基金会取消业务主管单位，直接向民政部门申请登记。降低准入门槛。除法律法规规定有注册资金要求的，在县级民政部门申请登记社会团体和民办非企业单位，注册资金减至1万元；申请成立非公募基金会的，原始注册资金不低于100万元；向县级民政部门申请成立公益慈善类、社会福利类、社会服务类社会组织的，开办资金不作要求。在县级民政部门登记的，会员数可降至20个以上。取消"一业一会"限制，允许同一行政区域、同一行业内成立两个或两个以上业务范围相同或者相似的社会团体。放宽限制条件。下放基金会、异地商会登记权限，由县级以上

民政部门直接登记。允许民办非企业单位以某一服务品牌在其活动区域
内形成连锁服务。研究制定云南省外国商会登记管理办法,试点外国商
会登记。根据公开、平等、竞争的原则,鼓励降低运行成本,基金会工作人
员工资福利和行政办公支出占当年总支出的比例,按照不同基金规模及
实际支出确定,并向社会公示。减少审批备案事项。取消社会团体筹备
阶段审批;社会团体、基金会分支(代表)机构、内设机构可由社会组织根
据需要设立,民政部门不再审批备案。

(十一)创新管理体制。推进政社分开。分类推进社会组织与行政
机关在机构、人员、财务、职能等方面脱钩。现职公务员一律不得兼任行
业协会商会、基金会、民办非企业单位负责人。严格执行现职公务员在社
会组织兼任负责人的各项规定,规范离退休公务员担任社会组织负责人。
改进双重负责管理体制。对政治法律类、宗教类社会组织,实行业务主管
单位和登记管理机关双重负责管理体制。业务主管单位负责成立前的审
查,指导其依照法律和章程开展活动,年检初审,协查违法行为,会同有关
机关指导清算等事宜。登记管理机关依法履行登记管理监督职责。加强
直接登记社会组织服务管理。建立登记管理机关、行业主管部门、相关职
能部门各司其职、协调配合的综合管理服务体系。登记管理机关负责做
好社会组织发展和管理的统筹协调、政策制定、宏观指导以及登记备案、
年检评估、监督检查等工作,行业主管部门负责对本领域活动的社会组织
进行行业指导、行业规范、提供服务。

五、优化发展环境

(十二)完善财税扶持政策。逐步建立公共财政扶持社会组织机制。
省、市、县三级设立社会组织培育发展专项资金,重点扶持我省经济社会
发展急需培育的各类社会组织,对符合申请条件的社会组织给予补助。
有条件的州(市)、县(市、区)要建立社会组织培育孵化基地,制订扶持发
展专项规划。依法设立并在民政部门依法登记的社会非营利组织,凡是
国家规定的税收优惠政策一律优先享受;凡是省级政府税政权限内的税
收政策一律实行倾斜,允许减免的一律减免。社会组织免税资格和公益
性捐赠税前扣除资格申报认定时间由每年办理一次调整为每季度办理一

次,有特殊情况的可随时办理。免征民族自治地方的社会组织应缴纳的企业所得税地方分享部分。社会非营利组织从事经营活动中取得的符合免税范围的收入,按规定免征营业税和企业所得税。免征非营利性科研机构、老年服务机构、医疗机构自用房产、土地的房产税、城镇土地使用税。符合条件的科技类民办非企业单位以科学研究为目的,在合理数量范围内进口国内不能生产或者不能满足需要的科研用品,免征进口关税和进口环节增值税、消费税。企业通过公益性社会团体,或者县级以上人民政府及其部门,用于《中华人民共和国公益事业捐赠法》规定的公益事业的捐赠支出,在年度利润总额 12%的以内部分,准予在计算应纳税所得额时扣除;超过年度利润总额 12%的部分所缴纳的企业所得税地方分享部分,由财政全额奖励企业,鼓励企业捐赠公益慈善事业。个人将其所得通过中国境内社会团体、国家机关向教育和其他社会公益事业及遭受严重自然灾害地区、贫困地区的捐赠,捐赠额未超过纳税义务人申报的应纳税所得额 30%的部分,准许从其应纳税所得额中扣除。个人通过符合条件的非营利性社会团体和国家机关对福利性、非营利性的老年服务机构捐赠,在缴纳个人所得税前准予全额扣除。房产所有人、土地使用权所有人通过中国境内非营利性社会团体和国家机关将房屋产权、土地使用权赠与教育、民政和其他社会福利、公益事业的,免征土地增值税。财产所有人将财产赠给社会福利单位所立的书据免征印花税。

(十三)加快政府职能转变。全面梳理政府部门承担的社会管理和公共服务职能,减少微观事务管理,切实提高政府管理科学化水平,充分发挥社会组织在管理社会事务中的作用。制定政府向社会组织转移职能的指导意见和转移事项目录,凡是社会组织能够办的事项要能转尽转,逐步将政府不应行使和可由社会组织承担事务性管理工作、适合由社会组织提供的公共服务,以适当的方式转移给社会组织。

(十四)建立购买服务制度。建立以项目为导向的政府购买社会组织服务制度,制定购买社会组织服务管理办法和年度购买服务目录。将购买社会组织服务经费纳入财政预算。逐步将决策咨询、标准制定、行业规范、行业统计分析、行业准入、资产项目评估、检验检测、等级评定、资格认证、专业技术职称和职业资格评定等技术服务和行业管理职能,以及社区事务性、公益性、社会性工作纳入购买服务范围。按照公平、公正、公开的原则,建立竞争择优和绩效评价机制,促进社会组织平等参与社会管理和公共服务。发挥专业评估机构、行业管理组织、专家等方面的作用,对社会组织承担的项目管理、服务成效、经费使用等内容进行综合考评。

(十五)加强人才队伍建设。加强社会组织从业人员权益保障,研究制定从业人员权益保障政策,督促社会组织建立完善从业人员劳动用工制度和有序流动、人员招聘、户籍管理、档案管理、职称评定、工资福利等具体措施。制定社会组织从业人员管理办法,完善激励机制,优化队伍结构;建立社会组织从业人员培训长效机制。鼓励社会组织建立从业人员养老年金制度,提高社会保障水平,打造一支高素质的社会组织人才队伍。

(十六)保障民主参与权益。促进社会组织依法参政议政,逐步增加社会组织代表在党代会代表、人大代表、政协委员中的比例,探索在政协中设立社会组织界别。引导社会组织积极参与社会管理创新相关政策制定和理论研究。加强政府与社会组织信息沟通,建立重大决策征询相关社会组织意见制度,在制定出台政府规章、公共政策、发展规划、管理措施之前,采取调研、咨询、听证等形式征求相关社会组织的意见和建议。

六、加强监督管理

(十七)构建综合监管体系。建立政府监管、社会监督和社会组织自律相结合的监管体系。建立健全民政、财政、公安、司法、外事、审计、税务、物价、工商、工商联和金融等部门各司其职、信息共享、协同配合、分级负责、依法监管的联动机制。完善社会公众投诉举报机制,畅通多元化监督渠道。建立社会组织信息披露机制,强化社会组织公益服务、自律建设、社会评价、诚信公示、失信惩戒和黑名单等信用管理。

(十八)建立健全管理制度。建立社会组织负责人管理制度,规范负责人资格、产生程序、任职年限等。完善社会组织资金管理制度和终止后剩余财产处理制度。制定社会组织会费收取、网络募捐、活动合作、评比表彰、不动产捐赠等行为规范和活动准则。规范信息公开内容要素,完善社会组织信息公开制度。建立完善社会组织退出制度。优化年度检查制度,提高年度检查效能。建立健全第三方评估制度,增强评估功效。

(十九)加大执法监察力度。建立完善联合执法制度,实现社会组织年度检查、日常监督、诚信建设、等级评估与执法查处有机结合。依法查处社会组织违法违规行为和取缔非法社会组织。对为非法社会组织提供支持、资助和其他便利条件的部门和单位,追究其主要负责人责任;对国家工作人员利用行业协会等社会组织谋取不正当利益的,依法予以查处并追究有关责任。加强对社会组织境外投资、合作及接受境外捐赠等涉外活动的监管。

(二十)完善自律诚信建设。引导社会组织健全以章程为核心的独立自主、权责明确、运转协调、制衡有效的法人治理结构。完善会员(代表)大会、理事会、监事会制度,实行决策、执行与监督分立。建立民主选举、民主决策、民主管理、民主监督的自治机制。坚持诚信原则,制定行业规范,开展行业自律,增强诚信守法意识,推行服务承诺制,提高社会公信力。坚持非营利原则,规范社会组织活动。加强公益慈善项目监管和公众监督,防止诈捐、强行摊派、滥用善款的行为。完善社会组织自律监督体系,健全防治"小金库"、乱收费、乱评比等长效机制。

(二十一)积极承担社会责任。引导社会组织树立服务大局、服务社会、服务群众意识,发挥理性反映企业、群众诉求平台优势,为党委、政府决策献计献策,踊跃投入公益慈善事业,关爱弱势群体,积极参与解决人民群众最关心、最直接、最现实的利益问题。逐步建立社会组织责任体系,倡导社会组织发布社会责任报告,促进社会信用体系和市场监管体系建设。配合参与政府公共管理,协调劳资纠纷,化解社会矛盾,维护社会稳定,促进社会和谐。

七、强化保障措施

(二十二)建立联席会议制度。建立由党委、政府分管领导牵头,相关部门和人民团体负责人参与的培育发展社会组织联席会议,及时研究协调相关重大问题,督促各项工作落实。

(二十三)加强登记管理力量。根据社会组织登记管理体制改革的需要,建立健全各级民政登记管理机构,调整充实与工作任务相适应的专职工作人员,保障工作经费。加强执法力量,保障各级社会组织登记管理机关有执法人员、执法经费和执法装备。加大培训力度,不断提高社会组织登记管理机关工作人员能力和水平。

(二十四)加强党建工作。各级党委设立社会组织党工委,依托民政部门指导社会组织党建工作。完善社会组织党组织设置方式,提高党的组织和工作覆盖。健全社会组织党风廉政建设、惩治和预防腐败体系,充分发挥党组织政治引领、保证监督、战斗堡垒作用和党员先锋模范作用。

(二十五)健全法规政策。围绕社会组织改革和发展需要,加强立法工作调研,加快制定出台《云南省公益慈善事业促进条例》《云南省境外非政府组织管理规定》《政府购买社会组织服务暂行办法》等法规政策,不断完善社会组织法规体系。

(二十六)加大宣传力度。及时总结经验、树立典型、推广宣传,发挥示范引导作用。充分利用报纸、电视、网络等新闻媒体宣传社会组织先进典型,营造有利于社会组织发展和鼓励做好事做善事的良好社会氛围。

(二十七)加强政策过渡期间的管理。除政治法律类、宗教类社会组织外,要本着积极推进、稳步过渡的原则,在2015年底前,完成新老体制的衔接过渡,保持政策的连续性。在过渡期内各业务主管单位继续履行职责,并简政放权,改进管理方式,简化办事程序,确保平稳过渡。

2013 年 8 月 23 日

9.宁夏回族自治区党委办公厅 宁夏回族自治区人民政府办公厅关于改革社会组织管理制度激发社会组织活力的意见

（宁党办发〔2014〕71号）

各市、县（区）党委（工委）和人民政府，区直各部委办厅局，各人民团体、直属事业单位，中央驻宁单位，各大型企业：

《关于改革社会组织管理制度激发社会组织活力的意见》已经自治区党委、人民政府同意，现印发你们，请结合实际认真贯彻落实。

中共宁夏回族自治区委员会办公厅

宁夏回族自治区人民政府办公厅

2014年11月21日

为深入贯彻落实党的十八大和十八届三中、四中全会精神及自治区党委、政府关于全面深化改革的总体部署，改革社会组织管理制度，进一步激发和释放社会组织活力，充分发挥社会组织带动经济发展、提供公共服务、促进社会和谐等作用，现提出如下意见。

一、总体要求

1.指导思想。以邓小平理论、"三个代表"重要思想、科学发展观为指导，加快建立政社分开、权责明确、依法自治的现代社会组织体制，充分激发社会组织活力，促进社会组织健康有序发展，推动社会组织成为经济发展和社会进步的重要力量，为建设开放宁夏、富裕宁夏、和谐宁夏、美丽宁夏贡献积极力量。

2.基本原则。坚持培育扶持、规范管理,一手抓积极引导发展,一手
抓严格依法管理。坚持政社分开、管办分离,积极推进政府转变职能,加
快社会组织去行政化步伐。坚持党建引领、依法自治,切实加强社会组织
党的建设,强化依法按章、独立自主开展活动。

3.总体目标。到 2020 年,构建覆盖广泛、门类齐全、结构优化、布局
合理、作用明显的社会组织体系,形成法规政策健全、监管有力、服务到位
的社会组织管理服务格局,建立参与广泛、资源整合、协调顺畅、充满活
力、富有效率的社会组织工作体制,使社会组织成为政府职能转变承接
者、社会政策重要执行者、社会道德自觉践行者、社会和谐稳定生力军。

二、深化社会组织管理体制改革

4.简化登记备案制度。对行业协会商会类、科技类、公益慈善类、城
乡社区服务类社会组织实行民政部门直接登记制度。登记管理机关、行
业主管部门及相关职能部门在各自职责范围内依法对社会组织进行业务
指导和管理服务。取消对社会团体的分支(代表)机构的登记审批制度,
实行备案制度。继续实行城乡基层社会组织登记和备案并行的双轨制,
探索建立城乡社区枢纽(联合)型社会组织,增强社区自治服务功能。

5.降低登记准入门槛。除法律法规定有注册资金、会员数量要求
的,各级社会组织登记管理机关要结合实际,适当放宽社会组织登记注册
资金和会员最低数量要求。特别是对于公益慈善类、社会福利类、社会服
务类和城乡社区服务类社会组织,适当降低登记门槛。

6.引入竞争激励机制。对行业性、专业性、自然科学学术性的社会团
体,突破"一业一会"的限制,可以按照国民经济行业分类的小类标准成
立多个行业协会。允许同一行业按照产业链各个环节、经营方式和服务
类型成立多个行业协会。鼓励行业协会适度竞争,优胜劣汰。

7.深入推进政社分开。进一步理顺政府与社会组织的关系,明确社
会组织的权责和职能,将可由社会组织承担基本公共服务事项、社会管理
服务事项、行业管理与协调事项、技术服务事项、政府履职所需辅助性事
项,转移或委托给社会组织。推进社会组织管办分离,力争到 2017 年底,
实现社会组织在机构、职能、资产、财务、人员等方面与行政机关完全脱

钩。现职公务人员和具有行政管理职能的事业单位工作人员一律不得兼任社会组织负责人;严格规范离退休领导干部在社会组织中的任职行为。

三、健全社会组织培育发展体系

8.推行政府购买服务。按照推进政府职能转变、建设服务型政府的要求,各级机构编制、民政、财政等部门要认真落实自治区《政府向社会力量购买服务暂行办法》和《政府购买社会工作服务实施办法》,建立健全政府向社会组织购买服务机制,明确社会组织购买主体、承接主体,编制购买内容与目录,建立以项目申报、项目评审、组织采购、资质审核、合同签订、项目监管、绩效评估、经费兑付等为主要内容的规范化购买流程,规范有序开展政府向社会组织购买服务工作。

9.加大资助支持力度。支持社会组织参与社会管理和公共服务,落实公益性、福利性社会组织的税收减免政策。依法登记的社会组织除享受国家规定的税收优惠政策外,自治区级税政权限内的税收优惠政策向社会组织倾斜。社会组织免税资格和公益性捐赠税前扣除资格申报认定每半年办理 1 次。建立公共财政对社会组织提供公共服务的支持、资助和奖励机制,将符合条件的社会组织纳入政府产业扶持和社会事业发展扶持政策范围。各地各部门要采取政府投资或利用现有场所建设社会组织孵化基地,建立社会组织孵化专项基金,重点孵化工商经济、社会福利、公益慈善类、城乡社区服务类社会组织,孵化期原则上为 2—3 年。建立福利彩票公益金资助社会组织开展公益服务等扶持政策,鼓励金融机构为符合条件的社会组织提供信贷服务,拓宽社会组织筹资渠道。

10.拓宽参政议政渠道。各级党委、政府和相关部门要建立与社会组织的沟通协调机制,在制定政策、实施重大决策等过程中,要注重广泛听取社会组织的意见和建议,提高社会组织对公共事务的参与度。要逐步增加自治区各级党代表大会、人民代表大会和政协全会中社会组织代表、委员的比例,探索在政协设立"社会组织"界别,科学确定适当的委员名额比例,充分发挥社会组织在扩大群众参与、反映群众诉求方面的积极作用。

11.积极履行社会责任。制定社会组织履行社会责任实施办法、评价

指标、评分标准,明确评价主体,规范评价程序,建立激励机制,扎实开展
社会组织履行社会责任评价工作。推动社会组织积极履行社会责任,践
行社会主义核心价值观,积极开展形式多样的公益活动,努力为社会多做
好事,多办实事;积极为社会提供优质服务,争当履行社会责任的模范。

四、完善社会组织综合监管体系

12.加强行业分类管理。对各级社会组织进行分类管理,除社区社会
组织外,按照经济类、社科类、科技类、教育培训类、公益慈善类等类别,分
别归口划入经济和信息化、教育、财政、民政、人力资源社会保障、司法行
政、科技、商务、社科等相关职能部门,并成立相应的行业社会组织党委,
负责本行业社会组织的党建工作,各级社会组织工委进行统一指导。

13.健全联合执法机制。按照"统一登记、各司其职、协调配合、分级
负责、依法监管"的要求,明确登记管理机关、行业管理部门和业务主管
部门监管职责,健全公安、民政、财政、监察、审计、税收、金融等多部门联
合执法机制,健全执法程序,规范执法行为,加大执法监察力度,严厉打击
违法社会组织和社会组织的违法行为,依法取缔非法社会组织。

14.健全完善退出机制。建立健全社会组织负责人管理、资金管理、
年度检查、查处退出等制度,对社会组织出现未按章程开展活动、自行解
散、分立合并和由于其他原因终止的,要先按规定完成清算,再按规定办
理注销手续。根据社会组织管理有关法律法规和政策规定,符合撤销条
件的,由登记管理机关依法依规撤销登记。

15.建立健全评估机制。各级民政部门要建立健全社会组织等级评
估指标体系,加强评估委员会建设,健全评估工作机制,优化评估程序,完
善评估制度,严格评估纪律,进一步完善评估的导向、激励和约束政策。

16.建立信息披露机制。搭建面向公众的社会组织公共信息披露平
台,加大信息公开力度,完善社会公众投诉举报机制,广泛接受服务对象、
新闻媒体、政务部门和社会公众的监督。建立社会组织"黑名单"制度,
推进落实社会组织失信惩戒制度。

五、加强社会组织自身建设

17.强化自治自律功能。按照现代社会组织体制要求,研究制定行业

协会法人治理指引、社会团体章程示范文本、社会团体换届选举工作指引、社会团体商业行为指引等内部治理规范。围绕强化自治功能,推动完善社会组织法人治理结构和民主机制,完善会员大会、理事会、监事会制度,落实民主选举、民主决策、民主管理、民主监督,引导社会组织依法按照章程开展活动,独立承担法律责任。开展行业协会行业自律与诚信创建活动、民办非企业单位塑造品牌与服务社会活动,引导社会组织提高自律诚信和社会公信力。

18.加强人才队伍建设。将社会组织人才队伍建设纳入各级党委、政府人才发展规划,加大社会组织专业人才培育和引进力度,促进社会组织人才队伍专业化、职业化。制定社会组织专职(从业)人员培训规划,建立社会组织人才培训长效机制和人才培养教育基地,提高社会组织专职(从业)人员工作水平。建立社会组织专业人才库,进一步完善社会组织人才的培育、评价、流动等制度。建立以岗位职责为基础,以品德、能力和业绩为导向,科学化、社会化的社会组织专业人才评价机制。支持社会组织相关人员参加社会工作专业人才职业资格考试或考评,不断提高职业素质和专业水平。鼓励社会组织根据工作需要聘用持有职业资格证书或专业技术职务任职资格证书的社会工作专业人才,重视解决社会组织专职人员的社会保障问题,按照国家有关规定办理社会保险事宜。

19.加强社会组织党建。完善党委统一领导、组织部门牵头抓总、社会组织工委协调指导、相关行业部门负责管理、社会组织基层党组织具体负责的党建工作管理体制。创新社会组织党组织设置方式,进一步扩大组织和工作覆盖,充分发挥社会组织党组织的战斗堡垒作用和党员的先锋模范作用。推广"党组织联建、组织生活联过、组织活动联搞、党员教育联抓"的"开放式"党建模式,实现行政事业单位、企业和村(社区)党组织与社会组织党组织活动场所共用、资源设施共享。建立健全社会组织党组织书记向上级党组织和本单位党员群众报告工作、述职评议等制度。研究制定符合社会组织特点的党组织书记综合考核评价办法。推动社会组织建立健全党组织书记薪酬待遇保障制度。

六、强化社会组织工作保障

20.着力强化组织领导。各级党委要高度重视社会组织工作,成立由组织部门、社会组织工委、有关行业管理单位和登记管理机关组成的社会组织工作领导小组,建立社会组织工作联席会议制度。各级党委组织部门要充分发挥牵头抓总的职能作用,把社会组织党建工作列入对基层党组织、有关部门党建工作考核的重要内容。各级社会组织工委要采取有效措施,加强协调指导,强化督促检查,定期分析通报,切实抓好社会组织党建工作。行业管理部门要切实负起直接领导责任,加强对社会组织及党组织的直接管理领导。登记管理机关要切实履行职责,积极协助有关单位,制定政策和措施,推动社会组织健康发展。

21.不断加大经费投入。各级财政要将社会组织登记管理、执法监察、政府购买服务等业务和党建工作经费列入财政预算。各级党委组织部门要通过基层党建工作经费、党费支持、项目化管理等,加大对社会组织党建工作的投入,建立稳定规范的社会组织党建工作经费保障机制。社会组织党组织党员交纳的党费,由上级党组织全部返还。社会组织每年应从管理费中列支部分资金,作为党组织活动经费。

22.切实加强宣传引导。各级要建立一支专业化与大众化相结合、专职与兼职相配合的社会组织宣传工作队伍,形成上下贯通的宣传工作网络。充分利用各大新闻媒体平台和现代传媒手段,以群众喜闻乐见的形式开展宣传活动,大力宣传社会组织参与社会服务、加强和创新社会管理及党建工作先进典型等,充分展示我区社会组织发展成就和社会组织从业人员的风采,扩大社会组织的影响力和知名度。建立社会组织宣传工作激励机制,加强社会组织文化建设,形成全社会关注、支持社会组织工作的良好氛围。

23.建立责任考核制度。将社会组织培育发展、规范管理和党建工作纳入各级党委、政府社会建设绩效考核内容,完善考核评价指标体系,定期对社会组织建设情况进行考核,并接受社会监督。

10.南京市民政局关于进一步促进 社区社会组织发展的意见

宁民规〔2013〕4 号

为深入贯彻党的十八大精神,加快形成"政社分开、权责明确、依法自治"的社会组织管理新体制,充分发挥社区社会组织在促进社区服务、加强社区管理、构建和谐社区等方面的积极作用,结合我市实际,现就进一步促进社区社会组织发展提出如下意见。

一、指导思想和总体目标

社区社会组织是以社区居民为主要成员,以社区为依托,以满足社区居民需求为目的,参与社区公共事务管理和服务的社会团体和民办非企业单位。

(一)指导思想。以党的十八大精神和科学发展观为指导,按照"政策创制、全力扶持、积极培育、快速发展"的工作思路,立足培育发展、立足先行先试,大胆探索,加大社区社会组织培育发展创新力度,充分发挥社区社会组织在社区建设、社区管理和社区服务中的积极作用。

(二)总体目标。按照江苏率先实现基本现代化和建设苏南现代化示范区的要求,2013 年底,区级社会组织培育发展中心实现全覆盖,探索建立街镇社会组织服务机构,全市每万人拥有登记社会组织数达到 9 个;2015 年,全市每万人拥有登记社会组织数达到 12 个(平均每个社区拥有8 个以上的登记社会组织),社会组织评估应评参评率达到 100%;到 2020年,全市每万人拥有登记社会组织数达到 17 个(平均每个社区拥有 10 个以上的登记社会组织),逐步形成结构优化、功能完善、自律规范、作用明显的社区社会组织发展体系。

二、突出政策创制,坚持以用为先

根据民政部、省民政厅关于创建社会组织建设创新示范区的要求,着力从社会组织的发展环境、服务管理、能力建设、作用发挥等四个方面创建标准入手,先行先试,勇于创新。

(一)积极推动登记制度改革

1.开展三类社会组织直接登记

在2012年区县直接登记工作试点基础上,在各区全面推开直接登记工作。对公益慈善类、社会福利类、社会服务类等三类社会组织开展直接登记注册。

2.鼓励各区探索拓展直接登记范围

根据国家民政部、省民政厅关于行业协会商会、科技类、公益慈善类以及城乡社区服务类社会组织直接登记的有关精神,各区可先行探索试点,建立简便易行的工作机制,进一步拓展直接登记范围。结合实际,采取设立公共服务发展特区的形式,大力推动社会组织发展,除依据法律法规和国务院决定需要前置审批的,以及政治法律类、宗教类社会组织、境外非政府组织在华代表机构外,成立社会组织可向民政部门直接申请登记;积极鼓励社会组织发挥作用,结合行政体制改革,引导社会组织介入公共服务、承接政府转移职能,发挥社会组织在管理社会事务和提供公共服务中的作用,探索基层管理体制改革新路径。

(二)进一步降低社区社会组织登记条件

1.降低开办(注册)资金要求。成立社区社会组织,开办(注册)资金可由各区从工作实际出发自行掌握。相关行业对社会组织开办(注册)资金有准入要求的,按照行业要求执行。

2.降低住所要求。在不影响业务活动正常开展的情况下,可允许若干社会组织申请登记同一活动场所。

3.降低人员配备要求。允许配备兼职的具有从业资格的财务人员。

4.降低资金帐户管理要求。成立登记的社区社会组织,可由街道、社区居委会或区社会组织培育发展中心代管帐户。

5.简化年检、评估程序。对社区社会组织,各区可根据本地实际,对社会组织年检报告书和权限范围内(3A级及以下)的社区社会组织评估指标进行调整、简化,方便社区社会组织年检和评估申报操作。

6.强化服务。对申请设立从事社区服务的社会组织,由登记部门提供咨询指导和全程服务。

(三)坚持分类发展

1.推动社区社会组织由备案转登记

着眼社区社会组织发展实际,从有利于培育扶持、承接职能和独立发展的角度考量,各区应有计划、分阶段地推动社区社会组织由备案转为登记。

2.促进养老服务类社会组织发展

登记的养老类民办非企业单位可以在本区设立分支机构开展服务,设立分支机构的可参照社会团体分支机构成立办法,进行备案管理,按行业要求办理相关手续;跨区开展服务可以实行品牌连锁,按条例(规定)进行法人登记,进一步强化和放大品牌效应。

依照以用为先的原则,对直接从事居家养老服务的社区服务类民办非企业单位,对注册(开办)资金不做要求。同时,加大资金扶持力度,设立政府购买居家养老服务经费、居家养老服务设施建设经费、运营经费等,对从事居家养老专业服务的社会组织给予补贴,具体标准将另行发文。

三、落实政策支持,加大扶持力度

(一)资金支持。在市公益创投资金中设立100万元"薪火资金",结合每年的创投项目补助,专门用于新登记且符合资助条件的社区社会组织项目小额资助,各区相应配套;鼓励社区社会组织积极参与公益创投;推动建立社会组织培育发展专项资金;对于建立公共服务发展特区并开展实际运作的区,市局在社区建设经费、公益创投项目申报中给予适当倾斜和支持。

(二)场地扶持。社区应为社会组织提供活动场所用于注册、活动,提供给社会组织的场地面积应占社区办公服务用房面积的50%以上。

（三）税收优惠。对从事社区民生服务的社区社会组织通过政府购买服务项目或在开展民生服务中取得的非营利收入，按照国家有关税收政策的规定，落实各项税收优惠政策。

（四）培育支撑。各区要强化社会组织培育机构建设，注重发挥市、区、街三级培育机构作用和在宁院校社会工作专业优势，突出专业引领，强化"府校合作"，为社会组织培养人才，提供智力支撑。2013 年底前，11 个区全部建成涵盖社会组织党建、社区社会组织培育、公益创业带动就业等为主要功能的综合性社会组织培育发展中心。

四、实行目标管理，落实保障措施

（一）实行目标分解。根据江苏省基本现代化指标、苏南现代化指标、我市幸福都市建设指标要求以及市局《蓝皮书》的具体目标，市局将对社会组织发展实行综合目标管理并进行指标分解，具体指标另行下发。

（二）强化督察通报。市局将通过每月数据通报，对各区社会组织培育发展情况进行适时通报评比，对未完成目标要求的进行督导。

（三）实施政策联动。各区应因地制宜相应制定社区社会组织培育发展意见，整合资源、集中精力，促进社会组织健康快速发展。对社会组织有关现代化指标和苏南现代化指标等刚性指标未完成的，实行一票否决，取消评优、评先资格。

五、加强组织领导，扎实推动工作

（一）坚持党建引领。按照建立"党领导下的多元主体、社会善治"的目标，加大党建工作力度。一是政策导向。突出"五同"：探索实施社会组织与党建工作"同登记、同年检、同换届、同评估、同发展"。二是路径探索。各区应以"社会组织党组织—社会组织孵化基地—社会组织党建服务中心"的党建工作模式为牵引，创新探索党建工作路径。三是目标考核。以年度民政工作蓝皮书为指引，全市 2013 年社会组织党建覆盖率达到 95%，2015 年达到全覆盖。

（二）强化组织领导。各区民政部门应积极争取区委区政府大力支持，加快社区社会组织的培育和发展。有条件的区可先行建立民政牵头、部门协同、社会力量参与的工作机制，组织协调全区社会组织的规范发展和监督管理等相关工作,研究制定全区社会组织的发展规划、政策措施和管理办法。

(三)加强监督管理。登记管理机关要通过年检、评估、重大事项报告制度等措施手段,不断强化对社区社会组织的监督管理。发挥街镇、社区在社区社会组织日常监管中的积极作用,依照有关规定对社区社会组织的活动开展、作用发挥、服务提供等方面进行管理监督,将社区和居民的评价纳入社会组织等级评估体系。登记管理机关要强化自身建设,从人员上予以加强,职能上予以健全,资金投入上予以保障,不断提高综合协调和监管能力。

(四)加大宣传力度。发挥新闻媒体的引导作用,加大对促进、引导和规范社区社会组织发展的方针政策宣传力度,宣传社区社会组织为我市经济社会发展所做的积极贡献和先进典型,营造促进社区社会组织健康发展的舆论氛围,切实推动我市社区社会组织发展。

11. 中共宁波市委办公厅 宁波市人民政府办公厅关于加快建立现代社会组织体制促进社会组织健康有序发展的意见

（甬党办〔2013〕89 号）

为加快建立现代社会组织体制,促进我市社会组织健康有序发展,充分发挥社会组织在加强和创新社会管理中的积极作用,特提出如下意见。

一、把握总体要求,明确发展目标

1.总体要求。坚持以适应经济社会发展和满足人民群众多样化需求为导向,加大社会组织的培育发展和规范管理力度,加快建立政社分开、权责明确、依法自治的现代社会组织体制,不断强化社会组织的服务功能和协同作用,促进社会组织健康有序发展,成为推动我市经济发展和社会文明进步的重要力量。

2.发展目标。围绕建立现代社会组织体制的目标,力争用3—5年时间,建立一套适应社会组织发展的服务管理制度,创建一个合作共享、协调高效的全市性社会组织服务网络;打造一批具有宁波特色、与国际接轨的行业协会(商会),培育一批专业能力强、公信度高、影响力大的公益服务类社会组织,实施一批展示我市社会组织综合实力的社会服务项目,形成结构合理、功能完善、作用明显的社会组织发展格局。

二、突出发展重点,推进分类指导

3.培育发展行业协会(商会)。根据我市产业发展导向,重点培育和发展一批依托我市支柱产业、优势产业、新兴产业的工业协会(商会),一批优势明显、带动力强、面向社会、保障民生类的服务业协会(商会),一批种植业、养殖业、畜牧业、农业经济合作、农副产品加工类等涉农行业协会，充分发挥行业协会（商会）在发展经济、行业自律、利益协调等方面的积极作用。探索建立行业协会（商会）发言人制度，及时发布相关行业涉及公共利益的重要信息。

4.鼓励发展公益慈善类社会组织。鼓励发展基金会、志愿服务等公益性组织，发挥其扶助弱势群体、建设生态文明、维护公平正义、传播慈善理念等方面的积极作用。按照加强和创新社会管理的需要，支持协同管理类社会组织发展，发挥其在调解矛盾、促进社会和谐中的重要作用。

5.积极发展科技服务类组织。引导和鼓励社会力量在科技、教育、生态、环保、文化、体育、卫生、社会福利、社会服务、法律援助等领域兴办各类服务组织，发挥其在扩大就业、提供智力支持、拓展公共服务等方面的积极作用，满足人民群众多样化、多层次的服务需求。

6.大力培育城乡基层社会组织。培育社区社会组织，开展城乡社区生活服务、文体娱乐、邻里互助、矛盾调解、心理疏导等活动，满足城乡居民的不同需求。培育农村专业经济协会，为农民提供专业经济知识和技术服务，促进农业产业集约化、专业化、组织化、社会化发展。培育老年服务组织，在城乡社区为老年人提供多样化、个性化服务。

三、完善监管体系，加强规范管理

7.构建综合监管体系。建立统一登记、各司其职、协调配合、分级负责、依法监管的社会组织管理体制。民政部门的职责是：依法履行统筹协调、政策制定、宏观指导以及登记备案、年检评估、执法查处等职能。各相关部门的职责是：在各自业务职能范围内，依法加强对社会组织的日常监管、行业指导与服务提供，协助民政和有关职能部门查处社会组织的违法违规行为。党委工作部门及司法、宗教等主管部门作为政治、法律、宗教类社会组织的业务主管单位，主要履行对所属社会组织的领导和监管职能。民政、公安、安全等部门要密切配合，进一步健全社会组织管理预警网络和快速反应的联合执法机制，加大对社会组织违法行为的查处力度，提高执法监督效能。

8.完善日常管理制度。建立健全以社会组织章程为核心的责权明确、运转协调、有效制衡的现代社会组织法人治理机制,加快推进政社分开,尊重和保障社会组织的法人主体地位,促进社会组织依法自治并独立承担法律责任。加强和完善社会组织诚信体系建设,引导社会组织自觉承担社会责任。建立健全社会组织的资金使用和管理制度,按照有关规定规范社会组织的评比、达标、表彰等活动。建立社会组织管理信息公开制度,及时向社会公布重大活动、财务状况和接受捐赠的使用情况等,接受政府部门、捐赠人、受益人及社会各方面的监督。

9.加强评估管理工作。完善社会组织分类评估指标体系和方法程序,提升社会组织评估工作质量。扩大社会组织评估面,社会组织一届任期内应当参加一次评估(含复评)。建立社会组织绩效评估激励机制,将社会组织评估等级作为其承接政府职能转移、参与政府购买服务项目、享受政策优惠、获评先进示范社会组织等相挂钩的资质条件。

四、加大扶持力度,促进有序发展

10.加快政府职能转变。逐步将政府的事务性管理工作、适合由社会组织提供的公共服务、社会组织通过自律能够解决的事项,转移给社会组织承担,更好地发挥社会力量在公共事务管理中的作用。统筹事业单位分类改革与社会组织发展,促进民办社会事业和公办社会事业公平竞争、共同发展。

11.加大资金支持力度。建立公共财政对社会组织扶持机制,市财政每年安排一定的资金,专项用于社会组织参与社会服务的补助,主要支持社会组织承接社会服务试点、社会工作服务示范、社会组织人员培训、社会服务项目实施管理、社会组织服务平台、评级评优激励等项目。各县(市)区也要安排一定的资金支持社会组织发展。鼓励社会组织拓宽筹资渠道,壮大自身实力。鼓励金融机构为社会组织发展提供信贷支持。鼓励设立市社会组织发展基金会,整合各类资源,形成多渠道扶持社会组织发展、支持社会组织参与社会服务项目的筹资机制。

12.支持社会组织参与社会服务。改进政府提供公共服务方式,向社会组织开放更多的公共资源和领域。制定政府向社会组织购买服务的指导意见和实施办法,探索公共服务市场化、多元化、社会化供给新机制。

13.加强服务平台建设。市、县(市)区和有条件的镇乡(街道)建立社会组织服务中心,形成三级社会组织服务网络,承担社会组织的孵化、培训、项目管理、等级评估等服务,并逐步承担社会组织的工作指导、人才服务、外事服务等管理服务职能。

14.改进登记管理制度。按照统一登记、分级负责,转变职能、简政放权的要求,除政治、法律、宗教类社会组织外,行业协会(商会)类、科技类、公益慈善类、城乡社区服务类社会组织向民政部门直接申请登记。社会组织分支(代表)机构实行备案制,由其自主设立。适度引入竞争机制,探索"一业多会"模式。完善城乡基层社会组织备案管理制度,对暂不具备登记条件的基层社会组织,可在镇乡(街道)备案。

15.落实税收优惠等支持措施。对在"双强"创建、维护市场公平公正、保护环境、捐助公益和慈善事业等方面成果显著的社会组织,政府在职能转移、购买服务立项和资金资助、免税资格认定等方面给予优先和优惠。将符合条件的社会组织纳入政府产业扶持和社会事业发展扶持范围。对民办社会福利机构、民办学校、民办医疗机构等非营利性单位的用地符合国土资源部《划拨用地目录》的,可按划拨方式提供土地使用权,并按规定办理相关手续。民办非企业单位用水、用电、用气等公用事业的服务收费,可按照有关规定享受优惠待遇。

16.加强专业人才队伍建设。扶持和推动本地高校(包括职业院校)开设社会组织管理等相关专业。研究制定和落实社会组织人事档案、落户、职称评定、就业培训、社会保障、工资福利奖励等相关政策。建立完善社会组织优秀人才激励机制,鼓励社会组织引进中高级专业人才。

17.拓宽参政议政渠道。鼓励社会组织参政议政,将社会组织中的优秀代表人物纳入党代会代表、人大代表、政协委员推荐范围。建立政府与社会组织沟通协调机制,在制定公共政策、编制发展规划和重大决策过程中,听取和征询相关社会组织的意见建议。

五、加强组织领导,强化保障落实

18.切实加强组织领导。各级党委、政府要高度重视社会组织培育发展工作,摆上重要议事日程,深入调查研究,听取社会组织的意见建议,帮助解决实际困难和存在问题。社会组织管理工作领导小组要发挥指导和协调作用,及时研究和协调解决推进社会组织改革发展中的重大问题。各有关部门要各司其职,加强对社会组织的监管和业务指导。要大力宣传社会组织在促进经济发展、构建和谐社会中的积极作用,形成全社会关心和支持社会组织培育发展的良好氛围。

19.充实管理力量。适应社会组织发展的新形势,进一步加强社会组织管理机构建设。各县(市)区要在民政部门明确社会组织管理的相关职能,按工作任务、社会组织数量配备相应工作人员,镇乡(街道)要有专(兼)职工作人员负责基层社会组织备案管理工作。提高登记管理队伍的素质能力,改进服务工作,提升管理效能。

20.加强党的建设。市委新经济与新社会组织工作委员会要加强对社会组织开展党建工作的指导,推进党的组织和工作在社会组织中实现全覆盖。发挥党组织在社会组织中的政治引领、战斗堡垒作用和党员的先锋模范作用,加强对社会组织工青妇工作的组织领导,推进社会组织党建工作深入开展。

各县(市)区要依据本意见精神,结合实际制定具体贯彻措施。市直各部门要结合各自职责,研究制定相关配套政策。

12.大连市人民政府办公厅关于加快推进社会组织管理制度建设的指导意见

（大政办发〔2013〕64号）

各区、市、县人民政府,各先导区管委会,市政府各委办局、各直属机构,各有关单位:

为贯彻党的十八大提出的"加快形成政社分开、权责明确、依法自治的现代社会组织体制"和十八届二中全会关于"改革社会组织管理制度"的有关精神,促进社会组织健康有序发展,充分发挥社会组织在全面建成小康社会中的积极作用,根据国家和省有关规定,经市政府同意,特制定以下指导意见:

一、改革登记管理制度

（一）逐步实行直接登记。成立行业协会商会类、科技类（自然科学）、公益慈善类、城乡社区服务类社会组织,实行直接向民政部门依法申请登记的登记管理体制。成立政治法律类、宗教类、专业类等社会组织以及境外非政府组织设立代表机构,实行双重负责登记管理体制,经业务主管单位审查同意后,再向民政部门申请登记。

（二）探索实行一业多会。允许同一领域设立多个行业协会,数量一般不超过7个。允许按照国民经济行业分类标准中的小类标准设立行业协会。允许同一行业按照产业链各环节、经营方式和服务类型设立行业协会。成立行业协会商会类社会组织应是在本行业、本领域具有相当影响力,代表产业发展方向,处于领先地位的单位发起组成。

（三）适度下放登记管理权限。异地商会审批权限下放到各区市县民政部门。基金会由市民政局登记管理,审批权限暂不下放到区市县民政部门。境外非政府组织在我市设立代表机构的,按照国家有关政策规定执行。

(四)推进两项审批改革。申请成立社会团体时,取消筹备审批环节。社会团体、基金会按业务范围设立分支(代表)机构的,取消登记审批,由其自主设立、自负其责,但不得设立地域性分支(代表)机构。

二、创新管理方式

(一)推进政社分开。按照政社分开、管办分离的原则,分类推进各类社会组织特别是行业协会商会在机构、人员、财务等方面与行政机关脱钩,理清职能部门和行业协会商会的职责权限,改变行业协会商会行政化倾向。现职公务员一律不得兼任行业协会商会、基金会负责人。严格限制现职公务员在其他类型社会组织兼任负责人,因特殊情况确需兼任的,应按照干部管理权限从严审批。政府部门应尊重社会组织的法人主体地位,不得干预社会组织的人事、资产、财务等内部运作。社会组织依照法律法规和章程自主选举理事会和负责人,独立承担法律责任。

(二)完善管理制度。完善以章程为核心的社会组织内部管理制度,健全法人治理结构。建立法定代表人(负责人)管理制度,鼓励实行会长法人制。完善会员(会员代表)大会、理事会、监事会制度,实行决策、执行、监督三权分离。依法规范民主选举制度,规范任职资格、产生程序、任职年限等。实行法定代表人离任审计和过错责任追究制度,优化年检制度,健全第三方评估制度。

(三)发挥自律性联合组织作用。鼓励同类型、同行业、同领域、同地域的社会组织成立自律性联合组织,进行自律管理和服务。民政部门可根据需要,授权有关人民团体和自律性联合组织作为社会组织业务联系单位,进行协调指导、示范带动和综合服务,发挥团结联系相关社会组织的桥梁和纽带作用。民政部门通过听证、答辩、选举等方式,鼓励自律性联合组织实行负责人轮值制。

(四)规范社会组织名称核准。申请成立社会组织,应向民政部门申请核准社会组织名称。社会组织名称由"行政区划(先导区)名称+字号+业务领域+类型(组织形式)"构成,反映社会组织的活动地域、业务范围、组织类型等要素。各区市县民政部门登记(备案)社会组织名称中的行政区划(先导区)名称,应当与所在市的行政区划名称或地名连用(标示"大连市×××区市县"字样)。机关、团体、企业事业单位内部经本单位批准成立,且在本单位内部活动的团体,其名称应包含该单位全称。

三、优化发展环境

(一)推动建立政府购买服务制度。按照建设服务型政府的要求,推进政府职能转变,制定政府向社会组织转移职能、购买服务的指导意见和目录,建立政府向社会组织购买服务制度。将政府部门职能中可由社会组织承担的事务性管理工作、适合由社会组织提供的公共服务、社会组织通过自律能够解决的事项,有序转移给社会组织,完善社会工作服务项目库,扩大政府购买服务工作领域,提高社会组织承接服务项目的能力和水平。

(二)推进建立社会组织信用体系。建立信息公开制度和社会组织征信体系,规范社会组织信息公开的机制和方式,搭建面向公众的社会组织公共信息平台。夯实社会组织的网络基础平台,加强数据支撑平台,建立业务管理信息系统,提高登记管理工作的科学化水平。推进社会组织信用体系建设,建立社会组织管理信息平台和社会组织法人单位信息库,有效整合社会组织信息资源。

(三)加强人才队伍建设。将社会组织人才纳入人才培养统一规划,建立健全专业培训和继续教育制度,稳步推进职业资格制度。培育社会组织领军人才和专业人才,造就一支高素质、职业化的社会组织人才队伍。扩大社会组织志愿者队伍。根据体制改革和职能调整的需要,建立统一协调、力量匹配的社会组织登记管理机关,保障必要的人员、经费,提高登记管理队伍的素质能力和管理效能。

四、强化监督管理

(一)明确管理责任。坚持"谁登记、谁管理、谁负责"原则,市民政局负责市级社会团体、民办非企业单位和基金会的登记监管职责。区市县民政部门负责本级社会团体、民办非企业单位的登记(备案)监管职责。

机关、团体、企业事业单位批准成立的内部团体，由该单位负责监督管理。对于非法社会组织，按照属地化管理原则，由区市县政府负责依法查处。

（二）加强监管和服务。社会组织应当积极履行法定责任，在章程中明确规定，出现法律法规规定的注销情形时，主动申请、履行注销登记。建立健全民政、公安、国安、司法、外事、财政、审计、税务、物价、质监、金融等部门信息共享、齐抓共管的联动工作机制，形成各司其职、协调配合的工作局面。对直接登记社会组织，登记管理机关负责社会组织发展和管理的统筹协调、政策制定、宏观指导，依法履行登记（备案）、年度检查、日常监管、执法查处等职能，指导社会组织信息公开和社会评估，提供党建指导和人才、外事服务。对仍实行双重登记负责管理体制的社会组织，业务主管单位和登记管理机关各负其责，密切配合，把好登记审批关、日常监督关和违法行为查处关。

五、做好过渡期间的工作

在国家有关社会组织登记管理新规定出台前，进一步健全完善"分工明确、权责统一、监管到位"的社会组织管理体制。全市要全面开展社会组织清理工作，切实做到底数清、情况明、数据实，措施有力、管理规范，促进社会组织规范发展，维护发展稳定大局。各区市县政府、先导区管委会要加强组织领导，制定实施方案，明确社会组织管理职责。进一步深化行政体制改革，切实简政放权，改进管理方式，简化办事程序，履行好社会组织管理职责，确保实现平稳过渡。民政部门要认真细致开展工作，以加强社会组织名称管理为手段，进一步提高监管工作能力。对长期不开展活动、不履行章程规定的宗旨、不接受职能部门依法管理的社会组织依法撤销登记或吊销证书。各有关部门要统一思想，提高认识，按照职责分工，认真抓好贯彻落实。要建立工作沟通长效机制，加强沟通，密切配合，有效形成社会组织管理工作合力，共同推动社会组织健康发展。

大连市人民政府办公厅

2013 年 7 月 5 日

二、党 建 类

1. 中共中央办公厅关于加强社会组织党的建设工作的意见(试行)

（中办发〔2015〕51号）

为切实加强党对社会组织的领导,促进社会组织健康发展,根据党章和有关法律法规,现就加强社会组织党的建设工作提出如下意见。

一、加强社会组织党建工作的重要意义和总体要求

1.重要意义。社会组织主要包括社会团体、民办非企业单位、基金会、社会中介组织以及城乡社区社会组织等。随着改革开放不断深入,我国社会组织快速发展,已成为社会主义现代化建设的重要力量、党的工作和群众工作的重要阵地。在协调推进全面建成小康社会、全面深化改革、全面依法治国、全面从严治党战略布局中,社会组织承担着重要任务,同时社会组织自身发展也面临许多新情况新问题新挑战。加强社会组织党建工作,对于引领社会组织正确发展方向,激发社会组织活力,促进社会组织在国家治理体系和治理能力现代化进程中更好发挥作用;对于把社会组织及其从业人员紧密团结在党的周围,不断扩大党在社会组织的影响力,增强党的阶级基础、扩大党的群众基础、夯实党的执政基础,都具有重要意义。

2.总体要求。以马克思列宁主义、毛泽东思想、邓小平理论、"三个代表"重要思想、科学发展观为指导,深入贯彻习近平总书记系列重要讲话精神,坚持党的领导与社会组织依法自治相统一,把党的工作融入社会组织运行和发展过程,更好地组织、引导、团结社会组织及其从业人员;坚持从严从实,把握特点规律,严格落实党建工作制度,积极探索符合社会组织实际的方式方法,防止行政化和形式主义;坚持问题导向,着力破解组织体系不够健全、组织覆盖不够全面、作用发挥不够充分等难题,推动社会组织党建工作水平全面提升;坚持分类指导,根据不同类型不同规模社会组织情况开展工作,正确处理一致性和多样性关系,切实提高针对性和实效性,不断增强社会组织党组织的创造力凝聚力战斗力,充分发挥社会组织党组织的战斗堡垒作用和党员的先锋模范作用。

二、明确社会组织党组织功能定位

3.地位作用。社会组织党组织是党在社会组织中的战斗堡垒,发挥政治核心作用。要着眼履行党的政治责任,紧紧围绕党章赋予基层党组织的基本任务开展工作,严肃组织生活,严明政治纪律、政治规矩和组织纪律,充分发挥党组织的政治功能和政治作用。要按照建设基层服务型党组织的要求,创新服务方式,提高服务能力,提升服务水平,通过服务贴近群众、团结群众、引导群众、赢得群众。

4.基本职责。(1)保证政治方向。宣传和执行党的路线方针政策,宣传和执行党中央、上级党组织和本组织的决议,组织党员群众认真学习中国特色社会主义理论体系,深入学习习近平总书记系列重要讲话精神,教育引导党员群众遵守国家法律法规,引导监督社会组织依法执业、诚信从业。(2)团结凝聚群众。做好思想政治工作,教育引导职工群众增强政治认同,关心和维护职工群众的正当权利和利益,汇聚推进改革发展的正能量。(3)推动事业发展。激发从业人员工作热情和主人翁意识,帮助社会组织健全章程和各项管理制度,引导和支持社会组织有序参与社会治理、提供公共服务、承担社会责任。(4)建设先进文化。坚持用社会主义核心价值观引领文化建设,组织丰富多彩的文化活动,营造积极向上的文化氛围,教育党员群众自觉抵制不良倾向,坚决同各种违法犯罪行为作斗争。(5)服务人才成长。关心关爱人才,主动帮助引导,不断提高从业人员的思想和业务素质,支持和保障各类人才干事创业。(6)加强自身建设。创新组织设置,健全工作机制,严格执行组织生活各项制度,做好发展党员和党员教育管理服务工作。维护和执行党的纪律,监督党员切实履行义务,做好党风廉政建设工作。领导本单位工会、共青团、妇联等群团基层组织工作。

三、健全社会组织党建工作管理体制和工作机制

5.健全工作机构。县级以上地方党委要依托党委组织部门和民政部门建立社会组织党建工作机构,已经建立非公有制企业党建工作机构的,可依托党委组织部门将其与社会组织党建工作机构整合为一个机构。党委组织部门对同级社会组织党建工作机构进行指导。上级社会组织党建工作机构对下级社会组织党建工作机构进行指导。

6.理顺管理体系。全国性社会组织党建工作分别归口中央直属机关工委、中央国家机关工委、国务院国资委党委统一领导和管理。地方社会组织党建工作由省、市、县级社会组织党建工作机构统一领导和管理。上述机关或机构在社会组织党建工作方面的主要职责是:指导基层党组织建设、党员队伍建设、思想政治工作、党的群众工作和党风廉政建设;督促指导所属社会组织党组织按期换届,审批选出的书记、副书记;审核社会组织负责人人选;指导做好党的建设的其他工作。城乡社区社会组织党建工作由街道社区和乡镇村党组织兜底管理。有业务主管单位的社会组织党建工作,由业务主管单位党组织领导和管理,接受社会组织党建工作机构的工作指导。社会组织中设立的党组,对本单位和直属单位党组织的工作进行指导。各地要按照有利于开展党的活动、加强党员教育管理的原则理顺社会组织党组织隶属关系。

7.完善工作机制。各级党委组织部门和社会组织党建工作机构要加强统筹协调,定期召开有关部门参加的社会组织党建工作会议,及时研究有关重要问题。注重上下联动,及时沟通社会组织党建工作动态信息,研究部署重点任务,运用基层经验推动面上工作。县级以上党委组织部门和社会组织党建工作机构应直接联系一批规模较大、人员较多、影响力强的社会组织党组织,及时了解情况、听取意见、加强指导。

四、推进社会组织党的组织和党的工作有效覆盖

8.按单位建立党组织。凡有三名以上正式党员的社会组织,都要按照党章规定,经上级党组织批准,分别设立党委、总支、支部,并按期进行换届。规模较大、会员单位较多而党员人数不足规定要求的,经县级以上党委批准可以建立党委。社会组织变更、撤并或注销,党组织应及时向上级党组织报告,并做好党员组织关系转移等相关工作;上级党组织应及时对社会组织党组织变更或撤销作出决定。

9.按行业建立党组织。行业特征明显、管理体系健全的行业,可依托行业协会商会建立行业党组织。行业党组织对会员单位党建工作进行指导。

10.按区域建立党组织。在社会组织相对集中的各类街区、园区、楼宇等区域,可以打破单位界限统一建立党组织。规模小、党员少的社会组织可以本着就近就便原则,联合建立党组织。

11.实现全领域覆盖。本着应建尽建的原则,加大党组织组建力度。暂不具备组建条件的社会组织,可通过选派党建工作指导员、联络员或建立工会、共青团组织等途径开展党的工作,条件成熟时及时建立党组织。新成立的社会组织,具备组建条件的,登记和审批机关应督促推动其同步建立党组织。街道社区、乡镇村党组织要加强对城乡社区社会组织的领导和指导。通过各种方式,逐步实现党的组织和党的工作有效覆盖。

五、拓展社会组织党组织和党员发挥作用的途径

12.围绕社会组织健康发展开展党组织活动。党组织活动应与社会组织发展紧密结合,积极探索开展主题活动等有效载体,与社会组织执业活动、日常管理、文化建设等相互促进。推行社会组织党员管理层人员和党组织班子成员双向进入、交叉任职。党组织书记应参加或列席管理层有关会议,党组织开展的有关活动可邀请非党员社会组织负责人参加。

13.贴近职工群众需求开展党组织活动。社会组织党组织要深入了解、密切关注职工群众思想状况和实际需求,创新思想政治教育方式,组织开展群众欢迎的活动,提供群众期盼的服务,加强人文关怀和心理疏导,积极为群众排忧解难,寓教育于服务之中,切实增强党组织的吸引力和影响力。坚持党建带群建、群建促党建,注重发挥工会、共青团、妇联等群团组织作用,形成做好群众工作合力。

14.突出社会组织特点开展党组织活动。发挥社会组织及其从业人员专业特长,积极开展专业化志愿服务。发挥社会组织人才、信息等资源丰富的优势,主动与社区和其他领域党组织结对共建,实现资源共享、优势互补。发挥社会组织联系广泛的优势,组织党员在从业活动中宣传党的路线方针政策,凝聚社会共识。针对从业人员流动性强的特点,充分利用现代信息技术手段开展活动,增强党组织活动的开放性、灵活性和有效性。

15.紧扣党员实际创新教育管理服务。着力保障和落实党员知情权、参与权、选举权、监督权,积极推进党务公开,提高党员对党内事务的参与度,发挥党员在党内政治生活中的主体作用。以党性教育为重点,加强党员教育培训,不断提高党员素质。通过设立党员先锋岗、党员责任区、党员服务窗口等形式,积极开展党员公开承诺践诺活动,充分发挥示范带动作用。按照"一方隶属、参加多重组织生活"原则,组织暂未转移组织关系的党员积极参加社会组织党组织的活动。加大发展党员工作力度,始终把政治标准放在首位,加强对入党积极分子的教育培养,注重把符合条件的社会组织负责人和业务骨干发展为党员,注重在没有党员或只有个别党员的社会组织中发展党员。强化党员管理监督,严格组织关系管理,及时处置不合格党员,保持党员队伍的先进性、纯洁性。

16.贯彻从严要求提高组织生活质量。紧密联系党员思想工作实际,严格落实"三会一课"、民主评议党员、党员党性定期分析等制度。经常听取职工群众对党组织和党员的意见,对存在的问题及时进行整改。按照规定召开党员领导干部民主生活会,定期召开党员组织生活会,积极开展批评和自我批评,教育引导党员守纪律、讲规矩,坚决防止组织生活随意化、平淡化、娱乐化、庸俗化。

六、加强社会组织党务工作者队伍建设

17.选优配强党组织书记。按照守信念、讲奉献、有本领、重品行的要求,选优配强社会组织党组织书记。党组织书记一般从社会组织内部产生,提倡党员社会组织负责人担任党组织书记。社会组织负责人不是党员的,可从管理层中选拔党组织书记。社会组织中没有合适人选的,可提请上级党组织选派,再按党内有关规定任职。

18.充实壮大党务工作者队伍。适应加强社会组织党建工作需要,坚持专兼职结合,多渠道、多样化选用,建设一支素质优良、结构合理、数量充足的党务工作者队伍。规模大、党员数量多的社会组织党组织,应配备专职副书记。加大党建工作指导员选派力度,充分发挥其组织宣传、联系服务、协调指导作用。在社会组织相对集中的区域建立党建工作站,配备专兼职人员做好党务工作。

19.加强党务工作者教育培训。把社会组织党务工作者纳入基层党务干部培训范围,依托各级党校、行政学院、干部学院和高校开展培训。培训工作由党委组织部门、社会组织党建工作机构和民政、司法、财政、税务、教育、卫生计生、工商等有关部门组织实施。重点加强党的理论和路线方针政策、党内法规和国家法律法规、党务知识、社会组织管理等方面的教育培训,提高做好群众工作、服务社会组织发展的能力。

20.强化管理和激励。坚持严格管理和关心激励相结合,建立健全符合社会组织特点的管理考核和激励约束制度,使社会组织党务工作者干事有平台、待遇有保障、发展有空间。社会组织党组织书记要认真落实党建工作责任制,每年应向上级党组织和本单位党员报告工作并接受评议。根据实际给予党组织书记和专职党务工作者适当工作津贴。注重推荐优秀党组织书记作为各级党代会代表、人大代表、政协委员人选,作为劳动模范等各类先进人物人选,推荐社会组织负责人作为上述人选时,要征求社会组织党组织意见。建立党务工作者职务变动报告制度,党组织书记因坚持原则遭受不公正待遇时,上级党组织应及时了解情况,给予帮助和支持。

七、加强对社会组织党建工作的组织领导

21.落实领导责任。各级党委要切实加强对社会组织党建工作的领导,把社会组织党建工作纳入党建工作总体布局,作为抓基层党建工作述职评议考核和相关部门领导班子、领导干部考核的重要内容。加强对与行政机关脱钩的社会组织党建工作的领导,确保脱钩不脱管。各级党委组织部门要牵头抓总、统筹协调,社会组织党建工作机构要加强具体指导,民政、司法、财政、税务、教育、卫生计生、工商等部门要结合职能协同做好社会组织党建工作。对履行责任不到位的要追究责任。

22.强化基础保障。建立多渠道筹措、多元化投入的党建工作经费保障机制。社会组织应将党建工作经费纳入管理费用列支,可按照有关规定据实在企业所得税前扣除。社会组织党员上交的党费全额下拨,党委组织部门可用留存党费给予支持。有条件的地方,可采取多种方式给予必要的经费支持。支持具备条件的社会组织建设党组织活动场所,在社会组织相对集中的区域统筹建设党群活动服务中心。鼓励企事业单位、机关和街道社区、乡镇村党组织与社会组织党组织场所共用、资源共享。加强对社会组织负责人的思想教育,引导他们主动支持党建工作,为党组织开展活动、做好工作提供必要条件,并将有关内容写入社会组织章程。

23.抓好督促落实。各地区各有关部门要认真研究制定社会组织党建工作规划和年度计划,实行目标管理,加强督促检查,推动工作落实。制定完善社会组织党建工作考核评价办法,明确奖惩措施,强化结果运用。尊重基层首创精神,不断研究新情况、解决新问题。总结推广经验,培育宣传社会组织党组织、党员和社会组织负责人先进典型,营造社会组织党建工作良好氛围。

各地区各有关部门可结合实际,制定贯彻落实本意见的具体实施办法。

2. 中共中央组织部关于全国性行业协会商会与行政机关脱钩后党建工作管理体制调整的办法（试行）

（中组发〔2015〕16 号）

各省、自治区、直辖市党委组织部，中央和国家机关各部委、各人民团体组织人事部门，新疆生产建设兵团党委组织部，解放军总政治部组织部：

现将《关于全国性行业协会商会与行政机关脱钩后党建工作管理体制调整的办法（试行）》印发给你们，请结合实际认真贯彻执行。

行业协会商会与行政机关脱钩是中央重大决策，是全面深化改革的重要内容。加强脱钩过程中的党建工作，是确保脱钩工作平稳过渡和促进行业协会商会健康发展的重要保证。各级党委（党组）和组织人事部门要高度重视，切实加强工作指导，从严从实抓好各项任务落实。要认真研究制定工作方案，明确接收单位党建工作领导职责，确定脱钩后党建工作具体管理办法，及时调整充实工作力量，妥善做好各项准备工作。要坚持先立后破，有序衔接，严谨周密地做好脱钩行业协会商会党组织移交相关工作。要加强督促检查，及时研究解决党建工作中出现的问题，确保脱钩过程中党的工作不间断、党组织作用不削弱。

各地区要按照《中共中央办公厅、国务院办公厅关于印发〈行业协会商会与行政机关脱钩总体方案〉的通知》（中办发〔2015〕39 号）的要求，参照本办法制定本地区行业协会商会与行政机关脱钩后党建工作管理体制调整的具体办法。

中共中央组织部

2015 年 9 月 11 日

2. 中共中央组织部关于全国性行业协会商会与行政机关脱钩后党建工作管理体制调整的办法(试行)

根据《行业协会商会与行政机关脱钩总体方案》,全国性行业协会商会与行政机关脱钩后的党建工作,按照原业务主管单位党的关系归口分别由中央直属机关工委、中央国家机关工委和国务院国资委党委领导。为确保全国性行业协会商会党建工作脱钩不脱管,实现党建工作管理体制调整有序衔接,制定本办法。

一、明确接收单位党建工作领导职责

中央直属机关工委、中央国家机关工委和国务院国资委党委对脱钩后的全国性行业协会商会党建工作进行统一领导,主要职责是:

(一)指导行业协会商会党组织宣传和执行党的路线方针政策,促进行业协会商会健康发展。

(二)研究制定加强行业协会商会党建工作的规划、制度和措施,督促抓好落实。

(三)指导行业协会商会基层党组织建设、党员教育管理和思想政治工作。

(四)督促指导行业协会商会党组织按期换届,审批选出的书记、副书记。

(五)审核行业协会商会会长、副会长、秘书长等负责人人选。

(六)指导行业协会商会党风廉政建设,督促落实党风廉政建设主体责任和监督责任。

(七)指导行业协会商会工会、共青团等群团组织工作。

(八)指导行业协会商会党组织做好外事相关工作。

(九)指导行业协会商会做好党的建设其他工作。

二、确定脱钩后党建工作具体管理办法

(一)原由中央直属机关和中央国家机关有关部门管理的全国性行业协会商会,已建立党委的,可分别由中央直属机关工委、中央国家机关工委直接管理。

已建立党总支或党支部的,可由中央直属机关工委、中央国家机关工委按行业相近、业务相关原则,将现有党总支或党支部整合组建为直接隶属于工委的若干联合党委。联合党委可由所属较大的行业协会商会党组织书记或工委相关部门负责同志担任书记,一般应配备专职党务工作者,不占用机关行政编制,工作经费由工委负责解决。

尚未建立党组织的,其党建工作可由相关联合党委负责,也可由工委相关部门直接负责。

试点期间,中央直属机关工委、中央国家机关工委可成立隶属于工委的行业协会商会临时党委,接收参加试点的行业协会商会党组织,同时在未建立党组织的行业协会商会中开展党的工作。条件成熟时正式组建党委。

行业协会商会脱钩后的党建工作具体管理方式,由中央直属机关工委、中央国家机关工委研究确定。

(二)原由国务院国资委管理的全国性行业协会商会,国务院国资委党委可领导其中的行业联合会(协会)党委,由行业联合会(协会)党委具体负责其代管的行业协会商会党建工作。行业联合会(协会)党委一般应配备专职党务工作者,不占用机关行政编制,工作经费由国务院国资委党委负责解决。不归行业联合会(协会)代管的行业协会商会,由国务院国资委党委研究确定其党组织隶属关系和党建工作具体管理方式。

(三)个别具有特殊性质的人民团体所属行业协会商会,经中央组织部批准,党组织隶属关系可不作调整,中央直属机关工委、中央国家机关工委对其进行工作指导。文化部主管的行业协会商会脱钩后,其党建工作划入中央直属机关工委管理。

三、做好脱钩行业协会商会党组织移交相关工作

按照《行业协会商会与行政机关脱钩总体方案》要求和试点工作安排,中央直属机关工委、中央国家机关工委和国务院国资委党委在做好相关准备工作后,陆续接收脱钩的行业协会商会党组织,做好党组织关系移交、党员组织关系转移、党费收缴和管理、党内统计数据调整上报、档案资料接收等工作。

各行业协会商会原业务主管单位党组织要摸清行业协会商会党组织和党员基本情况,逐个研究制定行业协会商会党建工作体制调整方案,配合接收单位做好党组织移交相关工作,确保有序顺利交接,继续指导做好

尚未脱钩的行业协会商会党建工作。

全国性行业协会商会党组织要积极参与脱钩工作方案制定和实施,会同行政领导班子共同做好脱钩相关工作,做好党员情况梳理、党组织档案资料整理等具体工作。脱钩过程中,党组织设置和工作机构原则不变,组织生活正常开展。行业协会商会中工会、共青团等群团组织的关系,随党组织关系一并移交。

四、保证党建工作力量

根据加强脱钩后行业协会商会党建工作的需要,中央直属机关工委、中央国家机关工委和国务院国资委党委可成立专门工作机构、充实并调整工作力量,或由现有工作机构增加相应职能、配强工作力量。机构编制调整、人员力量配备及内设机构职能调整的具体方案,由中央直属机关工委、中央国家机关工委和国务院国资委党委根据实际分别研究提出,报行业协会商会与行政机关脱钩联合工作组及中央编办等有关部门批准。

五、加强组织领导和工作指导

各有关部门和单位党组织要高度重视、切实加强对脱钩行业协会商会党建工作的领导,主要负责同志亲自抓,分管负责同志直接抓,明确专门工作力量具体抓,确保脱钩过程中党的工作不间断、党组织作用不削弱。要密切关注脱钩工作进展情况,加强具体指导,及时研究解决党建工作中出现的问题。要适时对试点情况进行评估,总结经验做法,不断完善制度机制。要认真做好思想政治工作,充分发挥行业协会商会党组织的战斗堡垒作用和党员的先锋模范作用,教育引导广大党员和职工群众把思想统一到中央要求上来,正确对待改革,积极支持和参与改革,保证中央关于社会组织管理体制改革决策部署的贯彻落实,保证脱钩工作顺利推进,实现平稳过渡。

中央直属机关工委、中央国家机关工委和国务院国资委党委可根据本办法,研究提出加强全国性行业协会商会脱钩后党建工作的具体办法和措施。

3. 中共湖南省委组织部 中共湖南省社会组织工作委员会关于加强社会组织党的建设工作的意见

（湘组发〔2014〕3号）

各市州、县市区委组织部、社会组织党工委：

社会组织是党和政府联系人民群众的桥梁和纽带，是推进社会事业健康发展、加快全面建设小康社会的重要力量。近年来，全省各级党组织扎实推进社会组织党建工作，取得了明显成效，但社会组织党建工作仍然是基层党建工作的一个薄弱环节。为深入贯彻落实党的十八大和十八届三中全会精神，进一步加强全省社会组织党建工作，促进社会组织健康发展，根据《中国共产党章程》有关规定和中央、省委有关文件精神，结合工作实际，现就进一步加强社会组织党建工作提出如下意见。

一、建立健全社会组织党建工作管理体制

1. 健全领导机构。各市州、县市区要依托民政部门成立社会组织党的工作机构，配备人员，落实好工作经费。社会组织数量较多、具备条件的乡镇（街道），要明确社会组织党建工作机构。所主管社会组织党组织数量较多的业务主管单位，可按照行业、专业等类别成立社会组织党委（党总支）。社会组织党工委在地方党委组织部门指导下开展工作，具体负责本地区社会组织党建工作，指导业务主管单位党组织抓好所主管社会组织党建工作；指导下级社会组织党工委抓好社会组织党建工作。

2. 明确管理体制。按照有利于加强党的领导、有利于加强党员教育管理、有利于开展党的活动的原则，分级负责，分类管理，理顺党组织隶属关系。对行业准入条件比较严格、专业性较强的社会组织,由业务主管部门党组织管理;成立行业协会党组织的,可依托行业协会党组织进行管理。对在民政部门直接登记的社会组织,由同级民政部门(社会组织登记管理机构)党组织管理。对在工商部门登记的社会中介组织,有业务主管单位的,由业务主管单位党组织管理,对无业务主管单位的,由所在地党组织管理。对专业性不强、规模较小、分布广泛,且与乡镇(街道)、村(社区)联系紧密的社会组织,由所属乡镇(街道)、村(社区)党组织管理。对一些社会影响大、党员数量多的社会组织党组织,可改变隶属关系,由各级社会组织党工委直接管理。

3.完善工作机制。要健全完善社会组织党建工作机制,形成党委统一领导,组织部门牵头协调,社会组织党工委具体负责,相关单位和部门相互配合、齐抓共管的工作机制。各级党委要把社会组织党建工作纳入党的建设总体布局,把社会组织党建工作的情况和成效,列为民政部门和相关职能部门党组织抓基层党建工作考核评价的重要内容。党委组织部门要加强统筹协调和工作指导。各级民政部门要在社会组织成立、变更的登记中,督促具备条件的社会组织建立党组织,并把社会组织党组织设置情况作为社会组织年度检查的重要内容。社会组织党工委要严格落实党建工作责任,切实发挥职能作用,加强调查研究和督促指导。各地各相关部门党组织每年至少听取一次社会组织党建工作汇报,并进行专题研究,着力抓好所属的社会组织党建工作。社会组织党工委领导班子成员要带头建立社会组织党建工作联系点,指导和帮助社会组织党组织开展党建工作。

二、扩大社会组织党组织和党的工作覆盖

4.创新组织覆盖方式。积极探索务实管用、灵活便捷的党组织设置形式和工作方式。从业人员中有 3 名以上正式党员的社会组织,都要单独组建党组织;党员人数不足 3 名的,按照地域相邻、行业相近、便于活动的原则,建立联合党组织。对目前没有党员的社会组织,可先由所在地党组织或主管单位党组织选派党建工作指导员,帮助其先行建立工会、共青团等群众组织,帮助做好培养入党积极分子和发展党员工作,为建立党组织创造条件。创新党组织设置方式,对以机关事业单位人员为主体组成的社会组织,要建立功能型党组织,党员按照一方隶属,双向管理,双边活动的原则,进行有效管理,党员不重复交纳党费,不重复进行党内统计。

5.加强动态管理。依托社会组织登记机关"登记申报、年检年报"制度,实行社会组织党建工作与业务工作"同登记、同年检、同评估",推动社会组织党组织组建工作常态化、规范化。对已建立党组织的,要不断巩固提高,发挥作用,对软弱涣散党组织要认真整顿。对已建立党组织的社会组织因各种原因被注销、不再开展活动的,应按规定程序及时撤销党组织,并将其所属党员的组织关系及时转入其居住地或新就业单位党组织进行管理。

三、探索社会组织党组织和党员发挥作用的方法和途径

6.把握党组织的职责任务。社会组织党组织要围绕贯彻党的方针政策、引导和监督遵守国家法律法规、团结凝聚职工群众、维护各方合法权益、促进健康发展等职能探索发挥作用的途径和方法,保证社会组织坚持正确政治方向,实现科学发展。要发挥好组织协调作用,党组织负责人要积极参与涉及从业人员切身利益、发展规划等重大问题决策,党员从业人员要向业务负责人建言献策,发动党员并带领其他从业人员努力做好业务工作,提高经济效益和社会效益,并积极出主意、想办法,协调处理好本单位遇到的困难和问题。要发挥好引导监督作用,通过宣传党的路线、方针、政策和国家法律法规,引导经营管理者正确认识和处理好国家利益与自身利益的关系,依法经营,诚实守信,维护员工的合法权益。要发挥好团结凝聚作用,加强对工会、共青团等群众组织的领导,加强思想政治工作和文化建设,开展健康向上、生动活泼、富有吸引力和影响力的活动。

7.建立双向互动工作机制。探索建立社会组织党组织负责人参加或列席重要会议、党组织与理事会共同学习、沟通协商和恳谈等制度,推动党组织多渠道参加与影响社会组织重大问题决策。按照"小型、业余、分散、务实"的原则,紧紧围绕社会组织业务工作,因地制宜、灵活多样地开展党的活动,把党的活动融入到社会组织日常管理各环节、执业活动全过程和文化建设各方面,使党组织建设与社会组织发展互促共进。

8.创新党员活动方式。通过党员示范岗、党员责任区、党员承诺、设岗定责等多种形式,为社会组织党员加强党性锻炼搭建平台,激励党员发挥先锋模范作用。组织党员积极开展建言献策、化解矛盾、推动发展环境优化等服务活动,促进社会组织健康发展。深化党员直接联系服务群众工作,注重发挥社会组织中党员从业人员(会员)的专业优势,广泛开展以党员为骨干的各类志愿服务活动,组织和引导他们在协调利益、规范服务、化解社会矛盾、帮扶弱势群体、维护社会稳定等工作中发挥积极作用。

9.探索开展开放式党组织活动。认真落实党的组织生活制度,推进党务公开,督促指导社会组织党组织按期换届。创新党组织活动方式,除党章规定的党内活动外,提倡党群工作一体化。注重结合社会组织年会、换届、重大活动等时间节点,开展党建主题活动。推动社会组织党组织与其他单位党组织开展结对共建活动。充分利用社会组织网站、手机信息平台等渠道,通过开设党建专栏、网上党建园地、网上党校,发送党建微博、微信、手机报等方式,拓展党的活动阵地,增强党组织活动的吸引力和影响力。

四、加强社会组织党组织领导班子和党员队伍建设

10.选优配强基层党组织书记。注重把党性强、业务精、善于团结群众、热爱党务工作的社会组织业务骨干,特别是主要负责人中的党员,选拔到社会组织党组织书记岗位上来。对暂时没有合适党组织书记人选的,可以由上级党组织选派或面向社会公开选聘。对不胜任工作的党组织书记要及时进行调整。各地要把社会组织党组织书记纳入党员干部教育培训总体规划和年度计划,依托各级党校、行政学院等阵地开展培训工作,提升党组织书记的能力素质。各级社会组织党工委和业务主管(挂靠)单位每年要对所主管(挂靠)的社会组织党组织书记轮训一次,时间一般不少于3天。新任党组织书记要在半年内完成任职培训。

11.壮大党务工作者队伍。努力建设素质优良、结构合理、数量充足、专兼职结合的社会组织党务工作者队伍。规模较大、党员人数较多的社会组织,要配备专职党务工作者。按照党性强、作风实、熟悉党建工作的标准,从各级党政机关、国有企事业单位党员干部和退休干部、复转军人党员中选派人员担任社会组织党建工作指导员,充分发挥其组织宣传、联系服务、协调指导作用。切实加强对党建工作指导员、联络员的教育管理服务。探索设立党建工作论坛,为党务工作者搭建工作交流平台。

12.做好发展党员和党员教育管理服务工作。认真做好在社会组织专职工作人员中发展党员工作,严把入口,保证质量,不断壮大社会组织党员队伍。注意培养发展符合条件的社会组织主要出资人、单位负责人入党,把主要出资人、单位负责人中的党员培养成党组织书记。加强党员教育培训,实施"双培"工程,把党员培养成为业务骨干,把业务骨干培养成为党员。严肃党内组织生活,严格执行"三会一课"、党性定期分析、民主评议党员、"一会四评"等制度,对参加组织生活不积极的党员要严加教育,经教育不改的要严肃处理。探索党员"一方隶属、多重管理"模式,引导组织关系在原单位的党员积极参加所在社会组织党组织活动,发挥先锋模范作用。健全党内激励、关怀、帮扶机制,从思想、工作、生活上关心社会组织党员,把社会组织中生活困难党员纳入各级党员关怀帮扶基金的帮扶范围,增强党员的归属感和荣誉感。

13.落实管理和激励措施。研究制定社会组织党务工作者管理的具体规定,建立考评机制,落实激励政策,推进社会组织党务工作者规范化管理。有条件的地方和单位,上级党组织可给予党组织书记和党务工作者适当的工作津贴。对表现突出、符合条件的党组织书记,可推荐为各级党代会代表、人大代表、政协委员人选。

五、强化社会组织党建工作保障

14.保障党组织活动经费。采取税前列支、财政扶持、社会支持、党员自愿捐助等办法,多渠道解决社会组织党组织工作经费问题。建立党费拨返制度,对于社会组织党组织缴纳的党费,可全额返还给社会组织党组织用于党建活动经费。各级党组织也可从留存党费中下拨部分党费支持社会组织党建工作。社会组织每年应从管理费中列支部分资金,作为党组织活动经费。

15.加强活动阵地建设。按照有场所、有设施、有标志、有党旗、有书报、有制度的"六有"标准,推进社会组织党组织活动场所规范化建设。

3. 中共湖南省委组织部 中共湖南省社会组织工作委员会关于加强社会组织党的建设工作的意见

各级党委要加强区域性、开放性、综合性党群服务中心建设,统筹整合城乡、机关、企事业单位等各方面资源和设施,为社会组织党组织提供活动阵地。社会组织党组织要积极争取社会组织负责人的支持,为党组织开展活动提供场地保障。

中共湖南省委组织部

中共湖南省社会组织工作委员会

2014 年 3 月 12 日

4. 中共深圳市社会组织委员会 深圳市社会组织管理局关于推动社会组织"党建入章程"有关工作的通知

（深社会组织党〔2016〕188号）

各区民政局、各新区社会建设局、各市级社会组织：

　　为贯彻落实习近平总书记关于推进社会组织党的组织和工作全覆盖的重要指示精神，根据《关于加强社会组织党的建设工作的意见（试行）》（中办发〔2015〕51号）、《关于改革社会组织管理制度促进社会组织健康有序发展的意见》（中办发〔2016〕46号）和全国、全省、全市社会组织党建工作座谈会上的有关要求，现将推动社会组织"党建入章程"的有关具体要求通知如下：

　　一、凡是申请新成立社会组织，应参照《社会组织"党建入章程"范本》，将支持党的建设明确写入社会组织章程；

　　二、已登记成立的社会组织，应利用召开会员大会（会员代表大会）、理事会等重要会议，修改章程时，将"党的建设"内容写入章程；

　　三、各区（新区）社会组织登记管理部门，应将《社会组织"党建入章程"范本》（详见附件）写入社会组织章程示范文本后，并督促指导辖区所管理社会组织认真做好"党建入章程"相关工作。同时，结合"年检"改"年报"的改革实践，积极探索在检查、评估等日常管理中落实党建工作的先进经验，及时报送市社会组织党委。

　　附件：《社会组织"党建入章程"范本》

中共深圳市社会组织委员会

深圳市社会组织管理局

社会组织"党建入章程"范本

第一条 本社会组织支持中国共产党的领导,执行党的路线、方针和政策,走中国特色社会组织发展之路。

第二条 本社会组织按照党章规定,经上级党组织批准设立党组织。如暂不能单独建立党组织,支持通过联合建立党组织、选派党建工作联络员等方式,在本组织开展党的工作。

第三条 本社会组织党组织是党在(社会组织名称)中的战斗堡垒,发挥政治核心作用。基本职能是保证政治方向,团结凝聚群众,推动(社会组织名称)发展,建设先进文化,服务人才成长,加强党组织自身建设。

第四条 本社会组织变更、撤并或注销,党组织应及时向上级党组织报告,并做好党员组织关系转移等相关工作;本社会组织换届选举时,应先征求上级党组织对主要负责人审核意见。

第五条 本社会组织为党组织开展活动、做好工作提供必要的场地、人员和经费支持,将党建工作经费纳入管理费用列支,支持党组织建设活动阵地。

第六条 本社会组织支持领导班子与党组织领导班子交叉任职,优先推荐社会组织领导班子中的中共正式党员担任党的组织以及纪检组织领导。

第七条 本社会组织支持党组织对社会组织重要事项决策、重要业务活动、大额经费开支、接收大额捐赠、开展涉外活动等提出意见。

三、政社分开类

1. 中共中央办公厅 国务院办公厅 关于行业协会商会与行政机关 脱钩总体方案

(中办发〔2015〕39号)

行业协会商会是我国经济建设和社会发展的重要力量。改革开放以来,随着社会主义市场经济体制的建立和完善,行业协会商会发展迅速,在为政府提供咨询、服务企业发展、优化资源配置、加强行业自律、创新社会治理、履行社会责任等方面发挥了积极作用。目前,一些行业协会商会还存在政会不分、管办一体、治理结构不健全、监督管理不到位、创新发展不足、作用发挥不够等问题。按照《中共中央关于全面深化改革若干重大问题的决定》《国务院机构改革和职能转变方案》有关精神和工作部署,为加快转变政府职能,实现行业协会商会与行政机关脱钩,促进行业协会商会规范发展,制定本方案。

一、总体要求和基本原则

(一)总体要求

贯彻落实党的十八大和十八届二中、三中、四中全会精神,加快形成政社分开、权责明确、依法自治的现代社会组织体制,理清政府、市场、社会关系,积极稳妥推进行业协会商会与行政机关脱钩,厘清行政机关与行业协会商会的职能边界,加强综合监管和党建工作,促进行业协会商会成为依法设立、自主办会、服务为本、治理规范、行为自律的社会组织。创新行业协会商会管理体制和运行机制,激发内在活力和发展动力,提升行业服务功能,充分发挥行业协会商会在经济发展新常态中的独特优势和应有作用。

（二）基本原则

坚持社会化、市场化改革方向。围绕使市场在资源配置中起决定性作用和更好发挥政府作用，改革传统的行政化管理方式，按照去行政化的要求，切断行政机关和行业协会商会之间的利益链条，建立新型管理体制和运行机制，促进和引导行业协会商会自主运行、有序竞争、优化发展。

坚持法制化、非营利原则。加快行业协会商会法律制度建设，明确脱钩后的法律地位，实现依法规范运行。建立准入和退出机制，健全综合监管体系。各级政府要明确权力边界，实现权力责任统一、服务监管并重。按照非营利原则要求，规范行业协会商会服务行为，发挥对会员的行为引导、规则约束和权益维护作用。

坚持服务发展、释放市场活力。提升行业协会商会专业化水平和能力，推动服务重心从政府转向企业、行业、市场。通过提供指导、咨询、信息等服务，更好地为企业、行业提供智力支撑，规范市场主体行为，引导企业健康有序发展，促进产业提质增效升级。

坚持试点先行、分步稳妥推进。在中央和地方分别开展试点，设置必要的过渡期，积极探索，总结经验，完善措施，逐步推开。根据行业协会商会不同情况，因地因业因会逐个缜密制定脱钩实施方案，具体安排、具体指导、具体把握，确保脱钩工作平稳过渡、有序推进。

二、脱钩主体和范围

脱钩的主体是各级行政机关与其主办、主管、联系、挂靠的行业协会商会。其他依照和参照公务员法管理的单位与其主办、主管、联系、挂靠的行业协会商会，参照本方案执行。

同时具有以下特征的行业协会商会纳入脱钩范围：会员主体为从事相同性质经济活动的单位、同业人员，或同地域的经济组织；名称以"行业协会""协会""商会""同业公会""联合会""促进会"等字样为后缀；在民政部门登记为社会团体法人。

个别承担特殊职能的全国性行业协会商会，经中央办公厅、国务院办公厅批准，另行制定改革办法。

三、脱钩任务和措施

(一)机构分离,规范综合监管关系

取消行政机关(包括下属单位)与行业协会商会的主办、主管、联系和挂靠关系。行业协会商会依法直接登记和独立运行。行政机关依据职能对行业协会商会提供服务并依法监管。

依法保障行业协会商会独立平等法人地位。按照有利于行业发展和自愿互惠原则,对行业协会商会之间、行业协会商会与其他社会组织之间的代管协管挂靠关系进行调整,并纳入章程予以规范。鼓励行业协会商会优化整合,提高服务效率和水平。

调整行业协会商会与其代管的事业单位的关系。行业协会商会代管的事业单位,并入行业协会商会的,注销事业单位法人资格,核销事业编制,并入人员按照行业协会商会人员管理方式管理;不能并入行业协会商会的,应当与行业协会商会脱钩,根据业务关联性,在精简的基础上划转到相关行业管理部门管理,并纳入事业单位分类改革。

行政机关或事业单位与行业协会商会合署办公的,逐步将机构、人员和资产分开,行政机关或事业单位不再承担行业协会商会职能。

(二)职能分离,规范行政委托和职责分工关系

厘清行政机关与行业协会商会的职能。剥离行业协会商会现有的行政职能,法律法规另有规定的除外。业务主管单位对剥离行业协会商会有关行政职能提出具体意见。

加快转移适合由行业协会商会承担的职能。行政机关对适合由行业协会商会承担的职能,制定清单目录,按程序移交行业协会商会承担,并制定监管措施、履行监管责任。

(三)资产财务分离,规范财产关系

行业协会商会应执行民间非营利组织会计制度,单独建账、独立核算。没有独立账号、与行政机关会计合账、财务由行政机关代管或集中管理的行业协会商会,要设立独立账号,单独核算,实行独立财务管理。

对原有财政预算支持的全国性行业协会商会,逐步通过政府购买服务等方式支持其发展。自2018年起,取消全国性行业协会商会的财政直

接拨款,在此之前,保留原有财政拨款经费渠道不变。为鼓励全国性行业协会商会加快与行政机关脱钩,过渡期内根据脱钩年份,财政直接拨款额度逐年递减。地方性行业协会商会的财政拨款过渡期和过渡办法,由各地自行确定,但过渡期不得超过 2017 年底。用于安置历次政府机构改革分流人员的财政资金,仍按原规定执行。

按照财政部门、机关事务主管部门统一部署和有关规定,各业务主管单位对其主管的行业协会商会财务资产状况进行全面摸底和清查登记,厘清财产归属。财政部门会同机关事务主管部门按照所有权、使用权相分离的原则,制定行业协会商会使用国有资产(包括无形资产)管理办法,确保国有资产不流失,同时确保行业协会商会的正常运行和发展。

行业协会商会占用的行政办公用房,超出规定面积标准的部分限期清理腾退;符合规定面积标准的部分暂由行业协会商会使用,2017 年底前按《中共中央办公厅、国务院办公厅关于党政机关停止新建楼堂馆所和清理办公用房的通知》及有关规定清理腾退,原则上应实现办公场所独立。具体办法由机关事务主管部门会同有关部门制定。

(四)人员管理分离,规范用人关系

行业协会商会具有人事自主权,在人员管理上与原主办、主管、联系和挂靠单位脱钩,依法依规建立规范用人制度,逐步实行依章程自主选人用人。

行政机关不得推荐、安排在职和退(离)休公务员到行业协会商会任职兼职。现职和不担任现职但未办理退(离)休手续的党政领导干部及在职工作人员,不得在行业协会商会兼任职务。领导干部退(离)休后三年内一般不得到行业协会商会兼职,个别确属工作特殊需要兼职的,应当按照干部管理权限审批;退(离)休三年后到行业协会商会兼职,须按干部管理权限审批或备案后方可兼职。

对已在行业协会商会中任职、兼职的公务员,按相关规定进行一次性清理。任职的在职公务员,脱钩后自愿选择去留:退出行业协会商会工作的,由所属行政机关妥善安置;本人自愿继续留在行业协会商会工作的,退出公务员管理,不再保留公务员身份。在行业协会商会兼职的公务员,要限期辞去兼任职务。

行业协会商会全面实行劳动合同制度,与工作人员签订劳动合同,依法保障工作人员合法权益。工作人员的工资,由行业协会商会按照国家有关法律、法规和政策确定。行业协会商会及其工作人员按规定参加基本养老、基本医疗等社会保险和缴存住房公积金。

行业协会商会与行政机关脱钩后,使用的事业编制相应核销。现有事业人员按国家有关规定参加机关事业单位养老保险。历次政府机构改革分流人员仍执行原定政策。

(五)党建、外事等事项分离,规范管理关系

行业协会商会的党建、外事、人力资源服务等事项与原主办、主管、联系和挂靠单位脱钩。全国性行业协会商会与行政机关脱钩后的党建工作,按照原业务主管单位党的关系归口分别由中央直属机关工委、中央国家机关工委、国务院国资委党委领导。地方行业协会商会与行政机关脱钩后的党建工作,依托各地党委组织部门和民政部门建立社会组织党建工作机构统一领导;已经建立非公有制企业党建工作机构的,可依托组织部门将其与社会组织党建工作机构整合为一个机构。行业协会商会脱钩后,外事工作由住所地省(区、市)人民政府按中央有关外事管理规定执行,不再经原主办、主管、联系和挂靠单位审批。行业协会商会主管和主办的新闻出版单位的业务管理,按照文化体制改革相关要求和新闻出版行政管理部门有关规定执行。人力资源服务等事项由行业协会商会住所地有关部门按职能分工承担。

四、配套政策

(一)完善支持政策

制定有针对性的扶持引导政策,加强分类指导。完善政府购买服务机制,支持行业协会商会转型发展。鼓励各有关部门按照《国务院办公厅关于政府向社会力量购买服务的指导意见》要求,向符合条件的行业协会商会和其他社会力量购买服务,及时公布购买服务事项和相关信息,加强绩效管理。

完善行业协会商会价格政策,落实有关税收政策。按照行政事业性

收费管理的有关规定,规范行业协会商会承接政府委托的行政事业性收费事项。对符合条件的非营利组织落实企业所得税优惠政策。

鼓励行业协会商会参与制定相关立法、政府规划、公共政策、行业标准和行业数据统计等事务。有关部门要充分发挥行业协会商会在行业指南制定、行业人才培养、共性技术平台建设、第三方咨询评估等方面作用,完善对行业协会商会服务创新能力建设的支持机制。

建立信息资源共享机制。全国性行业协会商会的有关行业统计数据,按原规定报送国家统计局。行业协会商会应按原渠道向行业管理部门报送相关行业数据和信息。有关职能部门要建立行业公共信息交汇平台,整合全国性行业协会商会的有关数据,为政府制定和实施相关政策提供信息服务,为行业协会商会提供必要的行业信息和数据。

支持行业协会商会在进出口贸易和对外经济交流、企业"走出去"、应对贸易摩擦等事务中,发挥协调、指导、咨询、服务作用。鼓励行业协会商会参与协助政府部门多双边经贸谈判工作,提供相关咨询和协调服务。鼓励行业协会商会积极搭建促进对外贸易和投资等服务平台,帮助企业开拓国际市场。

(二)完善综合监管体制

加强法律法规制度建设。加快推进行业协会商会立法工作。行业协会商会脱钩后,按程序修改章程并报民政部门备案。健全行业协会商会退出机制,在实施脱钩中对职能不清、业务开展不正常、不适应经济社会发展的行业协会商会依法予以注销。鼓励和促进行业协会商会间公平有序竞争。

完善政府综合监管体系。制定行业协会商会综合监管办法,健全监督管理机制。民政部门依照相关登记管理法规,对行业协会商会加强登记审查、监督管理和执法检查,强化对主要负责人任职条件和任用程序的监督管理。财政部门负责对政府购买行业协会商会服务的资金和行为进行评估和监管,并会同机关事务主管部门对行业协会商会使用的国有资产进行登记和监管。税务部门对行业协会商会涉税行为进行稽查和监管。审计部门对行业协会商会依法进行审计监督。价格部门对行业协会商会收费及价格行为进行监管。行业协会商会组织论坛、评比、达标、表彰等活动,要严格按相关规定执行,并接受监督。各行业管理部门按职能对行业协会商会进行政策和业务指导,并履行相关监管责任。其他职能部门和地方政府按职能分工对行业协会商会进行监管。党的各级纪检机关加强监督执纪问责。探索建立专业化、社会化的第三方监督机制。

完善信用体系和信息公开制度。建立行业协会商会信用承诺制度,完善行业协会商会的信用记录,建立综合信用评级制度。对行业协会商会的信用情况开展社会评价,评价结果向社会公布。建立健全行业协会商会信息公开和年度报告制度,接受社会监督。

建立完善法人治理结构。行业协会商会要按照建立现代社会组织要求,建立和完善产权清晰、权责明确、运转协调、制衡有效的法人治理结构。健全行业协会商会章程审核备案机制,完善以章程为核心的内部管理制度,健全会员大会(会员代表大会)、理事会(常务理事会)制度,建立和健全监事会(监事)制度。落实民主选举、差额选举和无记名投票制度。鼓励选举企业家担任行业协会商会理事长,探索实行理事长(会长)轮值制,推行秘书长聘任制。实施法定代表人述职、主要负责人任职前公示和过错责任追究制度。在重要的行业协会商会试行委派监事制度,委派监事履行监督和指导职责,督促行业协会商会落实宏观调控政策和行业政策。所派监事不在行业协会商会兼职、取酬、享受福利。

五、组织实施

(一)建立工作机制

国家发展改革委、民政部会同中央组织部、中央编办、中央直属机关工委、中央国家机关工委、外交部、工业和信息化部、财政部、人力资源社会保障部、商务部、审计署、国务院国资委、国管局、全国工商联,成立行业协会商会与行政机关脱钩联合工作组(以下简称联合工作组),负责组织实施本方案,推进全国性行业协会商会脱钩工作,指导和督促各地开展脱钩工作。联合工作组由国务院领导同志牵头,办公室设在国家发展改革委。各地建立相应领导机制和工作组,制定本地区脱钩方案,负责推进本地区脱钩工作。

（二）明确责任分工

各相关职能部门按照本方案和职能分工，落实相关政策和措施。各级发展改革、民政部门负责统筹协调、督促检查脱钩工作。审计部门负责对资产清查结果进行抽查监督，审计脱钩过程中财政资金使用情况。各业务主管单位负责逐个制定行业协会商会脱钩实施方案，落实各项工作，并向社会公开。

本方案印发后一个月内，有关部门分别出台相关配套文件：中央组织部会同中央直属机关工委、中央国家机关工委、国务院国资委党委制定关于全国性行业协会商会与行政机关脱钩后党建工作管理体制调整的实施办法，明确党的思想、组织、作风、反腐倡廉和制度建设的具体任务，切实加强党对行业协会商会党建工作的领导；中央编办会同国家发展改革委、工业和信息化部、财政部、人力资源社会保障部、商务部、国务院国资委等部门提出关于行业协会商会与行政机关脱钩涉及事业单位机构编制调整的意见；外交部提出相关外事管理工作政策措施；国家发展改革委牵头制定行业公共信息平台建设方案；民政部牵头制定全国性行业协会商会主要负责人任职管理办法；财政部会同国管局、中直管理局等有关部门制定行业协会商会资产清查和国有资产管理规定，财政部提出逐步取消财政拨款的具体操作办法，财政部会同国家发展改革委等部门提出购买行业协会商会服务的具体措施；国管局、中直管理局会同有关部门制定清理腾退全国性行业协会商会占用行政办公用房的具体办法。

为适应行业协会商会脱钩后的新体制新要求，国家发展改革委、民政部会同有关部门制定综合监管办法。

（三）稳妥开展试点

全国性行业协会商会脱钩试点工作由民政部牵头负责，2015年下半年开始第一批试点，2016年总结经验、扩大试点，2017年在更大范围试点，通过试点完善相应的体制机制后全面推开。按照兼顾不同类型、行业和部门的原则，第一批选择100个左右全国性行业协会商会开展脱钩试点。各业务主管单位于2015年7月底前将推荐试点名单报送民政部，并逐个制定试点行业协会商会脱钩实施方案。方案报经民政部核准、联合工作组批复后实施,其中须有关部门批准的事项,按管理权限和职能分别报批。各试点单位要在2016年6月底前完成第一批试点,由联合工作组对试点成效进行评估并认真总结经验,完善配套政策。

地方行业协会商会脱钩试点工作由各省(区、市)工作组负责。各省(区、市)同步开展本地区脱钩试点工作,首先选择几个省一级协会开展试点,试点方案报经民政部核准、联合工作组批复后实施。各地要在2016年底前完成第一批试点和评估,并将评估结果报联合工作组。在认真总结经验的基础上,完善试点政策,逐步扩大试点范围,稳妥审慎推开。

(四)精心组织实施

脱钩工作涉及面广、政策性强、社会关注度高,各地区、各有关部门和行业协会商会要高度重视,严明纪律,做好风险预案,确保如期完成脱钩任务。要严格按照本方案要求推进脱钩工作,规范工作程序,建立考核机制,确保工作有序开展。要加强舆论引导和政策解读,形成良好舆论氛围。脱钩工作中遇有重要情况和问题,要及时向联合工作组报告。

各地区、各部门要大力支持行业协会商会发展,优化发展环境,改进工作方式,构建与行业协会商会新型合作关系;建立和完善与行业协会商会协商机制,在研究重大问题和制定相关法律法规、规划、政策时应主动听取相关行业协会商会意见;加强对行业协会商会的指导和支持,及时研究解决行业协会商会改革发展中的困难和问题。行业协会商会要加快转型,努力适应新常态、新规则、新要求,完善治理结构,规范自身行为,提升专业服务水平,强化行业自律,引导企业规范经营,积极反映会员诉求,维护会员合法权益,真正成为依法自治的现代社会组织。

自本方案印发之日起,新设立的行业协会商会,按本方案要求执行。

2015年11月26日

2.中共中央组织部关于规范退（离）休领导干部在社会团体兼职问题的通知

（中组发〔2014〕11号）

各省、自治区、直辖市党委组织部，中央和国家机关各部委、各人民团体组织人事部门，新疆生产建设兵团党委组织部，各中管金融企业党委，部分国有重要骨干企业党组（党委），部分高等学校党委：

当前，领导干部退（离）休后在各类社会团体兼职，或参与成立新的社会团体的情况有所增多。大多数退（离）休领导干部热心参与社会公益事业，积极发挥个人业务专长和经验优势，不求回报，无私奉献，为促进社会团体健康有序发展、推动和谐社会建设作出了贡献。但也有一些退（离）休领导干部以兼职为名，利用个人影响找地方、部门和企事业单位要钱要车要办公场所，甚至领取较高薪酬，造成了不好的社会影响，干部群众对此多有反映。为认真贯彻执行中央八项规定和从严管理干部的精神，对退（离）休领导干部在社会团体兼职行为要进一步从严规范，引导和发挥好他们的作用。经中央批准，现就有关问题通知如下。

一、退（离）休领导干部在社会团体兼任职务（包括领导职务和名誉职务、常务理事、理事等），须按干部管理权限审批或备案后方可兼职。确因工作需要，本人又无其他兼职，且所兼职社会团体的业务与原工作业务或特长相关的，经批准可兼任1个社会团体职务；任期届满拟连任的，必须重新履行有关审批手续，兼职不超过两届；兼职的任职年龄界限为70周岁。

除工作特殊需要外，不得兼任社会团体法定代表人，不得牵头成立新的社会团体或兼任境外社会团体职务。

二、经批准兼任社会团体职务的,兼职期间要发挥好政治把关、经验指导、业务传授等方面的作用,促进社会团体健康有序发展。不得利用个人影响要求党政机关、企事业单位提供办公用房、车辆、资金等,不得以社会团体名义违规从事营利性活动;不得强行要求入会或违规收费、摊派、强制服务、干预会员单位生产经营活动等。

三、兼职不得领取社会团体的薪酬、奖金、津贴等报酬和获取其他额外利益,也不得领取各种名目的补贴等,确属需要的工作经费,要从严控制,不得超过规定标准和实际支出。

四、兼职期间的履职情况、是否取酬和报销有关工作费用等,干部本人应每年年底以书面形式报所在单位党委(党组)。对领取报酬,或履行职责不当的,干部所在单位应责令其辞去社会团体职务。兼职期间违规领取的报酬,应按中央纪委有关规定执行。

五、中央管理的干部退(离)休后兼任社会团体职务,须由干部所在单位党委(党组)审批并报中央组织部备案同意后方可兼职。确需由中央管理的干部兼任职务的社会团体,必须在国家、地区、行业和经济、政治、社会生活中起重要作用,在国内外有一定影响。

备案报告应在社会团体召开有关会议进行选举或决定任命前30日报中央组织部,需说明以下情况:(1)社会团体的基本情况,包括登记事项、宗旨、业务范围和成立时间等内容。(2)领导干部原任职务,兼职的理由,是否兼任法定代表人;本人是否已在其他社会团体中兼职;社会团体召开有关会议进行选举或决定任命的时间。兼职须由社会团体出具邀请函;所兼职的社会团体有业务主管单位的,须有业务主管单位的书面意见。(3)如领导干部已兼任社会团体职务,任期届满拟连任的,需说明干部本人已兼职的时间和任期;如领导干部属新兼任社会团体会长(理事长)职务,需说明原任会长(理事长)不再担任的原因。(4)附拟兼职干部的《干部任免审批表》和社会团体现任领导干部名单一式三份,社会团体章程和社会团体登记书副本复印件各一份。

六、各地区各部门各单位要根据本通知精神制定相应的管理和审批办法,并对退(离)休领导干部在社会团体兼职情况进行摸底和清理规范。凡未经批准在社会团体兼任职务的,符合规定的,须在本通知下发后半年内履行有关审批手续;不符合规定的,应由本人在半年内辞去所兼任的职务。经批准已在社会团体兼任职务的,应对兼职任期、年龄、履职情况以及是否取酬等情况进行审核并予以规范。

七、本通知适用于各级党政机关退(离)休干部。国有企事业单位退(离)休领导人员,参照本通知有关规定执行。

八、本通知自发布之日起施行。以往规定与本通知不一致的,按照本规定执行。

中共中央组织部

2014 年 6 月 25 日

3. 中央编办关于贯彻落实行业协会商会与行政机关脱钩总体方案涉及事业单位机构编制调整的意见(试行)

(中央编办发〔2015〕38 号)

各省、自治区、直辖市编办、新疆生产建设兵团编办,中央和国家机关各部门办公厅(室):

为贯彻落实《中共中央办公厅 国务院办公厅〈关于印发行业协会商会与行政机关脱钩总体方案〉的通知》(中办发〔2015〕39 号)精神,做好行业协会商会与行政机关脱钩涉及事业单位的机构编制调整工作,中央编办会同发展改革委、工业和信息化部、财政部、人力资源社会保障部、商务部、国资委等部门起草了《关于贯彻落实行业协会商会与行政机关脱钩总体方案涉及事业单位机构编制调整的意见(试行)》,已经国务院和中央编委领导同志同意,现印发给你们,请认真贯彻执行。

中央编办

2015 年 10 月 16 日

理顺行业协会商会与代管的事业单位的关系,核销行业协会商会使用的事业编制,不再实行行业协会商会与事业单位合署办公,是行业协会商会与行政机关脱钩工作的重要内容。为加快转变政府职能、实现行业协会商会与行政机关脱钩,促进行业协会商会规范发展,根据《中共中央办公厅 国务院办公厅〈关于印发行业协会商会与行政机关脱钩总体方案〉的通知》(中办发〔2015〕39 号)的有关精神,现就做好行业协会商会与行政机关脱钩涉及事业单位的机构编制调整事项提出如下具体意见：

一、行业协会商会与行政机关脱钩涉及的事业单位机构编制调整，要坚持精简整合，贯彻落实中央关于严格控制机构编制的精神，进一步优化事业单位的布局结构和资源配置；要坚持统筹协调，对纳入调整范围的事业单位，注意做好与分类推进事业单位改革和行业体制改革等的政策衔接；要坚持积极稳妥，有关方面就调整事项充分协商，确保调整工作的有序开展和保持人员队伍的稳定。

二、行业协会商会与行政机关脱钩有关事业单位的机构编制调整，涉及行业协会商会使用事业编制、行业协会商会与事业单位合署办公和行业协会商会代管事业单位等不同情况，应区分不同情况分别进行相应调整。

三、行业协会商会使用的事业编制，应在行业协会商会与行政机关脱钩的同时核销。原有事业人员按国家有关规定参加机关事业单位养老保险，过渡期内保留原有财政拨款渠道不变。

四、行业协会商会与事业单位合署办公的，应将机构和职责分开，事业单位不再承担行业协会商会的职责。在理顺职责的基础上，事业单位的现有事业编制应根据职责变化进行核减。

五、行政机关委托行业协会商会代管的事业单位，应并入行业协会商会或划转相关部门管理。其中，并入行业协会商会的，应撤销现有机构并相应核销事业编制，注销事业法人。原有事业人员按国家有关规定参加机关事业单位养老保险，过渡期内保留原有财政拨款渠道不变。

不能并入行业协会商会的，应与行业协会商会脱钩，根据业务关联性，在精简的基础上划转相关行业管理部门管理。按照中央关于严格控制机构编制的精神，其中主要职责与划入部门现有事业单位职责相同或相近的，应首先进行机构整合；不能与划入部门现有事业单位进行整合的，可作为划入部门具有独立法人资格的事业单位进行管理，并按照事业单位改革和行业体制改革精神，明确机构类别，分类推进改革。其中，检验检测认证机构要按照国务院有关改革精神抓紧推进改企转制。

六、行政机关要会同有关行业协会商会，对行业协会商会与行政机关

脱钩涉及事业单位的机构编制、主要职责和实有人数等情况进行全面调
查摸底，并按照本意见要求，与行业协会商会、代管事业单位等进行充分
协商，提出核销行业协会商会使用的事业编制、理顺行业协会商会与合署
办公事业单位的职责关系、代管事业单位并入行业协会商会或划入相关
部门管理的意见，按规定程序报机构编制部门审核。其中，国务院国资委
所属事业单位机构编制调整方案，报行业协会商会与行政机关脱钩联合
工作组办公室，联合工作组办公室征求相关部门的意见达成一致后，由国
务院国资委按规定程序报机构编制部门审核。

七、全国性行业协会商会与行政机关脱钩涉及事业单位的机构编制
调整工作，由中央机构编制部门会同有关部门提出审核意见，按规定程序
报批。地方性行业协会商会与行政机关脱钩涉及事业单位的机构编制调
整工作，由省级机构编制部门会同有关部门组织协调，分级实施。各地方
可根据本《意见》要求，结合当地实际，制定具体实施意见。

4.民政部关于全国性行业协会商会负责人任职管理办法(试行)

(民发〔2015〕166 号)

各全国性社会团体业务主管单位、各全国性行业协会商会:

根据《社会团体登记管理条例》和《行业协会商会与行政机关脱钩总体方案》有关规定,我部制定了《全国性行业协会商会负责人任职管理办法(试行)》,现印发你们,请遵照执行。

民政部

2015 年 9 月 7 日

第一条 为规范全国性行业协会商会负责人任职管理,促进全国性行业协会商会健康有序发展,根据《社会团体登记管理条例》和《行业协会商会与行政机关脱钩总体方案》有关规定,制定本办法。

第二条 本办法适用于按照《行业协会商会与行政机关脱钩总体方案》参加脱钩的全国性行业协会商会。

第三条 全国性行业协会商会负责人是指担任理事长(会长)、副理事长(副会长)、秘书长等职务的人员。

第四条 全国性行业协会商会负责人应当具备以下基本任职条件:

(一)坚持中国共产党领导,拥护中国特色社会主义,坚决执行党的路线方针政策;

(二)遵纪守法,勤勉尽职,个人社会信用记录良好;

(三)具备相应的专业知识、经验和能力,熟悉行业情况;

（四）身体健康，能正常履责，年龄界限为70周岁；

（五）具有完全民事行为能力；

（六）没有法律法规禁止任职的其他情形。

理事长（会长）、秘书长不得兼任其他社会团体理事长（会长）、秘书长。

理事长（会长）和秘书长不得由同一人兼任，并不得来自于同一会员单位。

第五条 全国性行业协会商会换届选举工作由理事会负责，可成立由理事代表、监事代表、党组织代表和会员代表组成的专门选举委员会或领导小组，负责提名新一届负责人候选人，并组织换届选举工作。

第六条 全国性行业协会商会负责人候选人的审核把关按《关于全国性行业协会商会与行政机关脱钩后党建工作管理体制调整的办法（试行）》执行，由中央直属机关工委、中央国家机关工委、国资委党委负责，党内职务按党的有关规定执行。

第七条 全国性行业协会商会新一届负责人候选人应当于换届前15日向全体会员公示，公示期为7天。

第八条 全国性行业协会商会负责人应当履行民主选举程序，通过会员（会员代表）大会或者理事会以无记名投票方式选举产生。

第九条 全国性行业协会商会负责人选举会议须有2/3以上会员（会员代表）或者理事出席方能召开。召开会员（会员代表）大会的，其选举结果须经到会会员（会员代表）1/2以上赞同方为有效；召开理事会的，须经到会理事2/3以上赞同方为有效。

第十条 全国性行业协会商会负责人不设置行政级别，不得由现职和不担任现职但未办理退（离）休手续的公务员兼任。

领导干部退（离）休后三年内，一般不得到行业协会商会兼职，个别确属工作特殊需要兼职的，应当按照干部管理权限审批；退（离）休三年后到行业协会商会兼职，须按干部管理权限审批或备案后方可兼职。

第十一条 全国性行业协会商会负责人每届任期最长不得超过5年，连任不超过2届。

第十二条　全国性行业协会商会法定代表人一般由理事长(会长)担任,不得兼任其他社会团体法定代表人。

实行理事长(会长)轮值制的全国性行业协会商会法定代表人,可由副理事长(副会长)或者选举产生的秘书长担任。

第十三条　全国性行业协会商会秘书长为专职,可以通过选举、聘任或者向社会公开招聘产生。聘任或者向社会公开招聘的具体方式由理事会研究确定。

聘任或者向社会公开招聘的秘书长任期不受限制,可不经过民主选举程序。聘任或者向社会公开招聘的秘书长不得担任全国性行业协会商会法定代表人。

第十四条　全国性行业协会商会负责人应当自觉接受党组织和有关方面的监督,理事长(会长)应每年向理事会进行述职。

第十五条　全国性行业协会商会产生新一届负责人后,应当自产生之日起30日内到登记管理机关履行备案手续。

第十六条　登记管理机关应当定期组织面向新任全国性行业协会商会秘书长的任职培训。

第十七条　全国性行业协会商会存在负责人违反本办法任职的,登记管理机关责令改正,拒不改正的,依法予以行政处罚。

第十八条　本办法自发布之日起执行。

5.财政部关于行业协会商会脱钩有关经费支持方式改革的通知(试行)

(财建〔2015〕788号)

党中央有关部门,国务院各部委、各直属机构,有关人民团体,各省、自治区、直辖市、计划单列市财政厅(局),新疆生产建设兵团财务局:

为加快转变政府职能,实现行业协会商会与行政机关脱钩,促进行业协会商会健康稳定发展,按照《行业协会商会与行政机关脱钩总体方案》的有关要求,现对纳入脱钩范围的全国性行业协会商会的中央财政支持方式改革事项通知如下:

一、总体要求。以《行业协会商会与行政机关脱钩总体方案》为指导,以厘清行政机关与行业协会商会职能边界为基础,按照试点先行、稳步推进、转变方式、合理保障的原则,对行业协会商会原有财政直接拨款进行改革,促进行业协会商会加快脱钩、平稳脱钩,激发内在活力和发展动力,使行业协会商会成为依法设立、自主办会、服务为本、治理规范、行为自律的社会主体,更好地发挥作用。

二、主要内容。按照《行业协会商会与行政机关脱钩总体方案》关于"自2018年起,取消全国性行业协会商会的财政直接拨款,在此之前,保留原有财政拨款经费渠道不变""用于安置历次政府机构改革分流人员的财政资金,仍按原规定执行"等要求,为支持行业协会商会脱钩试点稳步推进,鼓励行业协会商会加快脱钩,中央财政对原来有财政预算支持的行业协会商会按原经费管理渠道继续给予一定支持。同时,以2015年财政拨款数(不含离退休人员经费)为基数,以2016—2017年为财政拨款退坡过渡期,实现中央财政直接拨款与脱钩进度挂钩并逐年递减。具体是:对 2015 年脱钩的行业协会商会,在过渡期内分别按基数的 100%、100% 给予支持;对 2016 年脱钩的,在过渡期内分别按基数的 80%、80% 给予支持;对 2017 年及以后年度脱钩的,在过渡期内分别按基数的 80%、60% 给予支持。从 2018 年起,中央财政取消对行业协会商会的直接拨款。用于安置历次政府机构改革分流人员的财政资金,仍按原规定执行;行业协会商会现有离退休人员经费,结合机关事业单位养老保险改革等另行明确处理方式。

在逐步减少直至取消行业协会商会财政拨款的同时,中央财政通过购买服务等方式支持行业协会商会发展,按照政府购买服务相关管理规定,将适宜委托行业协会商会承担的服务事项纳入政府购买服务指导目录,加强信息公开和绩效管理。政府购买行业协会商会服务的具体办法另行制定。

三、监督管理。加强对行业协会商会财政拨款的监督管理和绩效考评,切实提高财政资金使用效益,对财政资金使用中的违法行为,依照《财政违法行为处罚处分条例》等国家有关规定追究法律责任。相关部门要按原经费管理渠道,加强对行业协会商会的指导和支持,认真做好行业协会商会经费改革组织实施工作,确保行业协会商会脱钩工作平稳进行。

各省、自治区、直辖市、计划单列市可结合实际,比照制定地方性行业协会商会的财政拨款过渡办法,过渡期不超过 2017 年底。

财政部

2015 年 9 月 7 日

6. 财政部关于加强行业协会商会与行政机关脱钩有关国有资产管理的意见（试行）

（财资〔2015〕44 号）

党中央有关部门，国务院各部委、各直属机构，全国人大常委会办公厅，全国政协办公厅，高法院，高检院，各民主党派中央，有关人民团体，全国工商联，各省、自治区、直辖市、计划单列市财政厅（局），新疆生产建设兵团财务局：

为了加强行业协会商会与行政机关脱钩过程中以及脱钩后国有资产（包括无形资产）管理，防止国有资产流失，维护国有资产安全完整，按照《行业协会商会与行政机关脱钩总体方案》的部署和要求，根据《中华人民共和国预算法》和《行政单位国有资产管理暂行办法》（财政部令第 35 号）、《事业单位国有资产管理暂行办法》（财政部令第 36 号）等规定，现对国有资产管理问题提出如下意见：

一、基本原则

（一）确保国有资产安全完整，防止国有资产流失。行业协会商会占有、使用的国有资产为行业协会商会履行职能、促进发展发挥了重要的物质保障作用。要加强行业协会商会与行政机关脱钩过程中及脱钩后的国有资产管理，确保国有资产的安全与完整，切实防止国有资产流失。

（二）坚持所有权与使用权相分离，明晰资产权属关系。要明晰行业协会商会占有、使用的国有资产权属和产权关系，严格执行有关法规制度。按照所有权、使用权相分离原则，脱钩前行业协会商会占有、使用的国有资产可以根据实际需要在过渡期和脱钩后继续使用。

（三）确保平稳过渡，支持协会商会发展。行业协会商会占有、使用的国有资产是确保脱钩过渡期机构正常运转的重要保障，行业协会商会要管好用好国有资产，确保平稳过渡。财政部门要会同有关部门采取多种方式，在确保国有资产安全完整的前提下，支持行业协会商会使用国有资产促进其事业发展。

（四）分级分类管理，落实部门责任。财政部门是国有资产管理的综合职能部门。各级财政部门要会同机关事务主管部门切实做好行业协会商会与行政机关脱钩的国有资产管理工作，并根据实际制定行业协会商会与行政机关脱钩的资产管理具体规定。行政机关负责组织本部门主办、主管、联系、挂靠的行业协会商会各项脱钩具体工作，根据协会商会实际情况，按照规定与行业协会商会协商制定脱钩过渡期和脱钩后国有资产使用的具体方案。

二、资产清查和核实

（五）按照"谁管理、谁负责"的要求，有脱钩任务的行政机关（以下简称行政机关）参照《行政事业单位资产清查暂行办法》（财办〔2006〕52号）等相关规定，对纳入脱钩范围的行业协会商会资产进行全面摸底和清查登记，厘清财产归属，对债权债务等进行全面清理，认真盘点，进行账实核对，核实盘盈、盘亏情况，做到账账相符、账实相符。

纳入脱钩范围的行业协会商会债权债务，原则上继续由行业协会商会承担。

（六）资产清查的范围应是全覆盖，包括协会商会本级以及下属企业（不含参股企业）、事业单位、协会等各级各类资产，对参股企业应进行详细说明。

（七）行政机关应当抽调财务、资产、审计等相关人员，组成专门工作机构，结合纳入脱钩范围的行业协会商会的实际情况，制定具体工作方案和实施细则，并做好相关业务培训等基础工作，确保资产清查工作合规进行。

（八）行政机关应当委托社会中介机构开展资产清查、专项审计和相关工作。承担资产清查专项审计及相关工作的社会中介机构，应当依法设立,具备与所承担工作相适应的专业执业能力。

(九)资产清查一般应以行业协会商会与行政机关脱钩具体方案实施的前一年度最后1天作为清查工作的基准日。

(十)资产清查完成后,行政机关应当将清查结果报送本级财政部门和机关事务主管部门,按照《行政事业单位资产核实暂行办法》(财办〔2007〕19号)等有关规定开展资产核实工作,资产核实结果按照规定权限审批。

三、明晰资产权属关系

(十一)明晰产权权属,原则上按照"谁投资谁拥有所有权"的原则界定。

(十二)由行政机关、事业单位转制为行业协会商会的,其净资产应当明确为国有资产。

(十三)存在财政缴拨款关系,并且纳入财政预决算核算范围的行业协会商会,其净资产应当明确为国有资产。

(十四)不存在财政缴拨款关系的行业协会商会,在成立时由全民所有制单位和非全民所有制单位、个人共同设立的,并且投入的资产权属关系明确,有相关法律法规依据的,可以按照事先约定的比例划分产权;资产权属关系不明确,依据现行法律法规和原始文件材料无法判断产权归属的,暂按国有资产管理。

(十五)行业协会商会代管的事业单位占有使用的资产,应当明确为国有资产。

四、资产管理

(十六)行业协会商会脱钩前占有使用的国有资产和行政机关无偿提供给行业协会商会使用的国有资产,过渡期内不改变原来使用方式,继续使用。过渡期结束后,对由会费和服务性收入形成的国有资产,仍然不改变其原来的使用方式,继续由行业协会商会使用;对财政性拨款及其他方式形成的国有资产,可以采取有偿使用、分阶段收回、划归行业协会商会使用、行业协会商会清算注销时收回等多种方式进行管理,确保国家作为国有资产所有者的权益。

（十七）行业协会商会代管事业单位并入行业协会商会或转为行业协会商会下属企业的,参照分类推进事业单位改革中从事生产经营活动事业单位转制为企业的有关规定执行,按照企业国有资产相关规定管理。

（十八）行业协会商会代管事业单位划转到相关行政机关或事业单位的,在资产清查和核实等相关基础工作完成,经同级主管部门审核同意后,进行无偿划转。

（十九）行业协会商会管理的企业国有资产,管理方式不变,仍然按照相关企业国有资产规定管理。

（二十）依法注销的行业协会商会占有、使用的国有资产,按有关规定,由同级财政部门一次性收回。

（二十一）在脱钩过程中,涉及将资产划转出行政机关和事业单位的事项,应当按照规定报经同级财政部门或者机关事务主管部门批准。

（二十二）在脱钩过程中,需要进行资产评估的,应当按照《国有资产评估管理办法》（国务院令第 91 号）、《国有资产评估管理若干问题的规定》（财政部令第 14 号）等规定执行。

（二十三）脱钩后行业协会商会新增的资产,按照法律法规等有关规定界定产权,规范使用和处置。对相关法律法规无法清晰界定产权的新增资产,由有关部门结合试点情况通过进一步修订完善相关规章制度予以明确。

（二十四）行业协会商会脱钩后,原则上执行民间非营利组织会计制度,单独建账,独立核算。财政部门会同机关事务主管部门按照国有资产管理的相关规定,监督行业协会商会完善国有资产管理制度,加强国有资产管理,防止国有资产流失,并结合过渡期管理需要,制定和完善行业协会商会脱钩后国有资产管理的有关制度。

（二十五）脱钩完成后,行业协会商会应当按照国家有关法律法规的要求加强资产管理,其占有使用国有资产按照《事业单位及事业单位所办企业国有资产产权登记管理办法》（财教〔2012〕242 号）开展产权登记工作,逐步形成权属清晰、配置科学、使用合理、处置规范、运行高效、监督严格的行业协会商会资产管理模式。

6.财政部关于加强行业协会商会与行政机关脱钩有关国有资产管理的意见(试行)

五、工作要求

（二十六）为防止脱钩过程中发生国有资产流失、损失等问题,脱钩期间,除发放人员工资、正常工作经费等必要支出外,行业协会商会占有使用的资产原则上不得进行对外投资、出租出借和处置。

（二十七）行政机关要高度重视,依法依规有序开展行业协会商会的脱钩工作,应当成立以行政机关主管领导为组长的专项工作领导小组,制定工作方案,对脱钩过程中涉及国有资产的有关审批事项,按照国家有关法律法规以及本《意见》的要求,严格履行审批程序,做好脱钩过程中各项资产管理工作,确保国有资产安全完整。

（二十八）行政机关要健全脱钩过程中相关资产管理制度,防止脱钩过程中以私分、低价变卖、虚报损失等手段挤占、侵吞、转移国有资产。违反规定的,按照《财政违法行为处罚处分条例》等规定追究法律责任。

（二十九）本《意见》所称行政机关指各级党政机关、人大机关、政协机关、审判机关、检察机关和各民主党派机关。其他实施和参照公务员法管理的单位与其主办、主管、联系、挂靠的行业协会商会脱钩的资产清查和国有资产管理,参照本《意见》执行。

（三十）脱钩工作中,涉及行业协会商会占用行政办公用房清理腾退问题,按照相关规定执行。

（三十一）各地可根据本《意见》要求,并结合当地实际,制定行业协会商会与行政机关脱钩有关国有资产管理的具体规定。

7. 国管局 中直管理局关于全国性行业协会商会脱钩改革有关行政办公用房管理办法(试行)

(国管房地〔2015〕398号)

中央和国家机关各部门、各单位：

按照《行业协会商会与行政机关脱钩总体改革方案》要求,国管局、中直管理局制定了《全国性行业协会商会脱钩改革有关行政办公用房管理办法(试行)》。经报请行业协会商会与行政机关脱钩联合工作组批准,并经国务院领导同志同意,现印发给你们,请遵照执行。执行过程中如遇到新情况、新问题,请及时反馈我们。

附件:全国性行业协会商会脱钩改革有关行政办公用房管理办法(试行)

国管局 中直管理局
2015年9月29日

第一条 为推进全国性行业协会商会与行政机关脱钩改革,规范行业协会商会办公用房使用管理,维护国有资产的安全、完整,根据《行业协会商会与行政机关脱钩总体方案》及有关规定要求,制定本办法。

第二条 本办法适用于中央和国家机关各部门(以下简称各部门)主办、主管、联系和挂靠的,纳入行业协会商会与行政机关脱钩改革的全国性行业协会商会使用的由财政性资金形成的,或者通过接收、划拨等方式获得的行政办公用房及其相应的土地(以下统称全国性行业协会商会使用的行政办公用房）。

全国性行业协会商会完全利用自有资金建设、购置的办公用房或租
用的社会房屋，暂不适用本办法。

第三条 全国性行业协会商会与行政机关脱钩改革行政办公用房管
理遵循尊重历史、符合实际、规范管理、平稳过渡的原则，实行清理腾退与
有偿使用相结合，实现行业协会商会办公场所独立，在确保国有资产不流
失的前提下，为行业协会商会发展提供一定的支持条件。

第四条 各部门（业务主管单位）清理腾退本部门主办、主管、联系
和挂靠的全国性行业协会商会使用行政办公用房工作，纳入本部门办公
用房清理整改范围。具体职责如下：（一）研究提出全国性行业协会商会
办公用房调整安排方案；（二）组织实施全国性行业协会商会使用行政办
公用房清理腾退工作，提出统筹管理使用意见。

第五条 各全国性行业协会商会具体职责如下：（一）对占有、使用
的各类办公用房情况进行清查；（二）向业务主管单位提出行政办公用房
清理腾退或有偿使用的建议，按照核准后的方案和要求组织实施；（三）
遵守办公用房管理规定，执行办公用房调整安排意见。

第六条 国管局、中直管理局按照归口管理关系负责指导和监督各
部门主办、主管、联系和挂靠的全国性行业协会商会办公用房管理工作。
具体职责如下：（一）核准各部门提出的全国性行业协会商会办公用房调
整安排方案；（二）协调督促各部门清理腾退全国性行业协会商会使用的
行政办公用房；（三）过渡期后，对各部门向全国性行业协会商会出租行
政办公用房进行审批。

第七条 清理腾退全国性行业协会商会使用行政办公用房的过渡期
设定为 2017 年底前。

挂靠在全国性行业协会商会的企业或除分支机构以外的其他机构占
用的行政办公用房，不设清理腾退过渡期，由行业协会商会配合业务主管
单位自本办法印发之日起 6 个月内完成清理腾退。

第八条 全国性行业协会商会使用的行政办公用房，未经机关事务
主管部门或国有资产管理部门审批，不得变更资产性质和产权归属。

行业协会商会不得出租(出借)其占有、使用的行政办公用房。已新建、购置办公用房或租用社会房屋的全国性行业协会商会,应本办法印发之日起6个月内清理腾退使用的行政办公用房。

第九条 过渡期内,全国性行业协会商会使用的行政办公用房由业务主管单位以2015年6月行业协会商会经核准使用的面积和上一年度社会团体年度检查在册人员数为基础,结合既有政策和业务工作需要,参照《党政机关办公用房建设标准》核定面积,并报机关事务主管部门备案。

(一)符合核定面积的办公用房,可继续使用,但须足额缴纳各项物业管理费用(含水、电、燃气、供暖费等)。

已经协商缴纳房屋租金和各项费用的行业协会商会,仍按原协议执行。

(二)超出核定面积的办公用房,由业务主管单位按规定组织清理腾退。

第十条 全国性行业协会商会使用的符合核定面积的行政办公用房,2017年底前按《中共中央办公厅 国务院办公厅关于党政机关停止新建楼堂馆所和清理办公用房的通知》(中办发〔2013〕17号)及有关规定清理腾退,原则上应实现办公场所独立。

确实难以腾退的,经机关事务主管部门核准后,2019年底前可以继续使用,自2020年起可实行租用,房屋租金应不低于同地段同类房屋租赁市场价格的50%。房屋租金已执行市场价格的,维持不变。租用行政办公用房须足额缴纳各项物业管理费用(含水、电、燃气、供暖费等)。对未按规定清理腾退或缴纳租金的,机关事务主管部门不得出具办公用房使用函件。

行业协会商会新建、购置办公用房或租用社会房屋的,应在投入使用后6个月内清理腾退使用的行政办公用房。

第十一条 过渡期后,对独立于行政办公区以外、符合核定面积、房屋产权明晰无纠纷、仅由行业协会商会使用的行政办公用房,可按照国家有关法律法规和政策规定,划归全国性行业协会商会管理和无偿使用,不

改变国有资产性质,暂不改变产权归属。划归全国性行业协会商会无偿
使用的行政办公用房,未经批准不得出租出借,维修改造等应由产权人承
担的事项由行业协会商会自行承担。

第十二条 全国性行业协会商会清退移交行政办公用房,业务主管
单位应组织专人进行移交验收,并签订书面移交协议。行业协会商会应
当保证房屋现状完整,不得拆除原有设施设备,应当结清房屋相关费用,
并将房屋所有权证(原件)、国有土地使用证(原件)、规划和开竣工资料、
工程建设图纸、维修改造记录和设施设备维护保养资料等一并移交业务
主管单位。

第十三条 全国性行业协会商会租用行政办公用房缴纳的房屋租金
和各项费用,由业务主管单位负责收取,并严格按照财政部门关于中央行
政单位国有资产出租出借收入管理有关规定执行,有关情况报机关事务
主管部门备案。

第十四条 全国性行业协会商会承担其使用行政办公用房的日常维
修。办公用房大中修项目由房屋产权部门按照规定程序报批并组织
实施。

第十五条 登记管理机关要进一步完善全国性行业协会商会年度财
务抽审制度,加强对租用行政办公用房支出的专项审查,规范行业协会商
会收支管理和成本核算。财政部门要加强对过渡期后全国性行业协会商
会租用行政办公用房租金缴纳情况的监督检查。审计部门要加强对全国
性行业协会商会使用行政办公用房的审计监督。机关事务主管部门要规
范行业协会商会使用行政办公用房管理,定期组织督促检查,自 2018 年
起,按年度对全国性行业协会商会占用行政办公用房情况以适当方式进
行通报。全国性行业协会商会要定期公布有关资产财务状况及办公用房
使用情况,自觉接受社会监督。

第十六条 国务院机构改革撤销原国家局成立的 10 个综合性行业
协会(中国商业联合会、中国物流与采购联合会、中国煤炭工业协会、中
国机械工业联合会、中国钢铁工业协会、中国石油和化学工业联合会、中
国轻工业联合会、中国纺织工业联合会、中国建筑材料联合会、中国有色

金属工业协会)使用的行政办公用房,原则上适用本办法规定,具体管理办法由国资委会同有关部门另行制定。

10个综合性行业协会受委托代管的专业性行业协会统一执行本办法规定。

第十七条 本办法由国管局、中直管理局负责解释。

第十八条 本办法自印发之日起施行。

8.国家发展改革委关于全国性行业协会商会行业公共信息平台建设指导意见(试行)

（发改经体〔2015〕2053 号）

国务院有关部门、直属机构,有关群众团体:

按照《中共中央办公厅国务院办公厅关于印发〈行业协会商会与行政机关脱钩总体方案〉的通知》(中办发〔2015〕39 号)要求,经行业协会商会与行政机关脱钩联合工作组审核批准,现将《全国性行业协会商会行业公共信息信息平台建设指导意见(试行)》印发给你们,请结合实际,在行业协会商会与行政机关脱钩改革中执行。

附件:《全国性行业协会商会行业公共信息平台建设指导意见(试行)》

国家发展改革委

2015 年 9 月 14 日

为加快转变政府职能,实现行业协会商会与行政机关脱钩,促进行业协会商会健康稳定发展,依据《行业协会商会与行政机关脱钩总体方案》有关要求,现就建设统一规范的全国性行业协会商会行业公共信息平台(以下简称公共信息平台),提出以下指导意见。

一、目标定位

(一)总体建设目标。依据《行业协会商会与行政机关脱钩总体方案》《行业协会商会与行政机关脱钩后综合监管办法(试行)》有关规定,按照理清政府、市场、社会关系,建立信用体系和信息公开制度相关要求,以公共信息市场化应用为目标,以优化信息服务流程为核心,以行业协会商会应用示范为突破口,着力进行行业信息资源整合,着力进行特色信息增值挖掘,打造为党政机关宏观管理服务的决策支持系统,为行业协会商会信息公开和推广数据应用的展示窗口,为社会提供数据查询、研究分析和信用评价等应用的数据中心。

(二)功能定位。公共信息平台的定位是以党政机关、行业协会商会为主要服务群体的公益性、互助性的第三方信息共享系统。通过公共信息平台,进行行业协会商会基本情况信息公开,增加透明度,便于党政机关和社会的监督和管理;实现行业协会商会间信息资源的共享和互助,提升行业协会商会的社会服务能力;搭建党政机关通过行业协会商会及时了解和掌握各类行业运行及信用情况的平台,提高党政机关宏观管理的前瞻性和科学性。

(三)具体建设目标。公共信息平台建设实现四方面具体目标:一是配合《行业协会商会与行政机关脱钩后综合监管办法(试行)》信用建设和信息公开要求,建设行业协会商会信息公开、增加透明度的平台;二是基于行业协会商会大数据,建设适应新常态下政府宏观调控、信用体系建设需要的信息决策支持平台;三是推进跨领域信息以某种约定模式联动,建设跨行业、跨领域信息互联、互通的平台;四是适应"互联网+"发展趋势,与行业协会商会信息平台错位发展,建设跨界信息互补、融合和交易的平台。

二、平台建设

(四)平台建设内容。公共信息平台建设兼具政务事项公示、基础信息采集共享和市场化信息服务功能,集数据采集、保存、交换、服务于一体,着力构建"一个中心(数据共享中心)、三个平台(数据汇集平台、数据共服务平台、数据挖掘分析平台)、一个门户(信息公示和服务门户)"的公共信息服务系统,以更好地为经济社会发展服务。

(五)建设和运行原则。平台建设和运行,实行"前台一口受理、后台分工协同"的运行模式,按照不同业务的具体需要,建立信息公示、查询、

应用的实时共享机制,实现信息的跨部门协同。建设过程中,重点处理好
公共信息平台与现有相关信息平台的衔接关系,本着互惠共享原则,共同
做好脱钩信息服务工作。

(六)运行管理机制。建立公共信息平台运行管理机制,明确管理主
体和责任。制定和完善信息采集制度,加强信息资源规划,明确信息采集
标准,实现"数据一次采集,资源多方共享"。制定和完善信息交换、沟通
及共享制度,通过平台将信息目录、汇总数据、上下游数据、行业关联数
据,在行业协会商会间交换和共享。公共信息平台与各行业协会商会信
息应用系统形成数据分布存储服务模式,合理分工、优势互补。

三、信息整合

(七)信息整合原则。原则上凡满足党政机关决策及行业协会商会
共享和互助需要的信息,均要逐步纳入公共信息平台集中统筹和管理。
在保证数据交换、共享安全性的前提下,科学有序地进行信息采集,促进
公共信息平台与现有各行业协会商会信息应用系统实现互联互通,信息
高效整合。

(八)信息采集对象。在建设和试运行阶段,本着"先易后难"原则,
采集100家左右脱钩试点行业协会商会的信息。在全面推广阶段,采集
所有全国性行业协会商会的信息。

(九)信息采集内容和频度。信息采集的内容主要包括四类:一是行
业协会商会法人登记信息、行业协会商会依照法律法规和有关规定向社
会公开的信息以及信用信息。此类信息通过与行业协会商会登记管理机
关建立信息共享机制获得。具体内容参照《行业协会商会与行政机关脱
钩后综合监管办法(试行)》执行;二是行业协会商会所属行业发展基本
情况,包括经济技术数据和其他类信息,如生产、流通、投资、贸易、生产能
力、效益、人力资源、竞争力等;三是行业热点问题、特征问题的调查数据;
四是新业态等未纳入统计及跨界融合的信息。公共信息平台的采集频度
按照原信息生成频度同步更新,以保证信息的时效性和有效性。调查信
息和专题信息依据党政机关的需求确定频度。

(十)信息整合机制。信息整合采取信息免费共享、市场化交易两者

并行的方式。公共信息平台的基本信息事项免费共享。在全面推广阶段,对于行业协会商会信息个性化定制等采取市场化方式,实现有偿供给。

（十一）信息所有权界定。在公共信息平台所采集信息中,直接来源于行业协会商会的信息,所有权归属信息本体所属行业协会商会;与行业协会商会共同研发形成的信息,所有权归属研发单位共同所有;依法独立采集形成的信息,所有权归属公共信息平台管理机构所有。

（十二）信息采集授权说明。公共信息平台数据采集不替代原有行业协会商会行业统计功能,行业协会商会原国家统计授权职能不变。其中,调查数据采集须依法取得相关部门许可,具体采集内容视党政机关的需求确定。

四、服务机制

（十三）服务对象。公共信息平台信息服务对象为党政机关中有行业信息需求的部门、纳入信息共享范畴的行业协会商会、行业协会商会同意的其他关联单位和社会组织。

（十四）服务原则。在建设阶段,平台信息免费共享。在全面推广阶段,除国家要求行业协会商会公开披露或必须报送党政机关的信息以外,其他信息依据市场化原则有偿使用。具体利益分配模式由行业协会商会、信息使用部门或单位、公共信息平台维护单位共同商定。

（十五）机制建设。在全面推广阶段,建立公共信息平台管理机构、行业协会商会、数据需求方三方协同合作的有偿信息服务机制。公共信息管理机构负责平台运作管理的具体事宜。行业协会商会可申请加入管理机构,参与平台日常经营管理。

（十六）保密条款。公共信息平台依据有关法律法规保密条例规定,对于数据提供方有特定要求的保密数据,做好保密措施,依法保护行业协会商会及企业的商业秘密。

五、资金来源

（十七）筹资原则。按照社会化、市场化改革方向,法制化、非营利原则,服务发展、释放市场活力的宗旨,建立公共信息平台多元化的筹资机制,保证平台建设运营资金支持。

(十八)建设和推广资金来源。在建设和全面推广阶段,积极动员政府和社会力量,寻求多元化筹资渠道,集多方力量共同做好行业公共信息平台的建设和推广工作。

(十九)可持续发展资金来源。在公共信息平台正式运行后,可逐步探索 PPP 等融资模式,丰富公共信息平台投资主体,形成多元化产权结构。相关资产产权归属界定,依据国家有关法律法规执行。

六、实施步骤

(二十)公共信息平台建设按照两阶段分步实施。建设阶段为 2016 年到 2017 年。完成基础环境搭建、系统软件和硬件设备采购、应用系统软件开发和部署,以及 100 家左右脱钩试点行业协会商会的信息采集与应用服务工作。全面推广阶段为 2018 年到 2020 年。采集剩余行业协会商会的信息。在条件许可情况下,吸收地方和民间行业协会商会加入,扩大公共信息平台的覆盖面,以更好地为党政机关决策和行业协会商会信息共享服务。

七、保障机制

(二十一)建立平台建设协调机制。公共信息平台建设协调,由发展改革委牵头,国家信息中心具体负责,行业协会商会与行政机关脱钩联合工作组各成员单位积极支持。各方密切合作,共同保障平台建设顺利完成。

(二十二)筹建行业协会商会信息工作委员会。由发改委牵头,组建包括各行业协会商会在内的信息工作委员会,负责协调公共信息平台的行业信息资源整合、共享机制设计、服务党政机关决策相关信息报送、平台运行管理等日常业务。

(二十三)健全制度标准。加快制定公共信息平台建设标准,规范平台的技术标准、数据标准和管理标准,建立联系紧密、构成合理、层次分明、相互协调、满足需求的标准体系,形成科学有效的公共信息平台技术支撑、运行管理和监督考核制度,切实提高公共信息平台建设质量。

(二十四)强化信息安全。增强公共信息平台安全防护能力建设,充分利用依法设立的电子认证服务机构,加强信息应用的访问授权和责任认定等安全管理,为跨部门、跨区域的业务协同提供安全保障。制定实施与系统应用紧密结合、技术上自主可控的信息安全和保密解决方案,加大安全可靠软硬件产品的应用,配备相关技术力量,定期组织开展信息安全风险评估,确保信息安全。

(二十五)平台建设与试点同步推进。首批做好100家左右脱钩试点行业协会商会信息采集、信息共享和市场化服务工作。在总结试点经验基础上,逐步将分批试点的行业协会商会纳入,有序扩大公共信息平台覆盖面。

四、转移职能类

1. 中共中央办公厅 国务院办公厅 中国科协所属学会有序承接政府转移职能扩大试点工作实施方案

（厅字〔2015〕15号）

开展中国科协所属学会有序承接政府转移职能试点工作,是贯彻落实中央关于深化行政审批制度改革、正确处理政府与社会关系的重要举措。在首批试点基础上,为进一步创新工作方法,深化拓展工作领域,加强制度建设,现就积极稳妥推进学会有序承接政府转移职能扩大试点工作提出如下实施方案。

一、总体要求

围绕全面深化改革的总体部署,充分发挥科技社团独特优势,有序承接政府转移职能,对深化行政体制和科技体制改革、加强和改进群团工作具有重要意义。按照深化改革的有关政策规定,科技评估、工程技术领域职业资格认定、技术标准研制、国家科技奖励推荐等工作,适合由学会承担的,可整体或部分交由学会承担。政府部门取消部分职能后,积极引导有关学会采取有别于政府部门审批的方式,加强对服务行为的规范,发挥自律作用;政府部门有关职能中涉及专业性、技术性、社会化的部分公共服务事项,适合由社会力量承担的,可通过政府购买服务等形式委托学会承担。

在扩大试点阶段,围绕简政放权和放管结合、科技创新等中心工作,以科技评估、工程技术领域职业资格认定、技术标准研制、国家科技奖励推荐等适宜学会承接的科技类社会化公共服务职能的整体或部分转接为重点,创新工作方法,加强制度建设和机制建设,突出学会特点,强化效果监督和评估,形成可复制可推广的经验和模式,建立完善可负责、可问责的职能转接机制,为全面深化改革、推进国家治理体系和治理能力现代化提供示范案例。推动学会有序承接政府转移职能工作的常态化、规范化和制度化,进一步激活学会活力,逐步形成好学会增多、强学会更强的整体格局,建设一流现代科技社团。

二、工作原则

(一)服务大局,稳妥有序。扩大试点工作要着眼简政放权中心需求,发挥党领导下的群团组织重要作用,坚持学会承接政府转移职能与体制机制改革创新相结合,发挥学会独特优势与扩大试点项目相促进,整体部署,有序推进,做到让政府放心,让行业和社会认可,让科技工作者满意。重要环节要严格履行报批程序。

(二)创新方式,破解难题。立足学会适宜承接的科技类社会化公共服务职能,进一步聚焦试点目标,提升试点探索的系统性。围绕创新体制机制、探索改革路径、积累改革经验,坚持社会化公共服务定位和去行政化思路,不断完善符合学会特点的工作方式,切实提升服务意识和质量,坚决避免"红顶中介""二政府"现象。

(三)强化监管,规范运行。防止简政放权"自由落体",确保职能转接后社会服务不放空、持续监管不放松。加强对学会的指导、监督与评估,制定学会承接政府转移职能工作的相关规范。完善扩大试点学会工作机制,健全学会的运行机制、约束机制、公开制度和服务机制,加强科研诚信和道德学风建设。

(四)转变观念,提升能力。加快学会社会化、专业化改革进程,以学术导向和服务导向为重点,树立社会化公共服务理念,加快学会治理机制改革,拓展学会社会化公共服务职能,引导学会依法依章程开展工作,加强学会创新和服务能力提升,推动学会在竞争中成为政府转移职能信赖的选择对象。

三、主要内容

以首批试点工作成果为基础,围绕相关科技评估、工程技术领域职业资格认定、技术标准研制、国家科技奖励推荐等开展扩大试点工作,进一步探索深层次问题,形成制度机制成果,积累改革经验。

(一)相关科技评估

根据《中共中央 国务院关于深化科技体制改革加快国家创新体系建设的意见》有关要求,以服务科技发展、科学决策为目标,以客观中立、开放实用为导向,充分发挥科技社团在科技评价中独立第三方作用,推动建立健全科技评估制度,提供宏观层面的战略评估,促进科技评价的公平、公开和公正,形成决策、执行、评价相对分开的运行机制。按照有关规定,接受科技部等部门委托,以后评估为重点,开展以下三个方面的试点探索。

1.国家科研和创新基地评估。围绕科技部管理的国家实验室、国家重点实验室、国家工程技术研究中心和国家发展改革委管理的国家工程研究中心等的运行情况和能力建设,由政府部门按照中央科技计划管理改革要求择优委托具备条件的学会、专业机构等作为第三方,按照要求开展相关评估工作。

2.科技计划实施情况的整体评估。围绕国家科技重大专项、国家重点研发计划等科技计划,根据国家科技计划监督评估通则和标准规范,按照中央科技计划管理改革要求和工作实际需要,配合开展科技计划的实施情况、绩效、成果等整体评估,从反馈角度对相关机构组织实施计划任务情况提出评估咨询意见。

3.科研项目完成情况评估。按照相关管理规定和工作实际需要,在科研项目完成后的一段时间内,围绕科研项目产生的效益、作用和影响等,依据科研项目的实际数据和必要的预测数据,开展系统、客观、专业化的后评估,从反馈的角度为政府部门、行业社会、科研主体等提供具有专业权威性和公信力的评估意见,为科技管理部门决策提供参考。

(二)工程技术领域职业资格认定

围绕推进科技人才评价专业化、社会化的总体要求,突出学会专业属性和技术优势,重点开展专业技术人员专业水平评价类而非行业准入类职业资格认定,以区分学会和行业协会的差异与合理分工。选择信息工程、软件开发等专业性、技术性较强的领域,遴选具备能力要求的学会,经有关政府部门审核确认,参与或承担水平评价类职业资格认定工作。在有关政府部门的指导下,试点探索开展非公有制经济组织的专业技术人员职称评定工作。

(三)技术标准研制

选择 3D 打印、物联网、工业机器人、新能源汽车、中医药等专业领域,鼓励学会面向新兴交叉学科和市场需求空白,协调相关市场主体共同制定满足市场和创新需要的团体标准,促进形成产学研相结合的团体标准研制模式,增加标准的有效供给,发挥团体标准作为市场自主制定标准的优势,逐步形成政府主导制定标准与市场自主制定标准协同发展、协调配套的新型标准体系。及时总结试点经验,为完善国家标准化工作的相关政策法规提供支撑。

(四)国家科技奖励推荐

按照有关规定,完善国家科技奖励推荐提名制度,在确保质量的前提下,扩大专业学会推荐范围。进一步完善学会推荐的遴选和动态调整机制,引导学会强化自身管理,严格工作规范和程序,稳步提升知名度和影响力。

四、组织实施

(一)完善协同推进机制。扩大试点工作总体协调组织由中国科协牵头,有关扩大试点项目对应的政府部门,中央编办、国家发展改革委、民政部、财政部等 4 个政策扶持部门,以及扩大试点项目承担学会参与,建立定期协商制度,统一部署,联系会商,分工合作,各负其责,协同推进。政府部门要明确分管司局,加强协调对接。按照财政供养人员只减不增和"人随事走"要求,统筹研究相关机构编制调整方案。

(二)建立项目实施团队。每个扩大试点项目由承担学会与对应政府部门组成项目实施团队,承担项目具体实施工作。中国科协可派人加入团队。扩大试点学会要明确负责人,成立专门机构。

(三)明确综合协调部门。中国科协推进学会有序承接政府转移职能领导小组办公室负责扩大试点工作的统筹协调和监督指导职能,向中央报告工作进展情况,承担跟踪服务、考核评价、研究论证、会议组织、材料准备、协调保障等工作。围绕扩大试点工作的阶段性任务,调整组织构架、充实工作人员,可从扩大试点项目所对应的学会抽调工作人员作为联络员。

五、有关工作制度

(一)分工责任制度。扩大试点项目对应政府部门、承担学会与中国科协签署《中国科协所属学会有序承接政府转移职能扩大试点项目任务书》,明确各方的权利义务、合作方式等,确定项目目标、重点任务、时间进度、质量要求、量化考核指标和资金来源等。

(二)项目负责人制度。项目实施团队负责人原则上由学会秘书长以上级别的学会负责同志担任,项目负责人应经学会理事会或常务理事会同意。项目执行过程中重大事项应按照民主决策的程序,由学会理事会、常务理事会讨论决定。

(三)例会督导制度。定期召开学会有序承接政府转移职能扩大试点工作例会,交流项目进展情况,研究制定阶段目标和推进重点,统筹推进项目进程,协调解决问题。

(四)信息交流制度。建立扩大试点工作信息公开制度,在中国科协网站、扩大试点学会网站或社会媒体上公开发布工作进展信息,接受社会监督。及时编发工作简报。建立网络信息交流平台。

六、工作流程

扩大试点工作分为四个阶段。各阶段工作严格遵循工作流程,统筹规划,合理安排,保质完成。

(一)筹备协调阶段

1.向中央报送扩大试点工作方案;

2.按照中央审批的工作方案,与扩大试点项目的业务主管部门和具体项目对应的政府部门协商沟通,明确扩大试点范围,遴选试点参与学会;

3.指导各参与学会分别编制扩大试点项目实施方案,并报送对应政府部门审查;

4.启动学会有序承接政府转移职能工作相关规范的研究。

（二）部署动员阶段

1.召开学会有序承接政府转移职能扩大试点工作座谈会,对扩大试点工作进行部署动员;

2.扩大试点项目承担学会与对应政府部门协调沟通,明确项目工作目标、组织机构及分工职责、工作模式、工作机制、保障措施等,进一步完善扩大试点项目实施方案,经中国科协汇总后,报中央审批;

3.中国科协、扩大试点项目承担学会与对应政府部门签署项目任务书。

（三）实施阶段

1.指导督促各相关学会,按照项目实施方案全力推进扩大试点工作;

2.健全扩大试点工作协调管理机制、监督机制、约束机制和评估机制;

3.及时了解有关政府部门对扩大试点项目的意见建议,联合相关政府部门对扩大试点情况进行跟踪督导;

4.委托第三方评估机构,适时对扩大试点项目运行情况开展评估,形成扩大试点工作绩效报告;

5.初步形成学会有序承接政府转移职能工作相关规范,并征求有关政府部门和学会意见。

（四）系统总结阶段

1.指导学会开展扩大试点项目总结,撰写项目总结报告;

2.全面总结学会承接政府转移职能扩大试点项目情况,形成工作报告;

3.梳理形成学会有序承接政府转移职能扩大试点工作的分类承接模式、工作规范、工作机制等制度机制成果,形成一批可复制可推广的经验模式,编印学会有序承接政府转移职能工作典型案例。

七、保障措施

（一）加强统筹协调。中央各有关部门要高度重视,积极履行职责,形成工作合力。中国科协牵头,会同有关部门,做好统筹、协调和沟通工作,改进和完善对学会培育、扶持的政策法规环境,形成稳定、有效的学会监管和业务指导体系。

(二)形成工作规范。中国科协要会同中央编办、科技部、民政部等部门,制定推进中国科协所属学会有序承接政府转移职能相关规范,把试点经验凝练上升为规范性文件。重点建立完善适度竞争的学会择优遴选机制,以综合实力、管理质量、服务水平为核心的承接资格条件和履职能力标准,引导激励学会建立社会化公共服务的绩效评价机制。

(三)提供经费和政策扶持。完善相关的社团管理、财务管理、收费等政策。建立健全多元化的资金投入机制。中央财政继续支持学会能力提升专项,通过以奖代补支持学会提高承接能力。加强学会承接政府转移职能与政府购买服务改革、事业单位改革、行业协会商会脱钩改革等的协同性。按照相关改革要求及政府购买服务有关规定,研究明确适合向学会购买的服务事项,纳入政府购买服务范围,对扩大试点学会给予扶持。有效利用学会工作成果。

(四)提升学会能力。按照建立政社分开、权责明确、依法自治的现代社会组织体制的要求,实施学会创新和服务能力提升工程,持续提升学会服务创新、服务社会和政府、服务科技工作者、服务自我发展的能力,充分发挥一流学会集群的"火车头"作用,完善学会内部治理机构,培养专门队伍,加强学会自主、自治、自律能力,形成成熟的现代科技团体组织体制、运行机制和活动方式,扩大社会影响力和公信力,切实把学会建成可负责、可问责的现代科技团体。

2. 温州市政府职能向社会组织转移目录和市本级具备承接政府职能转移条件的社会组织目录（第一批）

（温政办〔2014〕130号）

各县（市、区）人民政府，市政府直属各单位：

为贯彻落实《浙江省市县政府职能转变和机构改革意见》（浙委办〔2014〕49号）、《温州市推进政府向社会组织转移职能工作总体方案》（温政办〔2013〕170号）和《温州市政府职能向社会组织转移暂行办法》（温政办〔2014〕127号）有关精神，进一步规范政府职能转移工作，结合温州实际，编制了《温州市政府职能向社会组织转移目录（第一批）》（以下简称《职能转移目录》）和《温州市市本级具备承接政府职能转移条件的社会组织目录（第一批）》（以下简称《社会组织目录》），现印发给你们，请遵照执行，并就有关事项通知如下：

一、列入职能转移的单位应当根据《温州市政府职能向社会组织转移暂行办法》要求，制定职能转移方案，报市政府向社会组织转移职能试点工作领导小组办公室（设在市编委办，联系电话：88960611）审核。

二、经市政府向社会组织转移职能试点工作领导小组批准的职能转移申请事项，由单位

根据《温州市政府职能向社会组织转移暂行办法》具体组织实施。

三、《职能转移目录》实行动态调整机制，各单位要在每年9月底前向市政府向社会组织转移职能试点工作领导小组办公室报送拟向社会组织转移的职能事项，经领导小组办公室审核同意后列入《温州市政府职能向社会组织转移目录》，并经市政府批准后统一向社会公布。

四、《社会组织目录》作为选择社会组织承接政府转移职能的依据。《社会组织目录》实行动态调整机制,市民政部门每年定期接受市本级社会组织申请(联系电话:89985162),经审核符合条件要求的,列入《温州市市本级具备承接政府职能转移条件的社会组织目录》,并经市政府批准后统一向社会公布。

温州市人民政府办公室

2014 年 10 月 22 日

温州市政府职能向社会组织转移目录(第一批)

部门名称	序号	职能事项名称	转移方式
发改系统 (5项)	1	散装水泥、预拌混凝土和预拌砂浆专用车辆驾驶人业务技能和安全培训	购买服务
	2	成本监审前期调查工作	购买服务
	3	罚没物资处置价格评估	购买服务
	4	重大调研课题	购买服务
	5	中长期规划编制	购买服务
经信系统 (5项)	6	省级工业设计中心认定初审	购买服务
	7	省级特色工业设计示范基地优秀工业设计企业考核奖励初审	购买服务
	8	高级工业设计师职业资格初审	购买服务
	9	中国工艺美术大师、浙江省工艺美术大师、高级工艺美术师、浙江省传统工艺美术品种和技艺认定等推荐申报	购买服务
	10	行业经济运行分析及预测	购买服务

部门名称	序号	职能事项名称	转移方式
科技系统 （11项）	11	专利权资产评估、质押融资	购买服务
	12	引导开展专利保险工作	购买服务
	13	国家标准《企业知识产权管理规范》GB/T29490－2013组织推广和服务体系建设	购买服务
	14	省级新产品计划项目的验收与鉴定	委托
	15	省级产业技术创新战略联盟的申报推荐	委托
	16	省级科技创新平台申报推荐	委托
	17	省级创新型试点企业申报推荐	委托
	18	网上技术市场管理	购买服务
	19	国家科技特派员创业链、创业基地与创业培训基地申报	委托
	20	省农业科技研发中心认定推荐	委托
	21	省农业科技型企业认定推荐	委托
商务系统 （6项）	22	外商投资企业联合年报	购买服务
	23	"浙江出口名牌"的评定推荐	购买服务
	24	出口基地与外贸公共服务平台的认定	购买服务
	25	流通业发展战略规划课题研究	购买服务
	26	消费市场运行分析调查	购买服务
	27	反倾销、反补贴、反垄断、各类国际贸易壁垒和国内产业损害信息的收集和调查	购买服务
粮食系统 （1项）	28	组织开展粮食行业职业技能鉴定	委托
金融办系统（1项）	29	开展证券中介机构执业质量评价	委托

2. 温州市政府职能向社会组织转移目录和市本级具备承接政府职能转移条件的社会组织目录（第一批）

部门名称	序号	职能事项名称	转移方式
人社系统 （10项）	30	中、初级专业技术任职资格评审	委托
	31	社会流动人员职称初定	授权
	32	瓯江技能大奖初评	委托
	33	市首席技师初评	委托
	34	国家职业资格鉴定	委托
	35	优秀公务员健康休养	购买服务
	36	市"优秀聚才企业""爱才企业家"初评	委托
	37	优秀人才选拔初评	委托
	38	公益性岗位开发	购买服务
	39	企业技术工人职业技能鉴定	委托
质监系统 （4项）	40	技术标准及标准化项目的申报推荐（初审）	委托
	41	国外技术性贸易措施评议和预警	委托
	42	评估分析产品质量状况及质量竞争力水平	购买服务
	43	先进质量管理孵化基地建设	委托
市场监管 系统 （10项）	44	餐饮服务食品安全状况调查评价和风险监测	购买服务
	45	食品安全管理人员培训考核	委托
	46	保健品、化妆品经营企业示范创建推荐	委托
	47	温州市知名商标的认定（初审）	委托
	48	食品安全示范商场（超市）评定	委托
	49	市级流通环节食品安全电子化管理示范单位认定	委托
	50	诚信"民营企业""诚信个体户"认定	委托
	51	浙江省知名商号的初审	委托
	52	广告审查员培训	授权
	53	药品经营企业药品从业人员培训	委托
财政地税 系统（2项）	54	代理记账机构年度报备	委托
	55	会计人员年度继续教育面授工作	授权
公安系统 （3项）	56	机动车辆年审检测	授权
	57	组织开展对保安从业人员的培训	委托
	58	组织民爆物品从业人员的培训	委托

部门名称	序号	职能事项名称	转移方式
司法系统 （5项）	59	安置帮教项目的实施与管理（包括职业技能、就业、心理咨询等指导）	购买服务
	60	社区矫正人员心理矫治服务	购买服务
	61	社区矫正人员开展学习教育与公益活动的组织与管理	购买服务
	62	对社区矫正人员开展日常走访和协助监管工作	购买服务
	63	政府委托的法律援助项目的实施服务	委托
教育系统 （5项）	64	学校公共质量评估（课业负担，教学质量等）	授权
	65	中学生艺术特长水平测试（B级）	委托
	66	学生艺术特长社会等级考试	委托
	67	市属非学历教育培训机构年检	委托
	68	调解处理市属非学历教育培训机构的投诉与纠纷事件	委托
国土资源 系统 （7项）	69	土地登记代理职业资格考试报考资格审查	委托
	70	国土规划、土地利用总体规划、土地开发整理复垦、基本农田保护等规划编制中的技术支持、技术服务工作与科研任务	购买服务
	71	土地利用总体规划实施管理、业务培训和技术指导等工作	购买服务
	72	土地综合整治、土地开发整理复垦等项目的立项、验收的数据测绘等技术性工作	购买服务
	73	计算地上附着物、青苗补偿费	购买服务
	74	土地征收和农转用涉及的权属调查、地类确认、面积测量	购买服务
	75	矿业权市场提供技术服务和咨询	购买服务
规划系统 （2项）	76	各类城乡规划编制（含研究课题）	购买服务
	77	行政许可案卷组卷	购买服务

2. 温州市政府职能向社会组织转移目录和市本级具备承接政府职能转移条件的社会组织目录(第一批)

部门名称	序号	职能事项名称	转移方式
文广新系统(8项)	78	文化市场法律法规宣传培训	委托
	79	文化文物统计、新闻出版统计年报	购买服务
	80	网吧行业行业管理、协调、服务	委托
	81	农家书屋管理员培训	购买服务
	82	送戏送电影下乡	购买服务
	83	公共文化服务综合平台运营	购买服务
	84	文化设施管理运行	购买服务
	85	群众性文化活动的组织	委托
体育系统(6项)	86	教练员、裁判员、水上救生员等技能及资格认定执业培训	委托
	87	社会体育指导员培训	委托
	88	国民体质监测服务及数据录入上报	购买服务
	89	体育场地设施及产业普查	购买服务
	90	市级体育服务业示范企业、运动休闲旅游示范基地(精品线路、优秀项目)认定工作	委托
	91	群众性体育活动的组织与实施	购买服务
旅游系统(12项)	92	三星级饭店评定及复核	授权
	93	三星级、四星级品质旅行社的评定及复核	授权
	94	市政府主导的各类旅游创建项目评定	授权
	95	四星级、五星级饭店的初评、推荐	授权
	96	绿色饭店的初评、推荐	授权
	97	特色文化主题酒店的初评、推荐	授权
	98	非星级旅游住宿设施抽样调查和旅游单位监测点统计填报工作	购买服务
	99	3A级旅游景区(点)评定与复核	授权
	100	A级旅游景区3星级厕所的评定	授权
	101	五星级品质旅行社的初评、推荐	授权
	102	4A级、5A级旅游景区(点)初评、推荐及复核	授权
	103	A级旅游景区4星级厕所、5星级厕所的初审、推荐与申报	授权

部门名称	序号	职能事项名称	转移方式
民政系统 （8项）	104	社会组织等级评估的初评	购买服务
	105	政府举办的社会组织孵化基地的管理和维护	购买服务
	106	政府组织的社会组织人才培训	购买服务
	107	社会工作者注册登记管理	委托
	108	社会工作项目评估	购买服务
	109	居家养老服务	购买服务
	110	门牌、路牌勘查维护	购买服务
	111	困难对象核查	购买服务
住建系统 （12项）	112	造价工程师执业资格注册初审	委托
	113	建筑师、勘察设计工程师执业资格注册初审	委托
	114	监理工程师执业资格注册初审	委托
	115	建造师执业资格注册初审	委托
	116	物业管理师注册初审	委托
	117	房地产评估师执业注册初审	委托
	118	检测技术人员考核初审	委托
	119	专项维修资金的使用方案（一定时期内）备案	委托
	120	发生危及房屋安全等紧急情况下维修资金的使用核实	委托
	121	全市市政公用（轨道交通）工程施工文明标化工地创建	委托
	122	监理人员网上资格登记、变更备案	委托
	123	建筑安全行业专家库管理	委托
审计系统 （1项）	124	特定审计项目实施	购买服务
环保系统 （3项）	125	除监督监测、验收监测、环境质量监测以外的其他监测项目	授权
	126	在线监测第三方运行维护（包括大气、地表水和饮用水在线监测）	委托
	127	机动车排气检测	委托
统计系统 （3项）	128	统计专业技术职务资格初审和培训工作	购买服务
	129	统计继续教育培训及业务培训	委托
	130	商业性专项调查	委托

续表

部门名称	序号	职能事项名称	转移方式
安监系统（5项）	131	除矿山、危险化学品、烟花爆竹等行业的其他建设项目"三同时"工作督促指导	委托
	132	指导有关行业安全标准化工作	购买服务
	133	高危行业企业主要负责人、管理人员安全资格培训	授权
	134	一般企业主要负责人、安全管理人员安全合格培训	授权
	135	特种作业人员安全资格培训	授权
人防系统（2项）	136	人民防空科学技术管理工作，组织开展人民防空科学技术研究和学术交流，推广应用科研成果	委托
	137	人民防空工程施工图设计审查	授权
外事系统（3项）	138	全市重大外事工作和涉外活动的陪同翻译工作，包括国家级展会及其它重大国际性活动的外宾陪同和翻译	委托
	139	国外宣传推介会	委托
	140	对外宣传影像采集、外宣品制作和网站维护工作	委托
侨务系统（1项）	141	社区侨务工作	委托
档案系统（1项）	142	档案专业技术考试和评审资格审核	委托
农办（农业）系统（6项）	143	农民职业技能培训	授权
	144	动植物重大疫情辅助性防控工作	购买服务
	145	协助做好农民技术职称评定工作	委托
	146	农产品质量安全风险评估	委托
	147	无公害农产品和地理标志产品认证的辅助性工作	购买服务
	148	农家乐特色村、特色点、精品培育项目、星级农家乐经营户（点）等农家乐申报	委托
交通运输系统（5项）	149	从业人员安全培训	委托
	150	机动车维修行业的维修事故质量技术鉴定	委托
	151	出租车驾驶员继续教育工作	委托
	152	协助开展道路运输企业信用考核工作	委托
	153	协助出租车服务行业自律评估	委托
水利系统（3项）	154	水利发展和改革重大专题研究	购买服务
	155	市属水利工程运行维修	购买服务
	156	标化工地创建督查	购买服务

续表

部门名称	序号	职能事项名称	转移方式
卫生系统 （2 项）	157	医师资格考试及医师定期考核	委托
	158	涉及食品、公共场所、职业卫生、饮用水卫生等公共卫生服务性监测项目	购买服务
林业系统 （6 项）	159	野生动物救治、疫源疫病监测	购买服务
	160	古树名木调查、养护	购买服务
	161	食林产品质量安全生产环节技术检测	购买服务
	162	苗木花卉普查	购买服务
	163	森林病虫害防治	购买服务
	164	野生动物物种、保护级别鉴定	委托
海洋与渔业系统 （3 项）	165	初级水产品质量检测	购买服务
	166	渔业污染事故技术检测	购买服务
	167	渔业污染事故损失评估	购买服务

温州市市本级具备承接政府职能转移条件的社会组织目录（第一批）
（以登记证号为序）

序号	社会组织	登记证号
社会团体（91 家）		
1	温州市国际商会	温社证字第 019 号
2	温州市测绘学会	温社证字第 022 号
3	温州市水利学会	温社证字第 063 号
4	温州市建筑材料行业协会	温社证字第 069 号
5	温州市包装联合会	温社证字第 074 号
6	温州市经济师协会	温社证字第 075 号
7	温州市汽车工程学会	温社证字第 103 号
8	温州市质量技术监督协会	温社证字第 114 号

2.温州市政府职能向社会组织转移目录和市本级具备承接政府职能转移条件的社会组织目录(第一批)

序号	社会组织	登记证号
9	温州市羽毛球协会	温社证字第 144 号
10	温州市老科技工作者协会	温社证字第 151 号
11	温州市国际体育舞蹈协会	温社证字第 167 号
12	温州市自行车运动协会	温社证字第 170 号
13	温州市鞋革行业协会	温社证字第 172 号
14	温州市质量协会	温社证字第 177 号
15	温州市护理学会	温社证字第 195 号
16	温州市医学会	温社证字第 197 号
17	温州市冬泳协会	温社证字第 215 号
18	温州市建筑业联合会	温社证字第 224 号
19	温州市家具商会	温社证字第 231 号
20	温州市涂料商会	温社证字第 254 号
21	温州市律师协会	温社证字第 263 号
22	温州市眼镜商会	温社证字第 264 号
23	温州市服装商会	温社证字第 268 号
24	温州市五金商会	温社证字第 287 号
25	温州市珠宝玉石首饰行业协会	温社证字第 298 号
26	温州市场经济学会	温社证字第 318 号
27	温州市水电行业协会	温社证字第 350 号
28	温州市路跑协会	温社证字第 356 号
29	温州市工艺美术行业协会	温社证字第 377 号
30	温州市打火机行业协会	温社证字第 379 号
31	温州市老卫生科技工作者协会	温社证字第 384 号
32	温州市家用电器协会	温社证字第 388 号
33	温州市塑料行业协会	温社证字第 410 号
34	温州市金融设备行业协会	温社证字第 416 号
35	温州市机电技术协会	温社证字第 421 号
36	温州市证券期货业协会	温社证字第 425 号
37	温州市摄影行业协会	温社证字第 427 号
38	温州市泵阀工业协会	温社证字第 428 号

续表

序号	社会组织	登记证号
39	温州市模具协会	温社证字第 432 号
40	温州市外贸企业协会	温社证字第 435 号
41	温州市合成革商会	温社证字第 442 号
42	温州市慈善总会	温社证字第 443 号
43	温州市会展行业协会	温社证字第 445 号
44	温州市勘察设计咨询行业协会	温社证字第 447 号
45	温州市化工行业协会	温社证字第 450 号
46	温州市个人护理电器行业协会	温社证字第 455 号
47	温州市机动车维修行业协会	温社证字第 461 号
48	温州市鞋材(鞋底)行业协会	温社证字第 464 号
49	温州市拉链商会	温社证字第 472 号
50	温州市仪器仪表行业协会	温社证字第 486 号
51	温州市民办教育协会	温社证字第 493 号
52	温州市医药行业协会	温社证字第 494 号
53	温州市经营师协会	温社证字第 500 号
54	温州市市场营销协会	温社证字第 503 号
55	温州市电梯行业协会	温社证字第 505 号
56	温州市橡胶商会	温社证字第 507 号
57	温州市湖北商会	温社证字第 526 号
58	温州市无线电定向运动协会	温社证字第 533 号
59	温州市医院协会	温社证字第 538 号
60	温州市建设工程招标投标协会	温社证字第 540 号
61	温州市汽摩配行业协会	温社证字第 541 号
62	温州市对外经济技术合作协会	温社证字第 547 号
63	温州市信用担保行业协会	温社证字第 560 号
64	温州市软件行业协会	温社证字第 583 号
65	温州市渔业学会	温社证字第 584 号
66	温州市出租汽车行业协会	温社证字第 587 号
67	温州市民防协会	温社证字第 589 号
68	温州市江苏商会	温社证字第 590 号

2. 温州市政府职能向社会组织转移目录和市本级具备承接政府职能转移条件的社会组织目录（第一批）

序号	社会组织	登记证号
69	温州市登山协会	温社证字第 591 号
70	温州市廊桥文化学会	温社证字第 598 号
71	温州市业主和谐生活研究会	温社证字第 599 号
72	温州市测绘与地理信息行业协会	温社证字第 609 号
73	温州市跆拳道协会	温社证字第 636 号
74	温州市山东商会	温社证字第 641 号
75	温州市青年创业促进会	温社证字第 645 号
76	温州市电子商务行业协会	温社证字第 646 号
77	温州市供应链学会	温社证字第 650 号
78	温州市瓯窑学会	温社证字第 657 号
79	温州市超市经济促进会	温社证字第 659 号
80	温州市水利行业协会	温社证字第 662 号
81	温州市社会工作协会	温社证字第 663 号
82	温州市越剧艺术研究会	温社证字第 668 号
83	温州市泰商发展联合会	温社证字第 672 号
84	温州市青少年社会实践研究会	温社证字第 694 号
85	温州市心理服务志愿者协会	温社证字第 698 号
86	温州理财行业协会	温社证字第 701 号
87	温州市足球运动协会	温社证字第 702 号
88	温州金属材料流通商会	温社证字第 735 号
89	温州市影业协会	温社证字第 743 号
90	温州市农业法学会	温社证字第 786 号
91	温州市安全生产技术协会	温社证字第 792 号
民办非企业单位(19 家)		
1	温州大学技术与管理人才培训中心	温民证字第 010040 号
2	温州市艺术职业学校	温民证字第 010067 号
3	温州市第五十一中学	温民证字第 010222 号
4	温州瓯江北岸急救站	温民证字第 020206 号
5	温州市群星流行乐团	温民证字第 030193 号
6	温州叶同仁中医药博物馆	温民证字第 030213 号

续表

序号	社会组织	登记证号
7	温州市赛思科技事务所	温民证字第 040249 号
8	温州市雏鹰青少年体育俱乐部	温民证字第 050092 号
9	温州正人体育俱乐部	温民证字第 050143 号
10	温州市奥体游泳学校	温民证字第 050257 号
11	温州市蓓蕾家政职业培训学校	温民证字第 060158 号
12	温州市瀚德职业培训学校	温民证字第 060167 号
13	温州市幸福驿站社工中心	温民证字第 070220 号
14	温州乐谐社工服务中心	温民证字第 070245 号
15	温州新联源社工事务所	温民证字第 070282 号
16	温州市未名社会组织创新发展中心	温民证字第 070310 号
17	温州市绿眼睛环境文化中心	温民证字第 100137 号
18	温州市快乐之本社工服务中心	温民证字第 100216 号
19	温州市母乳之家哺乳服务中心	温民证字第 100252 号

3. 苏州市人民政府关于推动政府部分职能向社会转移的工作意见

（苏府〔2014〕84号）

各市、区人民政府，苏州工业园区、苏州高新区、太仓港口管委会；市各委办局，各直属单位：

《推动政府部分职能向社会转移的工作意见》已经市政府第24次常务会议审议通过，现印发给你们，请认真贯彻实施。

苏州市人民政府

2014年5月19日

为贯彻落实党的十八届三中全会关于切实转变政府职能、深化行政体制改革的要求，现就简政放权，推动我市政府部分职能规范有序向社会转移，制定本意见。

一、指导思想

以邓小平理论、"三个代表"重要思想、科学发展观为指导，深入贯彻党的十八大和十八届三中全会关于全面深化改革的精神，认真落实市委全面深化重要领域改革的各项部署，按照加快转变政府职能、深化行政体制改革、建设法治政府和服务型政府的要求，充分发挥市场在资源配置中的决定性作用和更好发挥政府作用，加快实施政社分开，进一步扩大社会和公众参与，努力形成社会管理和公共服务由政府单一提供转变为社会多元参与的格局。

二、基本原则

本《意见》中的政府转移职能,是指转移主体在法律法规框架内,将公民、法人或者其他组织能够自主决定的、市场竞争机制能够有效调节的、行业组织或者中介机构能够自律管理的职能事项,通过一定法律程序,采取授权、委托、承包、采购等方式转移给承接主体承担的行为。职能转移应遵循以下原则:

(一)绩效导向原则。政府职能事项向社会转移,应通过法定程序,公开、公平、公正地转移给社会主体;同时更应兼顾社会效益和行政效率,按照绩效导向原则努力提升公共服务质量,提高经济社会管理水平。

(二)市场导向原则。除涉及重大公共安全、公共利益、经济宏观调控的社会管理、公共服务事项外,适合由社会主体承担的,一律可进行转移,更好地发挥社会主体作用,确立市场的决定地位。

(三)积极稳妥原则。选取操作性强、规范性好、社会承接水平高、检验标准明确的职能作为试点,并根据社会、市场发展情况、监管机制健全程度综合考虑,分批、分期稳妥推进。

三、对象范围

(一)转移主体和承接主体。本《意见》中转移主体是指:行政机关;行使行政管理职能或公益服务职能且使用财政资金的事业单位;群团组织。承接主体包括:基层群众自治组织;经民政部门登记的社会组织;经工商部门登记的企业法人;自然人;其他法定机构、组织等。承接主体应当依法登记,社会信誉良好,具有独立承担民事责任的能力,具备承接职能事项所必需的场所、设备、人员及相关资质。

(二)转移职能事项的主要范围。

各转移主体应当以自身职能为依据,以承接主体的承接能力为前提,统筹考虑可转移职能事项范围,主要是属于行业管理与服务、社会事务管理与服务、专业技术管理与服务等性质的职能。

按照竞争性强弱,政府转移的职能事项可分为三类:

1.充分竞争类。即转移的职能事项可以通过充分竞争提供服务,职能转移后能够有效降低社会成本和促进行业发展,可以不限定承接主体承接。此类职能事项可通过公开竞标购买实施转移。

2.适度竞争类。即转移的职能事项可以通过适度竞争提供服务,职能转移后能够有效降低社会成本和促进行业发展,但过度竞争容易造成服务质量下降或难以监管,可由特定的若干个承接主体承接。此类职能事项可在限定范围内的承接主体间进行竞争承包实施转移。

3.非竞争类。即转移的职能事项不宜通过竞争方式提供公共服务,或采取竞争方式提供服务成本过高,或法律、法规有明确规定和要求,原则上只能由某个承接主体承接。此类职能事项可对特定承接主体进行授权或委托的方式实施转移。

转移主体可以将某职能事项的部分环节或全部内容转移给承接主体。对于职能事项部分转移的,承接主体就承接部分的职能对转移主体负责,转移事项的法律责任仍由转移主体承担;对于职能事项全部转移的,按照法定授权的有关要求,承接主体以自己的名义履行职责,承担相应的法律责任。

四、组织实施

(一)事项申报。每年3月,转移主体对职能事项进行梳理、规范,并结合自身部门工作特点和社会、市场可承接情况,在征询各方意见基础上,明确可转职能事项,填报《拟转移给社会承接的职能事项情况表》,报市行政体制改革领导小组办公室(设在市编委办,以下简称领导小组办公室)。

(二)事项确认。每年4月,领导小组办公室组织开展对拟转职能事项进行会审,报领导小组确认同意后编制《苏州市××年度政府向社会转移职能事项目录》,并向社会公示。职能事项一旦公布将长期有效,此后每年只需申报、公示新增或变更转移的职能事项,不再申报、公示此前已确认并公示转移的职能事项。

(三)事项转移。每年9月底前,拟承接主体根据所公布的职能事项目录,结合自身情况,向领导小组办公室提出承接申请。领导小组办公室组织成员单位及转移主体共同对承接主体的资质、条件进行综合评审后,每年10月底形成《苏州市××年度政府职能转移对接目录》,由各转移主体与承接主体签订转移协议,从下一年度开始实施职能转移。需要实行政府采购的,按有关法律、规章执行。如暂无承接主体申请承接当年度某职能事项,则该职能事项继续由转移主体履行直到有承接主体提出申请。

五、职责分工

推动政府职能向社会转移,是一项制度创新和系统工程,需要在市行政体制改革领导小组的领导下,加强部门合作,不断探索实践,协调推进各项工作。

(一)市编委办承担市行政体制改革领导小组办公室的日常工作,组织改革领导小组成员单位和有关行业主管部门开展对政府转移职能工作的调研,对拟转职能进行界定和分类,对承接主体资质、条件进行综合评审、确认;编制年度转移职能事项目录和对接目录;制定对承接主体的资格确认制度和信用评级制度;组织协调对承接主体履职绩效进行综合评估及监管,落实"权随责转";根据职能转移情况适时推进政府部门职能、机构、编制的调整和优化。

(二)市发改委牵头推进行政审批服务中介机构改革和行业协会(商会)改革,总体协调中介机构和行业协会(商会)承接政府部分职能的评估与审核工作。

(三)市政府法制办负责对转移职能事项的合法性审查。

(四)市民政局负责牵头培育发展社会组织并提升其承接能力;评估、审核承接主体中有关社会组织的资质及条件;编制年度《承接政府购买服务的社会组织目录》;加强对社会组织履职情况的监督管理。

(五)市财政局负责编制《政府购买服务目录》;配合转移主体确认购买服务承接主体的资质、条件;审核政府购买服务方式;加强对转移职能事项的预算管理;监督转移主体依法开展购买活动,做到"费随事转"。

(六)市审计局负责对政府有特殊要求的社会组织进行审计,查处违法、违规使用资金行为。

(七)市监察局负责转移主体履行职责分工情况的监督检查。

(八)各转移主体负责分析本部门职能运行情况和社会承接能力,统筹考虑本系统可转移职能事项;按职责分工制订本部门职能转移方案,梳理可转职能,制定相关监督、评估制度,按时报领导小组办公室;加强对区域内承接主体的业务指导,开展对承接主体履职的绩效评估;指导下属单位、对口部门开展政府职能转移工作。

六、监管评估

市行政体制改革领导小组统一组织实施我市政府职能向社会转移的监管评估工作。转移主体不按《工作意见》及时进行职能事项申报、转移过程中不按规定操作、转移后不能进行有效监管的,由领导小组对其进行通报批评,并提请市监察部门进行督查。各部门、社会、行业需各司其职,齐抓共管,构建全方位、多层次的监管机制。

(一)部门监管。转移主体应明确职能转移的监管办法和评估体系、办理标准、违规处置内容、日常监管制度等。承接主体在申报时应一并制定拟接事项的办事指南、服务流程、服务标准等。

(二)组织监督。建立健全由领导小组、转移主体、服务对象等多方组成的综合性评审机制,对转出职能事项数量、质量和资金使用绩效等进行考核评价,评价结果作为以后年度选择承接主体的重要参考;加强诚信体系建设,建立承接主体信用评级制度,信用评级为不合格的承接主体,须及时终止转移。

(三)行业自律。建立承接主体的自律机制。指导承接主体订立履职年度承诺书,并报转移主体和领导小组办公室备案。承接主体应当健全财务报告制度,并由具有合法资质的会计师事务所对财务报告进行审计。开展政府授权惩戒违纪违法会员单位试点,强化行业组织内部的自我监管。

(四)社会监督。转移主体应建立健全内部监督管理制度,按规定公开相关信息,自觉接受社会监督。健全转移职能的信息公开制度,充分发挥媒体、舆论监督效应。适时引入第三方社会评估机构,对承接主体的履职情况进行评估。加强对承接主体的职业操守教育,强化能力培养和资格培育。

七、其他

苏州各市、区和市政府各部门可根据本意见和实际情况,制定具体实

171

施方案。

对于各部门不再承担的职能事项(如在行政审批制度改革中取消的事项),转由社会和市场自治,政府部门不再介入的,不在本办法规范范围之内,相关部门须按部门职能依据法律、法规进行监管。

本意见由市行政体制改革领导小组办公室(市编委办)负责解释,自发布之日起实施。

4. 温州市政府职能向社会组织转移暂行办法

（温政办〔2014〕127 号）

第一条　为了推动和规范政府向社会组织转移职能工作,根据《浙江省市县政府职能转变和机构改革意见》(浙委办〔2014〕49 号)、《温州市推进政府向社会组织转移职能工作总体方案》(温政办〔2013〕170 号)精神,制定本暂行办法。

第二条　市政府向社会组织转移职能试点工作领导小组办公室(以下简称领导小组办公室)是政府转移职能工作的组织机构,设在市编委办,负责受理、审查各单位提出向社会组织转移职能项目的申请,并提出审核意见,报市政府向社会组织转移职能试点工作领导小组(以下简称领导小组)审批。对于只涉及购买服务事项的,由领导小组办公室确认后,直接由单位按市政府向社会力量购买服务的有关办法处理。

第三条　政府职能向社会组织转移的主体是市政府工作部门和参照公务员法管理、具有行政管理职能的事业单位。经费由财政负担的市级群团组织也可以根据实际需要转移职能。

第四条　政府职能向社会组织转移主要采取委托、授权、购买服务等方式。除法律法规另有规定外,政府履行的辅助性、技术性等职能应本着方便群众、简化环节、减少成本、公开择优的原则逐步转移给社会组织承担。

第五条　承接政府职能转移的主体主要是工商经济类行业协会(商会)、科技类社会团体、公益慈善类组织、社会福利类组织、社区服务类组织等依法登记成立的社会组织,涉及购买服务项目的承接主体可扩大到其他社会力量。承接政府职能转移的主体应具有独立承担民事责任的能力,具备提供服务所必需的设施、人员和专业技术能力,具有健全的内部治理机构和财务会计管理制度等,以及应当具备的其他条件。

第六条 市编委办负责拟定《温州市政府职能向社会组织转移目录》;市民政局负责拟定《温州市具备承接政府职能转移和购买服务资质的社会组织目录》。上述目录经市政府批准后统一向社会公布,并实行动态管理,定期调整。

第七条 列入职能转移的单位应当根据《温州市政府职能向社会组织转移目录》制定转移职能方案,报领导小组办公室审核。

第八条 政府职能向社会组织转移方案内容应当包括:

(一)政府职能转移事项具体内容以及预期达到的绩效目标;

(二)实施职能转移的必要性和可行性;

(三)政府职能转移事项的工作量预估和资金预算;

(四)政府职能转移的方式;

(五)对承接政府职能转移主体的条件和工作要求;

(六)其他需要说明的情况。

第九条 领导小组办公室一般按照受理、审核、报批等程序办理政府职能向社会组织转移申请事项。

(一)受理。领导小组办公室收到单位申请后,应及时对提出的申请是否符合转移职能条件等进行审查,决定是否受理。

(二)审核。领导小组办公室受理申请后,在规定的期限内就申请的相关情况进行调研。调研的具体内容是了解申请单位机构编制现状,转移职能的必要性、可行性、项目计划和绩效目标,现承担相应职责的机构、编制和人员调整安排等,并提出初步调研审核意见。调研审核视情抽调市财政局和领导小组其他成员单位人员参加。

(三)报批。领导小组办公室可提议召开领导小组会议研究申请事项,也可以书面形式报领导小组审批。领导小组批准后,由领导小组办公室批复给申请单位,并抄送领导小组相关成员单位备案。

第十条 单位向市机构编制部门提出增加机构编制事项的,经市机构编制部门审议后认为应该采取职能转移方式解决的,告知单位按转移职能申请程序办理。

第十一条 经领导小组批准的职能转移申请事项,单位一般按以下步骤组织实施,只涉及购买服务的,按《温州市人民政府办公室关于政府向社会力量购买服务的实施意见》(温政办〔2014〕118号)规定的采购规程执行:

(一)公告事宜。由单位通过有效方式向社会发布公告,列明职能转移的方式、承接主体条件、承接要求、竞争程序等相关内容。

(二)竞争择优。由社会组织根据公告向单位提出承接申请,单位采取公开报名、公平竞争、择优承接的方式,从中选择若干个或一个社会组织承担。

(三)公示名单。拟定承接主体名单后,单位通过门户网站等有效方式向社会公示。

(四)签订协议。经公示后,单位及时与承接主体签订承接转移职能协议,明确双方权利义务、经费支付以及取消承接资格的条件等内容。协议报领导小组办公室备案。

(五)事项交接。单位在签订协议后及时完成事项移交工作,并向社会公告交接事宜。

(六)履行协议。承接政府职能转移的社会组织根据所承接职能的内容与要求,制定工作计划,明确目标和措施,切实履行承接职能协议。

(七)加强监管。单位应制订转移事项后的监管办法,对承接单位进行全程业务指导和监督检查,定期组成评估小组或引入社会评估机构对承接单位履职情况进行评估验收。

第十二条 政府职能转移项目所涉及的经费原则上纳入本单位的年度经费预算统筹编制。职能转移项目经领导小组批准后,在该单位年度经费预算中安排。情况特殊需临时增加的政府职能转移项目,经财政部门审核、领导小组同意,可追加经费预算安排。本年度追加有困难的可在第二年度预算经费中予以追加。政府职能转移后,相应调整原承担该职能项目安排的人员和工作经费。

第十三条　政府职能转移项目实行财政支出绩效评价,由市财政局牵头对职能转移项目的实施情况进行评估。经绩效评价项目实施未达到目标的,可按照协议的要求,由职能转移单位责令该社会组织进行整改或终止协议;经绩效评价任务已完成或单位职能任务发生变化,项目已无存续必要的,核销该项目经费。

第十四条　各单位要在每年9月底前向领导小组办公室报送拟向社会组织转移的职能事项,经领导小组办公室审核同意后列入《温州市政府职能向社会组织转移目录》,由单位根据本办法具体组织实施。相关职能事项的报送和组织实施情况列入市直单位年度考绩内容。

第十五条　各单位及其工作人员在实施政府职能转移工作中如出现违反有关政纪法规的,由市监察局牵头会同市编委办、市财政局按照有关法律、法规、规定追究单位及相关人员责任。

第十六条　各县(市、区)开展政府职能向社会组织转移工作可参照本办法规定执行。

第十七条　本办法由市政府向社会组织转移职能试点工作领导小组办公室负责解释,自公布之日起施行。

五、购买服务类

1. 国务院办公厅关于政府向社会力量购买服务的指导意见

（国办发〔2013〕96号）

各省、自治区、直辖市人民政府，国务院各部委、各直属机构：

党的十八大强调，要加强和创新社会管理，改进政府提供公共服务方式。新一届国务院对进一步转变政府职能、改善公共服务作出重大部署，明确要求在公共服务领域更多利用社会力量，加大政府购买服务力度。经国务院同意，现就政府向社会力量购买服务提出以下指导意见。

一、充分认识政府向社会力量购买服务的重要性

改革开放以来，我国公共服务体系和制度建设不断推进，公共服务提供主体和提供方式逐步多样化，初步形成了政府主导、社会参与、公办民办并举的公共服务供给模式。同时，与人民群众日益增长的公共服务需求相比，不少领域的公共服务存在质量效率不高、规模不足和发展不平衡等突出问题，迫切需要政府进一步强化公共服务职能，创新公共服务供给模式，有效动员社会力量，构建多层次、多方式的公共服务供给体系，提供更加方便、快捷、优质、高效的公共服务。政府向社会力量购买服务，就是通过发挥市场机制作用，把政府直接向社会公众提供的一部分公共服务事项，按照一定的方式和程序，交由具备条件的社会力量承担，并由政府根据服务数量和质量向其支付费用。近年来，一些地方立足实际，积极开展向社会力量购买服务的探索，取得了良好效果，在政策指导、经费保障、工作机制等方面积累了不少好的做法和经验。

实践证明，推行政府向社会力量购买服务是创新公共服务提供方式、加快服务业发展、引导有效需求的重要途径,对于深化社会领域改革,推动政府职能转变,整合利用社会资源,增强公众参与意识,激发经济社会活力,增加公共服务供给,提高公共服务水平和效率,都具有重要意义。地方各级人民政府要结合当地经济社会发展状况和人民群众的实际需求,因地制宜、积极稳妥地推进政府向社会力量购买服务工作,不断创新和完善公共服务供给模式,加快建设服务型政府。

二、正确把握政府向社会力量购买服务的总体方向

(一)指导思想

以邓小平理论、"三个代表"重要思想、科学发展观为指导,深入贯彻落实党的十八大精神,牢牢把握加快转变政府职能、推进政事分开和政社分开、在改善民生和创新管理中加强社会建设的要求,进一步放开公共服务市场准入,改革创新公共服务提供机制和方式,推动中国特色公共服务体系建设和发展,努力为广大人民群众提供优质高效的公共服务。

(二)基本原则

——积极稳妥,有序实施。立足社会主义初级阶段基本国情,从各地实际出发,准确把握社会公共服务需求,充分发挥政府主导作用,有序引导社会力量参与服务供给,形成改善公共服务的合力。

——科学安排,注重实效。坚持精打细算,明确权利义务,切实提高财政资金使用效率,把有限的资金用在刀刃上,用到人民群众最需要的地方,确保取得实实在在的成效。

——公开择优,以事定费。按照公开、公平、公正原则,坚持费随事转,通过竞争择优的方式选择承接政府购买服务的社会力量,确保具备条件的社会力量平等参与竞争。加强监督检查和科学评估,建立优胜劣汰的动态调整机制。

——改革创新,完善机制。坚持与事业单位改革相衔接,推进政事分开、政社分开,放开市场准入,释放改革红利,凡社会能办好的,尽可能交给社会力量承担,有效解决一些领域公共服务产品短缺、质量和效率不高等问题。及时总结改革实践经验,借鉴国外有益成果,积极推动政府向社会力量购买服务的健康发展,加快形成公共服务提供新机制。

（三）目标任务

"十二五"时期,政府向社会力量购买服务工作在各地逐步推开,统一有效的购买服务平台和机制初步形成,相关制度法规建设取得明显进展。到 2020 年,在全国基本建立比较完善的政府向社会力量购买服务制度,形成与经济社会发展相适应、高效合理的公共服务资源配置体系和供给体系,公共服务水平和质量显著提高。

三、规范有序开展政府向社会力量购买服务工作

（一）购买主体

政府向社会力量购买服务的主体是各级行政机关和参照公务员法管理、具有行政管理职能的事业单位。纳入行政编制管理且经费由财政负担的群团组织,也可根据实际需要,通过购买服务方式提供公共服务。

（二）承接主体

承接政府购买服务的主体包括依法在民政部门登记成立或经国务院批准免予登记的社会组织,以及依法在工商管理或行业主管部门登记成立的企业、机构等社会力量。承接政府购买服务的主体应具有独立承担民事责任的能力,具备提供服务所必需的设施、人员和专业技术的能力,具有健全的内部治理结构、财务会计和资产管理制度,具有良好的社会和商业信誉,具有依法缴纳税收和社会保险的良好记录,并符合登记管理部门依法认定的其他条件。承接主体的具体条件由购买主体会同财政部门根据购买服务项目的性质和质量要求确定。

（三）购买内容

政府向社会力量购买服务的内容为适合采取市场化方式提供、社会力量能够承担的公共服务,突出公共性和公益性。教育、就业、社保、医疗卫生、住房保障、文化体育及残疾人服务等基本公共服务领域,要逐步加大政府向社会力量购买服务的力度。非基本公共服务领域,要更多更好地发挥社会力量的作用,凡适合社会力量承担的,都可以通过委托、承包、采购等方式交给社会力量承担。对应当由政府直接提供、不适合社会力量承担的公共服务,以及不属于政府职责范围的服务项目,政府不得向社会力量购买。各地区、各有关部门要按照有利于转变政府职能,有利于降

低服务成本,有利于提升服务质量水平和资金效益的原则,在充分听取社会各界意见基础上,研究制定政府向社会力量购买服务的指导性目录,明确政府购买的服务种类、性质和内容,并在总结试点经验基础上,及时进行动态调整。

(四)购买机制

各地要按照公开、公平、公正原则,建立健全政府向社会力量购买服务机制,及时、充分向社会公布购买的服务项目、内容以及对承接主体的要求和绩效评价标准等信息,建立健全项目申报、预算编报、组织采购、项目监管、绩效评价的规范化流程。购买工作应按照政府采购法的有关规定,采用公开招标、邀请招标、竞争性谈判、单一来源、询价等方式确定承接主体,严禁转包行为。购买主体要按照合同管理要求,与承接主体签订合同,明确所购买服务的范围、标的、数量、质量要求,以及服务期限、资金支付方式、权利义务和违约责任等,按照合同要求支付资金,并加强对服务提供全过程的跟踪监管和对服务成果的检查验收。承接主体要严格履行合同义务,按时完成服务项目任务,保证服务数量、质量和效果。

(五)资金管理

政府向社会力量购买服务所需资金在既有财政预算安排中统筹考虑。随着政府提供公共服务的发展所需增加的资金,应按照预算管理要求列入财政预算。要严格资金管理,确保公开、透明、规范、有效。

(六)绩效管理

加强政府向社会力量购买服务的绩效管理,严格绩效评价机制。建立健全由购买主体、服务对象及第三方组成的综合性评审机制,对购买服务项目数量、质量和资金使用绩效等进行考核评价。评价结果向社会公布,并作为以后年度编制政府向社会力量购买服务预算和选择政府购买服务承接主体的重要参考依据。

四、扎实推进政府向社会力量购买服务工作

(一)加强组织领导

推进政府向社会力量购买服务,事关人民群众切身利益,是保障和改善民生的一项重要工作。地方各级人民政府要把这项工作列入重要议事日程,加强统筹协调,立足当地实际认真制定并逐步完善政府向社会力量购买服务的政策措施和实施办法,并抄送上一级政府财政部门。财政部要会同有关部门加强对各地开展政府向社会力量购买服务工作的指导和监督,总结推广成功经验,积极推动相关制度法规建设。

(二)健全工作机制

政府向社会力量购买服务,要按照政府主导、部门负责、社会参与、共同监督的要求,确保工作规范有序开展。地方各级人民政府可根据本地区实际情况,建立"政府统一领导,财政部门牵头,民政、工商管理以及行业主管部门协同,职能部门履职,监督部门保障"的工作机制,拟定购买服务目录,确定购买服务计划,指导监督购买服务工作。相关职能部门要加强协调沟通,做到各负其责、齐抓共管。

(三)严格监督管理

各地区、各部门要严格遵守相关财政财务管理规定,确保政府向社会力量购买服务资金规范管理和使用,不得截留、挪用和滞留资金。购买主体应建立健全内部监督管理制度,按规定公开购买服务相关信息,自觉接受社会监督。承接主体应当健全财务报告制度,并由具有合法资质的注册会计师对财务报告进行审计。财政部门要加强对政府向社会力量购买服务实施工作的组织指导,严格资金监管,监察、审计等部门要加强监督,民政、工商管理以及行业主管部门要按照职能分工将承接政府购买服务行为纳入年检、评估、执法等监管体系。

(四)做好宣传引导

地方各级人民政府和国务院有关部门要广泛宣传政府向社会力量购买服务工作的目的、意义、目标任务和相关要求,做好政策解读,加强舆论引导,主动回应群众关切,充分调动社会参与的积极性。

国务院办公厅

2013 年 9 月 26 日

2. 财政部 民政部 工商总局关于政府购买服务管理办法（暂行）

（财综〔2014〕96 号）

党中央有关部门，国务院各部委、各直属机构，全国人大常委会办公厅，全国政协办公厅，高法院，高检院，有关人民团体，各民主党派中央，全国工商联，各省、自治区、直辖市、计划单列市财政厅（局）、民政厅（局）、工商行政管理局，新疆生产建设兵团财务局、民政局、工商行政管理局：

根据党的十八届三中全会有关精神和《国务院办公厅关于政府向社会力量购买服务的指导意见》（国办发〔2013〕96 号）部署，为加快推进政府购买服务改革，我们制定了《政府购买服务管理办法（暂行）》。现印发给你们，请认真贯彻执行。

附件：政府购买服务管理办法（暂行）

财政部 民政部 工商总局
2014 年 12 月 15 日

第一章 总 则

第一条 为了进一步转变政府职能，推广和规范政府购买服务，更好发挥市场在资源配置中的决定性作用，根据《中华人民共和国预算法》《中华人民共和国政府采购法》《中共中央关于全面深化改革若干重大问题的决定》《国务院办公厅关于政府向社会力量购买服务的指导意见》

(国办发〔2013〕96 号)等有关要求和规定,制定本办法。

第二条 本办法所称政府购买服务,是指通过发挥市场机制作用,把政府直接提供的一部分公共服务事项以及政府履职所需服务事项,按照一定的方式和程序,交由具备条件的社会力量和事业单位承担,并由政府根据合同约定向其支付费用。

政府购买服务范围应当根据政府职能性质确定,并与经济社会发展水平相适应。属于事务性管理服务的,应当引入竞争机制,通过政府购买服务方式提供。

第三条 政府购买服务遵循以下基本原则:

(一)积极稳妥,有序实施。从实际出发,准确把握社会公共服务需求,充分发挥政府主导作用,探索多种有效方式,加大社会组织承接政府购买服务支持力度,增强社会组织平等参与承接政府购买公共服务的能力,有序引导社会力量参与服务供给,形成改善公共服务的合力。

(二)科学安排,注重实效。突出公共性和公益性,重点考虑、优先安排与改善民生密切相关、有利于转变政府职能的领域和项目,明确权利义务,切实提高财政资金使用效率。

(三)公开择优,以事定费。按照公开、公平、公正原则,坚持费随事转,通过公平竞争择优选择方式确定政府购买服务的承接主体,建立优胜劣汰的动态调整机制。

(四)改革创新,完善机制。坚持与事业单位改革、社会组织改革相衔接,推进政事分开、政社分开,放宽市场准入,凡是社会能办好的,都交给社会力量承担,不断完善体制机制。

第二章 购买主体和承接主体

第四条 政府购买服务的主体(以下简称购买主体)是各级行政机关和具有行政管理职能的事业单位。

第五条 党的机关、纳入行政编制管理且经费由财政负担的群团组织向社会提供的公共服务以及履职服务,可以根据实际需要,按照本办法规定实施购买服务。

第六条 承接政府购买服务的主体(以下简称承接主体),包括在登记管理部门登记或经国务院批准免予登记的社会组织、按事业单位分类改革应划入公益二类或转为企业的事业单位,依法在工商管理或行业主管部门登记成立的企业、机构等社会力量。

第七条 承接主体应当具备以下条件:

(一)依法设立,具有独立承担民事责任的能力;

(二)治理结构健全,内部管理和监督制度完善;

(三)具有独立、健全的财务管理、会计核算和资产管理制度;

(四)具备提供服务所必需的设施、人员和专业技术能力;

(五)具有依法缴纳税收和社会保障资金的良好记录;

(六)前三年内无重大违法记录,通过年检或按要求履行年度报告公示义务,信用状况良好,未被列入经营异常名录或者严重违法企业名单;

(七)符合国家有关政事分开、政社分开、政企分开的要求;

(八)法律、法规规定以及购买服务项目要求的其他条件。

第八条 承接主体的资质及具体条件,由购买主体根据第六条、第七条规定,结合购买服务内容具体需求确定。

第九条 政府购买服务应当与事业单位改革相结合,推动事业单位与主管部门理顺关系和去行政化,推进有条件的事业单位转为企业或社会组织。

事业单位承接政府购买服务的,应按照"费随事转"原则,相应调整财政预算保障方式,防止出现既通过财政拨款养人办事,同时又花钱购买服务的行为。

第十条 购买主体应当在公平竞争的原则下鼓励行业协会商会参与承接政府购买服务,培育发展社会组织,提升社会组织承担公共服务能力,推动行业协会商会与行政机构脱钩。

第十一条 购买主体应当保障各类承接主体平等竞争,不得以不合理的条件对承接主体实行差别化歧视。

第三章 购买内容及指导目录

第十二条 政府购买服务的内容为适合采取市场化方式提供、社会力量能够承担的服务事项。政府新增或临时性、阶段性的服务事项,适合社会力量承担的,应当按照政府购买服务的方式进行。不属于政府职能范围,以及应当由政府直接提供、不适合社会力量承担的服务事项,不得向社会力量购买。

第十三条 各级财政部门负责制定本级政府购买服务指导性目录,确定政府购买服务的种类、性质和内容。

财政部门制定政府购买服务指导性目录,应当充分征求相关部门意见,并根据经济社会发展变化、政府职能转变及公众需求等情况及时进行动态调整。

第十四条 除法律法规另有规定外,下列服务应当纳入政府购买服务指导性目录:

(一)基本公共服务。公共教育、劳动就业、人才服务、社会保险、社会救助、养老服务、儿童福利服务、残疾人服务、优抚安置、医疗卫生、人口和计划生育、住房保障、公共文化、公共体育、公共安全、公共交通运输、三农服务、环境治理、城市维护等领域适宜由社会力量承担的服务事项。

(二)社会管理性服务。社区建设、社会组织建设与管理、社会工作服务、法律援助、扶贫济困、防灾救灾、人民调解、社区矫正、流动人口管理、安置帮教、志愿服务运营管理、公共公益宣传等领域适宜由社会力量承担的服务事项。

(三)行业管理与协调性服务。行业职业资格和水平测试管理、行业规范、行业投诉等领域适宜由社会力量承担的服务事项。

(四)技术性服务。科研和技术推广、行业规划、行业调查、行业统计分析、检验检疫检测、监测服务、会计审计服务等领域适宜由社会力量承担的服务事项。

(五)政府履职所需辅助性事项。法律服务、课题研究、政策(立法)

调研草拟论证、战略和政策研究、综合性规划编制、标准评价指标制定、社会调查、会议经贸活动和展览服务、监督检查、评估、绩效评价、工程服务、项目评审、财务审计、咨询、技术业务培训、信息化建设与管理、后勤管理等领域中适宜由社会力量承担的服务事项。

（六）其他适宜由社会力量承担的服务事项。

第十五条　纳入指导性目录的服务事项，应当实施购买服务。

第四章　购买方式及程序

第十六条　购买主体应当根据购买内容的供求特点、市场发育程度等因素，按照方式灵活、程序简便、公开透明、竞争有序、结果评价的原则组织实施政府购买服务。

第十七条　购买主体应当按照政府采购法的有关规定，采用公开招标、邀请招标、竞争性谈判、单一来源采购等方式确定承接主体。

与政府购买服务相关的采购限额标准、公开招标数额标准、采购方式审核、信息公开、质疑投诉等按照政府采购相关法律制度规定执行。

第十八条　购买主体应当在购买预算下达后，根据政府采购管理要求编制政府采购实施计划，报同级政府采购监管部门备案后开展采购活动。

购买主体应当及时向社会公告购买内容、规模、对承接主体的资质要求和应提交的相关材料等相关信息。

第十九条　按规定程序确定承接主体后，购买主体应当与承接主体签订合同，并可根据服务项目的需求特点，采取购买、委托、租赁、特许经营、战略合作等形式。

合同应当明确购买服务的内容、期限、数量、质量、价格等要求，以及资金结算方式、双方的权利义务事项和违约责任等内容，

第二十条　购买主体应当加强购买合同管理，督促承接主体严格履行合同，及时了解掌握购买项目实施进度，严格按照国库集中支付管理有关规定和合同执行进度支付款项，并根据实际需求和合同规定积极帮助

承接主体做好与相关政府部门、服务对象的沟通、协调。

第二十一条 承接主体应当按合同履行提供服务的义务,认真组织实施服务项目,按时完成服务项目任务,保证服务数量、质量和效果,主动接受有关部门、服务对象及社会监督,严禁转包行为。

第二十二条 承接主体完成合同约定的服务事项后,购买主体应当及时组织对履约情况进行检查验收,并依据现行财政财务管理制度加强管理。

第五章　预算及财务管理

第二十三条 政府购买服务所需资金,应当在既有财政预算中统筹安排。购买主体应当在现有财政资金安排的基础上,按规定逐步增加政府购买服务资金比例。对预算已安排资金且明确通过购买方式提供的服务项目,按相关规定执行;对预算已安排资金但尚未明确通过购买方式提供的服务项目,可以根据实际情况转为通过政府购买服务方式实施。

第二十四条 购买主体应当充分发挥行业主管部门、行业组织和专业咨询评估机构、专家等专业优势,结合项目特点和相关经费预算,综合物价、工资、税费等因素,合理测算安排政府购买服务所需支出。

第二十五条 财政部门在布置年度预算编制工作时,应当对购买服务相关预算安排提出明确要求,在预算报表中制定专门的购买服务项目表。

购买主体应当按要求填报购买服务项目表,并将列入集中采购目录或采购限额标准以上的政府购买服务项目同时反映在政府采购预算中,与部门预算一并报送财政部门审核。

第二十六条 财政部门负责政府购买服务管理的机构对购买主体填报的政府购买服务项目表进行审核。

第二十七条 财政部门审核后的购买服务项目表,随部门预算批复一并下达给相关购买主体。购买主体应当按照财政部门下达的购买服务项目表,组织实施购买服务工作。

第二十八条　承接主体应当建立政府购买服务台账,记录相关文件、工作计划方案、项目和资金批复、项目进展和资金支付、工作汇报总结、重大活动和其他有关资料信息,接受和配合相关部门对资金使用情况进行监督检查及绩效评价。

第二十九条　承接主体应当建立健全财务制度,严格遵守相关财政财务规定,对购买服务的项目资金进行规范的财务管理和会计核算,加强自身监督,确保资金规范管理和使用。

第三十条　承接主体应当建立健全财务报告制度,按要求向购买主体提供资金的使用情况、项目执行情况、成果总结等材料。

第六章　绩效和监督管理

第三十一条　财政部门应当按照建立全过程预算绩效管理机制的要求,加强成本效益分析,推进政府购买服务绩效评价工作。

财政部门应当推动建立由购买主体、服务对象及专业机构组成的综合性评价机制,推进第三方评价,按照过程评价与结果评价、短期效果评价与长远效果评价、社会效益评价与经济效益评价相结合的原则,对购买服务项目数量、质量和资金使用绩效等进行考核评价。评价结果作为选择承接主体的重要参考依据。

第三十二条　财政、审计等有关部门应当加强对政府购买服务的监督、审计,确保政府购买服务资金规范管理和合理使用。对截留、挪用和滞留资金以及其他违反本办法规定的行为,依照《中华人民共和国政府采购法》《财政违法行为处罚处分条例》等国家有关规定追究法律责任;涉嫌犯罪的,依法移交司法机关处理。

第三十三条　民政、工商管理及行业主管等部门应当按照职责分工将承接主体承接政府购买服务行为信用记录纳入年检(报)、评估、执法等监管体系,不断健全守信激励和失信惩戒机制。

第三十四条　购买主体应当加强服务项目标准体系建设,科学设定服务需求和目标要求,建立服务项目定价体系和质量标准体系,合理编制规范性服务标准文本。

  第三十五条 购买主体应当建立监督检查机制,加强对政府购买服务的全过程监督,积极配合有关部门将承接主体的承接政府购买服务行为纳入年检(报)、评估、执法等监管体系。

  第三十六条 财政部门和购买主体应当按照《中华人民共和国政府信息公开条例》《政府采购信息公告管理办法》以及预算公开的相关规定,公开财政预算及部门和单位的政府购买服务活动的相关信息,涉及国家秘密、商业秘密和个人隐私的信息除外。

  第三十七条 财政部门应当会同相关部门、购买主体建立承接主体承接政府购买服务行为信用记录,对弄虚作假、冒领财政资金以及有其他违法违规行为的承接主体,依法给予行政处罚,并列入政府购买服务黑名单。

第七章 附 则

  第三十八条 本办法由财政部会同有关部门负责解释。
  第三十九条 本办法自 2015 年 1 月 1 日起施行。

3.财政部 民政部关于支持和规范社会组织承接政府购买服务的通知

(财综〔2014〕87号)

各省、自治区、直辖市、计划单列市财政厅(局)、民政厅(局),新疆生产建设兵团财务局、民政局:

为全面贯彻落实党的十八届三中全会精神,加快转变政府职能,推广政府购买服务,激发社会组织活力,根据《中共中央关于全面深化改革若干重大问题的决定》《国务院办公厅关于政府向社会力量购买服务的指导意见》(国办发〔2013〕96号)有关要求,现就支持和规范社会组织承接政府购买服务有关工作通知如下:

一、充分认识社会组织在政府购买服务中的重要作用

党的十八届三中全会提出,适合由社会组织提供的公共服务和解决的事项,交由社会组织承担,对社会组织承接政府购买服务工作提出了新的更高要求。

改革开放以来,我国社会组织稳步发展,秉持非营利性、公益性和公共性原则,在教育科技、健康卫生、文化体育、社会福利、社会治理等公共服务领域发挥了重要作用,已成为社会治理和社会事业的重要主体。充分发挥社会组织在公共服务供给中的独特功能和积极作用,有利于加快转变政府职能,创新公共服务供给方式,提高公共服务供给水平和效率;有利于培育和引导社会组织,加快形成政社分开、权责明确、依法自治的现代社会组织体制;有利于推动整合利用社会资源,增强公众参与意识,激发社会发展活力。

随着政府购买服务工作的推进,社会组织承接政府公共服务能力不足的问题日益显现。突出表现为,社会组织在数量、规模等方面相对滞后,专业素质不够高,内部治理不健全,政社不分、管办一体、责任不清,独立运作能力较弱,社会公信力偏低,筹集和整合社会资源能力不强,这些问题成为影响社会组织承接政府购买服务工作的重要因素。各地要认真贯彻落实党的十八届三中全会精神,按照国办发〔2013〕96 号文件的要求,在推广政府购买服务改革中,将提升社会组织公共服务能力作为开展政府购买服务的基础性工作,支持和引导社会组织健康有序发展,充分发挥社会组织在承接政府购买服务中的主体作用。

二、加大对社会组织承接政府购买服务的支持力度

(一)加强社会组织培育发展。加快培育一批独立公正、行为规范、运作有序、公信力强、适应社会主义市场经济发展要求的社会组织。重点培育和优先发展行业协会商会类、科技类、公益慈善类、城乡社区服务类社会组织。统筹利用现有公共服务设施,以适当方式为社会组织开展服务创造必要条件,大力支持社会组织积极参与政府购买公共服务活动。各地要根据本地区经济社会发展情况和社会组织需要,为社会组织充分发挥作用给予政策支持和引导,提升社会组织自主发展、自我管理、筹资和社会服务等能力。鼓励采取孵化培育、人员培训、项目指导、公益创投等多种途径和方式,提升社会组织承接政府购买服务的能力。

(二)按照突出公共性和公益性原则,逐步扩大承接政府购买服务的范围和规模。充分发挥社会组织在公共服务供给中的独特功能和作用,在购买民生保障、社会治理、行业管理等公共服务项目时,同等条件下优先向社会组织购买。在民生保障领域,重点购买社会事业、社会福利、社会救助等服务项目。在社会治理领域,重点购买社区服务、社会工作、法律援助、特殊群体服务、矛盾调解等服务项目。在行业管理领域,重点购买行业规范、行业评价、行业统计、行业标准、职业评价、等级评定等服务项目。公平对待社会组织承接政府购买服务,鼓励社会组织进入法律法规未禁入的公共服务行业和领域,形成公共服务供给的多元化发展格局,满足人民群众多样化需求。

（三）探索多种有效方式，加大社会组织承接政府购买服务支持力度。按照政府采购法和国办发〔2013〕96号文件规定，采用公开招标、邀请招标、竞争性谈判、单一来源采购等方式确定承接主体，有针对性地培育和发展一批社会组织，促进社会组织的发展。有条件的地方可推广利用财政资金支持社会组织参与服务示范项目，逐步加大政府向社会组织购买服务的力度，适合采取市场化方式提供、社会组织能够承担的公共服务，都可以由社会组织参与、承接，所需资金按照预算管理要求在财政预算安排中统筹考虑。引导、支持社会组织募集资金参与服务。贯彻落实国家对社会组织各项税收优惠政策，符合条件的社会组织按照有关税收法律法规规定，享受相关税收优惠。

三、进一步建立健全社会组织承接政府购买服务信用记录管理机制

（一）社会组织承接政府购买服务应当具备以下条件：具有独立承担民事责任的能力；具有开展工作所必需的条件，具有固定的办公场所，有必要的专职工作人员；具有健全的法人治理结构，完善的内部管理、信息公开和民主监督制度；有完善的财务核算和资产管理制度，有依法缴纳税收、社会保险费的良好记录；近三年内无重大违法记录；法律、行政法规规定的其他条件。

（二）社会组织在承接政府购买服务时，应当按要求提供登记证书、年检结论、年度报告、财务审计报告、依法缴纳税收和社会保险费，无重大违法记录的声明等相关证明材料，供购买主体审查。购买主体可根据购买内容的特点规定社会组织的特定条件，但不得对承接主体实行歧视性差别待遇。

（三）按照公开、公正、公平原则，推进社会组织登记管理和承接政府购买服务的信息公开和信息共享，加强政府向社会组织购买服务的绩效管理和绩效评价。建立健全由购买主体、服务对象及专业机构组成的综合性评价机制。各级财政部门要配合购买主体及相关机构加强政府购买服务活动的监管和绩效评价，在推广政府购买服务过程中，对守信社会组织予以支持和激励，对失信社会组织予以限制和禁止。各级民政部门要建立完善社会组织信用体系，协助核实社会组织的资质及相关条件，及时收录承接政府购买服务的社会组织绩效评价结果和对违法社会组织的处罚决定等内容,每年按时向社会公布社会组织名录和信用记录。有关部门要将社会组织承接政府购买服务情况纳入年检、评估和执法工作体系,加大对违法违规行为的执法监管力度。

四、切实做好社会组织承接政府购买服务的组织实施

各地要建立健全部门联动机制,统筹规划、协调指导政府向社会组织购买服务工作。及时披露、公开信息,鼓励社会监督,充分调动社会参与的积极性。要结合实际,制定支持和规范社会组织承接政府购买服务的具体政策,确保工作落到实处,取得成效。切实加强调查研究,认真总结好经验、好做法,及时发现并解决政府向社会组织购买服务工作中出现的问题。

执行中遇到的新情况和重大问题,以及有关意见和建议,请及时报送财政部、民政部。

财政部

民政部

2014 年 11 月 25 日

4. 财政部关于做好行业协会商会承接政府购买服务工作有关问题的通知（试行）

（财综〔2015〕73号）

党中央有关部门，国务院各部委、各直属机构，全国人大常委会办公厅，全国政协办公厅，高法院，高检院，各民主党派中央，有关人民团体，全国工商联，各省、自治区、直辖市、计划单列市财政厅（局），新疆生产建设兵团财务局：

为加快转变政府职能，实现行业协会商会与行政机关脱钩，促进行业协会商会健康稳定发展，按照《行业协会商会与行政机关脱钩总体方案》（以下简称《总体方案》）的有关要求，根据《国务院办公厅关于政府向社会力量购买服务的指导意见》（国办发〔2013〕96号）及《财政部民政部工商总局关于印发〈政府购买服务管理办法（暂行）〉的通知》（财综〔2014〕96号）和政府采购相关规定，现对支持和规范行业协会商会承接政府购买服务有关事项通知如下：

一、充分认识做好行业协会商会承接政府购买服务工作的重要性

行业协会商会是社会组织的重要形式，是承接政府购买服务的重要力量。支持和做好行业协会商会承接政府购买服务工作，对于稳妥推进行业协会商会与行政机关脱钩、加快政府职能转变、创新社会治理、促进行业协会商会优化发展、服务经济社会发展具有重要作用。

政府购买行业协会商会服务应遵循科学合理、专业优势、公开择优、以事定费的原则，明确购买范围，加强合同管理，注重绩效考核，有序引导行业协会商会与其他社会力量参与服务供给,促进行业协会商会成为依法设立、自主办会、服务为本、治理规范、行为自律的社会组织,提高政府公共服务水平和效率。

二、公平对待行业协会商会承接政府购买服务

各行业行政主管部门应当在公平竞争的前提下鼓励行业协会商会参与承接政府购买服务,放宽市场准入,鼓励行业协会商会等社会组织依法进入公共服务行业和领域,促进行业协会商会之间、行业协会商会与其他社会力量之间公平有序竞争,激发行业协会商会活力,促进形成公共服务供给的多元化发展格局。

三、科学确定政府购买服务内容

政府购买服务的内容为适合采取市场化方式提供、社会力量能够承担的服务事项。政府部门在购买服务过程中,要注重发挥行业协会商会的专业化优势,优先向符合条件的行业协会商会购买行业规范、行业评价、行业统计、行业标准、职业评价、等级评定等行业管理与协调性服务,技术推广、行业规划、行业调查、

行业发展与管理政策及重大事项决策咨询等技术性服务,以及一些专业性较强的社会管理服务。

各行业行政主管部门和行业协会商会应按照《总体方案》要求,在制定各行业协会商会的脱钩方案时,明确行政机关与行业协会商会的职能,突出公共性和公益性原则,提出适合由行业协会商会承担的服务事项清单。财政部门应会同各行业行政主管部门,按照政府购买服务相关管理规定,将适合由行业协会商会承接的公共服务事项纳入政府购买服务指导性目录,明确政府购买服务的具体内容。

在确定相关政府购买服务事项时,应注重与预算法以及政府购买服务相关法律法规衔接。凡法律法规已明确规定应由行业协会商会义务承担或出于政府依法监管需要由行业协会商会承担的服务职能,以及不属于政府职能范围或应当由政府直接提供、不适合社会力量承担的服务事项,不应纳入向行业协会商会购买服务的范围。

四、推进财政支持方式改革

政府购买行业协会商会服务所需资金按照预算管理要求,在财政预算安排中统筹考虑。推动原有财政预算支持的全国性行业协会商会财政经费支持方式改革时,应做好逐步取消财政直接拨款与政府购买服务工作的衔接,促进行业协会商会脱钩工作顺利开展。过渡期内,对预算明确保障的服务事项或已明确为行业协会商会自身职能的服务事项,不得实行政府购买服务;对于从行业协会商会剥离、属于政府职能范畴、适合由社会力量承担服务事项,应引入竞争机制,推行政府购买服务。行业协会商会脱钩有关财政经费支持方式改革的具体办法由财政部另行制定。

五、创新政府购买服务方式

探索多种有效方式,加大对行业协会商会承接政府购买服务的支持力度。按照政府采购法及其实施条例等相关规定,根据实际采用公开招标、邀请招标、竞争性谈判、竞争性磋商、单一来源采购等方式确定承接主体。

六、加强政府购买服务监管

各有关部门应按照公开、公正、公平的原则,推进政府购买行业协会商会服务信息公开和信息共享,鼓励社会监督。各购买主体及相关机构应加强政府购买服务的财务管理、合同管理、绩效评价和信息公开,督促承接主体严格履行合同,确保服务质量。财政部门及行业主管部门应当建立全过程预算绩效管理机制,加强成本效益分析,推进政府购买服务绩效评价工作。财政、审计、民政、工商等有关部门要将行业协会商会承接政府购买服务情况纳入年检、评估和执法工作体系,加大对违法违规行为的执法监管力度。

七、做好组织实施工作

全国行业协会商会脱钩试点单位应及时向财政部门报送政府购买服务工作开展情况。各地可结合实际制定地方性支持和规范行业协会商会承接政府购买服务的具体政策,确保工作取得实效。

财政部

2015 年 9 月 6 日

5.国务院办公厅转发文化部等部门 关于做好政府向社会力量购买 公共文化服务工作意见

（国办发〔2015〕37号）

各省、自治区、直辖市人民政府,国务院各部委、各直属机构:

文化部、财政部、新闻出版广电总局、体育总局《关于做好政府向社会力量购买公共文化服务工作的意见》已经国务院同意,现转发给你们,请结合实际,认真贯彻执行。

国务院办公厅
2015年5月5日

党的十八届三中全会提出,要完善文化管理体制,推动公共文化服务社会化发展。十八届四中全会提出,要深入推进依法行政,加快建设法治政府,依法加强和规范公共服务,规范和引导各类社会组织健康发展。今年《政府工作报告》对深化文化体制改革、逐步推进基本公共文化服务标准化均等化作出明确部署。政府向社会力量购买公共文化服务,既是深入推进依法行政、转变政府职能、建设服务型政府的重要环节,也是规范和引导社会组织健康发展、推动公共文化服务社会化发展的重要途径,对于进一步深化文化体制改革,丰富公共文化服务供给,提高公共文化服务效能,满足人民群众精神文化和体育健身需求具有重要意义。根据《国务院办公厅关于政府向社会力量购买服务的指导意见》(国办发〔2013〕96号)有关要求,为加快推进政府向社会力量购买公共文化服务工作,现提出以下意见：

一、指导思想、基本原则和目标任务

（一）指导思想。以邓小平理论、"三个代表"重要思想、科学发展观为指导，深入贯彻习近平总书记系列重要讲话精神，按照党中央、国务院决策部署，以社会主义核心价值观为引领，按照深入推进依法行政、深化文化体制改革和构建现代公共文化服务体系的目标和要求，转变政府职能，推动公共文化服务社会化发展，逐步建立起适应社会主义市场经济的公共文化服务供给机制，为人民群众提供更加方便、快捷、优质、高效的公共文化服务。

（二）基本原则。

坚持正确导向，发挥引领作用。以人民为中心，坚持社会主义先进文化前进方向，将政府向社会力量购买的公共文化服务与培育践行社会主义核心价值观相结合、与传承弘扬中华优秀传统文化相融合，发挥文化引领风尚、教育人民、服务社会、推动发展的作用。

明确政府主导，完善政策体系。加强对政府向社会力量购买公共文化服务工作的组织领导、政策支持、财政投入和监督管理，按照相关法律法规要求，坚持与文化、体育事业单位改革相衔接，坚持与完善文化、体育管理体制相衔接，制定中央与地方协同配套、操作性强的政府向社会力量购买公共文化服务政策体系和管理规范。

培育市场主体，丰富服务供给。进一步发挥市场在文化资源配置中的积极作用，推进政府向社会力量购买公共文化服务与培育社会化公共文化服务力量相结合，规范和引导社会组织健康发展，逐步构建多层次、多方式的公共文化服务供给体系。

立足群众需求，创新购买方式。以满足人民群众基本公共文化需求为目标，突出公共性和公益性，不断创新政府向社会力量购买公共文化服务模式，建立"自下而上、以需定供"的互动式、菜单式服务方式，推动公共文化服务供给与人民群众文化需求有效对接。

规范管理程序，注重服务实效。按照公开、公平、公正原则，建立健全政府向社会力量购买公共文化服务的工作机制，规范购买流程，稳步有序开展工作。坚持风险和责任对等原则,规范政府和社会力量合作关系,严格价格管理。加强绩效管理,完善群众评价和反馈机制,切实提高政府向社会力量购买公共文化服务的针对性和有效性。

(三)目标任务。到 2020 年,在全国基本建立比较完善的政府向社会力量购买公共文化服务体系,形成与经济社会发展水平相适应、与人民群众精神文化和体育健身需求相符合的公共文化资源配置机制和供给机制,社会力量参与和提供公共文化服务的氛围更加浓厚,公共文化服务内容日益丰富,公共文化服务质量和效率显著提高。

二、积极有序推进政府向社会力量购买公共文化服务工作

(一)明确购买主体。政府向社会力量购买公共文化服务的主体是承担提供公共文化与体育服务的各级行政机关。纳入行政编制管理且经费由财政负担的文化与体育群团组织,也可根据实际需要,通过购买服务方式提供公共文化服务。

(二)科学选定承接主体。承接政府向社会力量购买公共文化服务的主体主要为具备提供公共文化服务能力,且依法在登记管理部门登记或经国务院批准免予登记的社会组织和符合条件的事业单位,以及依法在工商管理或行业主管部门登记成立的企业、机构等社会力量。各地要结合本地实际和拟购买公共文化服务的内容、特点,明确具体条件,秉持公开、公平、公正的遴选原则,科学选定承接主体。

(三)明确购买内容。政府向社会力量购买公共文化服务的内容为符合先进文化前进方向、健康积极向上的,适合采取市场化方式提供、社会力量能够承担的公共文化服务,突出公共性和公益性并主动向社会公开。主要包括:公益性文化体育产品的创作与传播,公益性文化体育活动的组织与承办,中华优秀传统文化与民族民间传统体育的保护、传承与展示,公共文化体育设施的运营和管理,民办文化体育机构提供的免费或低收费服务等内容。

(四)制定指导性目录。文化部、财政部、新闻出版广电总局、体育总局制定面向全国的政府向社会力量购买公共文化服务指导性目录。各地要按照转变政府职能的要求,结合本地经济社会发展水平、公共文化服务需求状况和财政预算安排情况,制定本地区政府向社会力量购买公共文化服务的指导性目录或具体购买目录。指导性目录和具体购买目录,应在总结经验的基础上,及时进行动态调整。

(五)完善购买机制。各地要建立健全方式灵活、程序规范、标准明确、结果评价、动态调整的购买机制。结合公共文化服务的具体内容、特点和地方实际,按照政府采购有关规定,采用公开招标、邀请招标、竞争性谈判、竞争性磋商、单一来源等方式确定承接主体,采取购买、委托、租赁、特许经营、战略合作等各种合同方式。建立以项目选定、信息发布、组织采购、项目监管、绩效评价为主要内容的规范化购买流程。根据所购买公共文化服务特点,分类制定内容明确、操作性强、便于考核的公共文化服务标准,方便承接主体掌握,便于购买主体监管。加强对服务提供全过程的跟踪监管和对服务成果的检查验收,检查验收结果应结合服务对象满意度调查,作为付款的重要依据。建立购买价格或财政补贴的动态调整机制,根据承接主体服务内容和质量,合理确定价格,避免获取暴利。

(六)提供资金保障。政府向社会力量购买公共文化服务所需资金列入财政预算,从部门预算经费或经批准的专项资金等既有预算中统筹安排。逐步加大现有财政资金向社会力量购买公共文化服务的投入力度。对新增的公共文化服务内容,凡适于以购买服务实现的,原则上都要通过政府购买服务方式实施。

(七)健全监管机制。加强对政府向社会力量购买公共文化服务的监督管理,建立健全政府购买的法律监督、行政监督、审计监督、纪检监督、社会监督、舆论监督制度,完善事前、事中和事后监管体系,严格遵守相关财政财务管理规定,确保购买行为公开透明、规范有效,坚决遏制和预防腐败现象。财政部门要加强对政府向社会力量购买公共文化服务资金的监管,监察、审计等部门要加强监督,文化、新闻出版广电、体育部门要按照职能分工将承接政府购买服务行为纳入监管体系。购买主体与承接主体应按照权责明确、规范高效的原则签订合同,严格遵照合同约定,避免出现行政干预行为。购买主体应建立健全内部监督管理制度,按规定公开购买服务的相关信息,自觉接受审计监督、社会监督和舆论监督。

承接主体应主动接受购买主体的监管,健全财务报告制度,严格按照服务
合同履行服务任务,保证服务数量、质量和效果,严禁服务转包行为。

(八)加强绩效评价。健全由购买主体、公共文化服务对象以及第三
方共同参与的综合评审机制;加强对购买公共文化服务项目的绩效评价,
建立长效跟踪机制。在绩效评价体系中,要侧重服务对象对公共文化服
务的满意度评价。政府向社会力量购买公共文化服务的绩效评价结果要
向社会公布,并作为以后年度编制政府向社会力量购买公共文化服务预
算和选择政府向社会力量购买公共文化服务承接主体的重要参考依据。

三、营造政府向社会力量购买公共文化服务的良好环境

(一)加强组织领导。政府向社会力量购买公共文化服务,是保障和
改善民生的一项重要工作,事关人民群众切身利益,也是进一步转变政府
职能、创新文化与体育管理方式的重要抓手。各地要高度重视,切实加强
组织领导,建立健全政府统一领导,文化、财政、新闻出版广电、体育部门
负责,社会力量广泛参与的工作机制,逐步使政府向社会力量购买公共文
化服务工作制度化、规范化和科学化。

(二)强化沟通协调。各地要建立健全政府向社会力量购买公共文
化服务的协调机制,文化、财政、新闻出版广电、体育部门要密切配合,注
重协调沟通,整合资源,共同研究政府向社会力量购买公共文化服务有关
重要事项,及时发现和解决工作中出现的问题,统筹推进政府向社会力量
购买公共文化服务工作。

(三)注重宣传引导。各地要充分利用各种媒体,广泛宣传实施政府
向社会力量购买公共文化服务工作的重要意义、主要内容、政策措施和流
程安排,精心做好政策解读,加强正面舆论引导,主动回应社会关切,充分
调动社会参与的积极性,为推进政府向社会力量购买公共文化服务营造
良好的工作环境和舆论氛围。

(四)严格监督管理。建立政府向社会力量购买公共文化服务信用
档案。对在购买服务实施过程中,发现承接主体不符合资质要求、歪曲服
务主旨、弄虚作假、冒领财政资金等违法违规行为的,记入信用档案,并按
照相关法律法规进行处罚,对造成社会重大恶劣影响的,禁止再次参与政

府购买公共文化服务工作。

政府向社会力量购买公共文化服务指导性目录

一、公益性文化体育产品的创作与传播

(一)公益性舞台艺术作品的创作、演出与宣传

(二)公益性广播影视作品的制作与宣传

(三)公益性出版物的编辑、印刷、复制与发行

(四)公益性数字文化产品的制作与传播

(五)公益性广告的制作与传播

(六)公益性少数民族文化产品的创作、译制与传播

(七)全民健身和公益性运动训练竞赛的宣传与推广

(八)面向特殊群体的公益性文化体育产品的创作与传播

(九)其他公益性文化体育产品的创作与传播

二、公益性文化体育活动的组织与承办

(一)公益性文化艺术活动(含戏曲)的组织与承办

(二)公益性电影放映活动的组织与承办

(三)全民阅读活动的组织与承办

(四)公益性文化艺术培训(含讲座)的组织与承办

(五)公益性体育竞赛活动的组织与承办

(六)全民健身活动的组织与承办

(七)公益性体育培训、健身指导、国民体质监测与体育锻炼标准测验达标活动的组织与承办

(八)公益性青少年体育活动的组织与承办

(九)面向特殊群体的公益性文化体育活动的组织与承办

(十)其他公益性文化体育活动的组织与承办

三、中华优秀传统文化与民族民间传统体育的保护、传承与展示

(一)文化遗产保护、传承与展示

（二）优秀民间文化艺术的普及推广与交流展示

（三）民族民间传统体育项目的保护、传承与展示

（四）其他优秀传统文化和传统体育的保护、传承与展示

四、公共文化体育设施的运营和管理

（一）公共图书馆（室）、文化馆（站）、村（社区）综合文化服务中心（含农家书屋）等运营和管理

（二）公共美术馆、博物馆等运营和管理

（三）公共剧场（院）等运营和管理

（四）广播电视村村通、户户通等接收设备的维修维护

（五）公共电子阅览室、数字农家书屋等公共数字文化设施的运营和管理

（六）面向特殊群体提供的有线电视免费或低收费服务

（七）公共体育设施、户外营地的运营和管理

（八）公共体育健身器材的维修维护和监管

（九）其他公共文化体育设施的运营和管理

五、民办文化体育机构提供的免费或低收费服务

（一）民办图书馆、美术馆、博物馆等面向社会提供的免费或低收费服务

（二）民办演艺机构面向社会提供的免费或低票价演出

（三）互联网上网服务场所面向社会提供的免费或低收费上网服务

（四）民办农村（社区）文化服务中心（含书屋）面向社会提供的免费或低收费服务

（五）民办体育场馆设施、民办健身机构面向社会提供的免费或低收费服务

（六）其他民办文化体育机构面向社会提供的免费或低收费服务

6.财政部 发展改革委 民政部 全国老龄办关于做好政府购买养老服务工作的通知

（财社〔2014〕105号）

各省、自治区、直辖市、计划单列市财政厅（局）、发展改革委、民政厅（局）、老龄办，新疆生产建设兵团财务局、发展改革委、民政局、老龄办：

为贯彻党的十八届三中全会关于推广政府购买服务的战略部署，落实《国务院关于加快发展养老服务业的若干意见》（国发〔2013〕35号）和《国务院办公厅关于政府向社会力量购买服务的指导意见》（国办发〔2013〕96号），加快推进政府购买养老服务工作，现就有关问题通知如下：

一、把握政府购买养老服务的基本原则

（一）坚持需求导向，注重创新机制。以老年人基本养老服务需求为导向，将政府购买服务与满足老年人基本养老服务需求相结合，重点安排与老年人生活照料、康复护理等密切相关的项目，优先保障经济困难的孤寡、失能、高龄等老年人的服务需求，加大对基层和农村养老服务的支持，并逐步拓展政府购买养老服务的领域和范围。立足各地经济社会发展实际，积极探索，不断创新政府购买养老服务机制，改进购买服务的方式方法。

（二）坚持政府引导，培育市场主体。政府要加强对购买养老服务的组织领导、制度设计、政策支持、财政投入和监督管理。充分发挥市场配置资源的决定性作用，将推进政府购买养老服务与逐步使社会力量成为发展养老服务业的主体相结合,与培育专业化养老服务组织相结合,按照公开、公平、公正原则,坚持费随事转,通过竞争择优的方式选择承接政府购买养老服务的社会力量,确保具备条件的社会力量平等参与竞争。

(三)坚持规范操作,注重绩效评估。明确各方责任、权利和义务,建立以项目申报、项目评审、资质审核、组织采购、合同签订、项目监管、绩效评估等为主要内容的规范化购买流程,有序开展工作。加强绩效管理,建立评估机制和动态调整机制,降低成本,提高效率,增强政府购买养老服务的针对性和有效性。

(四)坚持体制创新,完善政策体系。要做好相关政策的完善和相互衔接,推进政事分开、政社分开,坚持与事业单位改革相衔接,推进管办分离,放开市场准入。凡社会能够提供的养老服务,尽可能交给社会力量承担。要及时总结行之有效的管理办法和政策措施,尽快形成各方衔接配套、操作性强的政府购买养老服务政策体系。

二、明确政府购买养老服务的工作目标

"十二五"时期,政府购买养老服务工作有序推开,相关制度建设取得有效进展。到2020年,基本建立比较完善的政府购买养老服务制度,促进形成与经济社会发展相适应、高效合理的养老服务资源配置机制和供给机制,支持和参与养老服务的社会氛围更加浓厚,养老服务水平和质量显著提高,推动建成功能完善、规模适度、覆盖城乡的养老服务体系。

三、积极有序地开展政府购买养老服务工作

(一)明确购买主体。政府购买养老服务的主体是承担养老服务的各级行政机关和参照公务员法管理、具有行政管理职能的事业单位。纳入行政编制管理且经费由财政负担的群团组织,也可根据实际需要,通过购买服务方式提供养老服务。

(二)界定承接主体。各地可根据国办发〔2013〕96号文件确定的原则和养老服务的要求,规定承接主体的具体条件。购买工作应按照政府采购法律制度规定,根据服务项目的采购需求特点,选择适用采购方式确定承接主体,严禁转包行为。

(三)确定购买内容。政府购买养老服务内容应突出公共性和公益性,按照量力而行、尽力而为、可持续的原则确定。各地要全面梳理现行由财政支出安排的各类养老服务项目,凡适合市场化方式提供、社会力量能够承担的,应按照转变政府职能要求,通过政府购买服务方式提供方便可及、价格合理的养老服务。要根据养老服务的性质、对象、特点和地方实际情况,重点选取生活照料、康复护理和养老服务人员培养等方面开展政府购买服务工作。在购买居家养老服务方面,主要包括为符合政府资助条件的老年人购买助餐、助浴、助洁、助急、助医、护理等上门服务,以及养老服务网络信息建设;在购买社区养老服务方面,主要包括为老年人购买社区日间照料、老年康复文体活动等服务;在购买机构养老服务方面,主要为"三无"(无劳动能力,无生活来源,无赡养人和扶养人或者其赡养人和扶养人确无赡养和扶养能力)老人、低收入老人、经济困难的失能半失能老人购买机构供养、护理服务;在购买养老服务人员培养方面,主要包括为养老护理人员购买职业培训、职业教育和继续教育等;在养老评估方面,主要包括老年人能力评估和服务需求评估的组织实施、养老服务评价等。

各地要根据养老服务的项目范围,结合本地经济社会发展水平、财政承受能力和老年人基本服务需求,制定政府购买养老服务的指导性目录,明确服务种类、性质和内容,细化目录清单,并根据实际情况变化,及时进行动态调整。对不属于政府职责范围内的服务项目,政府不得向社会力量购买。

(四)规范服务标准。各地应根据所购买养老服务的项目特点,制定统一明确、操作性强、便于考核的基本服务标准,方便承接主体掌握,便于购买主体监管。购买主体要及时对服务标准的执行情况进行梳理,总结经验,逐步完善服务标准体系。

(五)提供资金保障。政府购买养老服务资金在现有养老支出预算安排中统筹考虑。对于新增的养老服务内容,地方各级财政要在科学测算养老服务项目和补助标准基础上,列入同级财政预算。

(六)健全监管机制。各地要加强政府购买养老服务的监督管理,完善事前、事中和事后监管体系,要严格遵守相关财政财务管理规定,确保政府购买养老服务资金规范管理和使用,不得截留、挪用和滞留。购买主体要严格按照政府购买服务的操作规程,公平、公正、公开选择承接主体,建立健全内部监督管理制度,按规定公开购买服务相关信息,自觉接受社会监督。承接主体应健全财务制度,严格按照服务合同履行服务任务,保障服务数量、质量和效果。服务完成后,购买主体应委托第三方独立审计机构对金额较大、服务对象较多的项目进行审计,并出具审计报告。

(七)加强绩效评价。各地要建立健全由购买主体、养老服务对象以及第三方组成的综合评审机制,加强购买养老服务项目绩效评价。在绩效评价体系中,要更侧重受益对象对养老服务的满意度评价。政府购买养老服务的绩效评价结果要向社会公布,并作为政府选择购买养老服务承接主体、编制以后年度政府购买养老服务项目与预算的重要参考依据,建立承接主体的动态调整机制。

四、落实政府购买养老服务的工作责任

各地要高度重视政府购买养老服务工作,要建立健全政府统一领导、财政部门牵头、民政等有关职能部门协同、社会广泛参与的工作机制。财政部门和其他政府职能部门要加强对不同地区、不同项目、不同服务的分类指导工作,定期研究政府购买养老服务的重要事项,及时发现、研究和解决工作中出现的问题。同时,要充分利用各种宣传媒体,广泛宣传实施政府购买养老服务工作的重要意义、主要内容、政策措施,充分调动社会参与的积极性,为推进养老服务工作营造良好的舆论氛围。

2014 年 8 月 26 日

7. 财政部 民政部 住房和城乡建设部 人力资源社会保障部 国家卫生和计划生育委员会 中国残疾人联合会关于做好政府购买残疾人服务试点工作的意见

（财社〔2014〕13 号）

各省、自治区、直辖市、计划单列市财政厅（局）、民政厅（局）、住房和城乡建设厅（局）、人力资源和社会保障厅（局）、卫生计生委、残疾人联合会，新疆生产建设兵团财务局、民政局、建设局、人力资源和社会保障局、卫生局、残疾人联合会：

为深入贯彻党的十八大和十八届三中全会精神，有效落实《国务院办公厅关于政府向社会力量购买服务的指导意见》（国办发〔2013〕96 号），积极推动政府购买残疾人服务工作的有序发展，现就做好政府购买残疾人服务试点工作通知如下：

一、基本原则

政府购买残疾人服务应按照政府主导、部门负责、社会参与、市场推动、共同监督为原则，突出残疾人服务公共性和公益性，优先设立受益面广、受益对象直接的政府购买服务项目。切实转变政府职能，促进政事分开、政社分开，创新残疾人服务供给机制和方式，提升残疾人服务的社会化、专业化、市场化水平，提高政府投入残疾人服务资金的使用效益，促进残疾人公共服务资源的优化配置，为广大残疾人提供优质高效的基本公共服务。

7. 财政部 民政部 住房和城乡建设部 人力资源社会保障部 国家卫生和计划生育
委员会 中国残疾人联合会关于做好政府购买残疾人服务试点工作的意见

二、工作目标

以探索和完善政府购买残疾人服务的服务内容、购买方式、标准规范、监管机制、绩效评价和保障措施等为重点,通过试点,总结经验,摸索规律,完善措施,逐步实现残疾人服务资源的优化配置,提升广大残疾人享受公共服务的满意度。力争到 2020 年,在全国基本建立比较完善的政府购买残疾人服务机制,形成残疾人公共服务资源高效配置的服务体系和供给体系,显著提高残疾人公共服务水平和质量。

三、试点任务

(一)明确购买主体。政府购买残疾人服务的主体是承担残疾人公共服务职责的各级行政机关和参照公务员法管理的事业单位,具有行政管理职能的事业单位及纳入行政编制管理、经费由财政负担的群团组织。

(二)确定承接主体。各地可根据国办发〔2013〕96 号文件确定的原则和残疾人服务的要求规定承接主体的具体条件。购买工作应按照政府采购法律制度规定,根据服务项目的采购需求特点,选择适用采购方式确定承接主体,严禁转包行为。鼓励各级残疾人联合会组织(以下简称"残联组织")所属符合承接主体条件的残疾人服务机构、社会组织平等参与政府购买残疾人服务工作,并逐步推动其职能的转变。

(三)探索试点项目。政府购买残疾人服务的内容为适合市场化方式提供、社会力量能够承担的公共服务。根据当前残疾人服务实际,各地可选取残疾儿童筛查、诊断、抢救性康复、残疾人康复辅具配置(辅助器具适配)、残疾人照料服务、有劳动能力的残疾劳动者就业培训与岗位提供、残疾人家庭无障碍改造等服务项目集中开展试点工作。有条件的地方可根据实际情况,适当扩大服务项目范围,并逐步总结经验,加强政府购买服务项目的动态管理。

(四)制定指导性目录。各地要按照转变政府职能的要求,根据试点项目范围,结合本地经济社会发展水平、财政承受能力和残疾人类别化、个性化基本服务需求,制定政府购买残疾人服务的指导性目录,明确服务种类、性质和内容,细化目录清单,并在总结试点经验基础上,及时进行动态调整。

（五）规范服务标准。各地应根据所购买残疾人服务的项目特点，制定统一明确、操作性强、便于考核的基本服务标准，方便承接主体掌握，便于购买主体监管。购买主体要及时对服务标准的执行情况进行梳理，总结经验，逐步完善服务标准体系。在残疾人服务标准体系制定过程中，可将残联组织确定的相关服务规范标准纳入其中。

（六）提供资金保障。各地要按照国办发〔2013〕96 号文件要求，通过既有财政预算安排的用于残疾人事业方面的资金，统筹解决政府购买残疾人服务所需资金。要科学测算服务项目和补助标准，合理编制政府购买残疾人服务资金预算。随着政府提供残疾人服务的发展所需增加的资金，应按照预算管理要求列入财政预算。

（七）健全监管机制。各地要加强政府购买残疾人服务的监督管理，完善事前、事中和事后监管体系，要严格遵守相关财政财务管理规定，确保政府购买残疾人服务资金规范管理和使用，不得截留、挪用和滞留资金。购买主体要严格按照政府购买服务的操作规程，公平、公正、公开选择承接主体，建立健全内部监督管理制度，按规定公开购买服务相关信息，自觉接受社会监督。承接主体应健全财务制度，严格按照服务合同履行服务任务，保障服务数量、质量和效果。服务完成后，购买主体应委托第三方独立审计机构对金额较大、服务对象较多的项目进行审计，并出具审计报告。

（八）加强绩效评价。各地要建立健全由购买主体、残疾人服务对象以及第三方组成的综合评审机制，发挥残联组织作为重要的第三方的作用，加强购买残疾人服务项目绩效评价。在绩效评价体系中，要重视受益对象的评价和确认，加大受益对象评价的比重，突出对一定比例的受益对象的抽样调查。政府购买残疾人服务的绩效评价结果要向社会公布，并作为政府选择购买残疾人服务承接主体、编制以后年度政府购买残疾人服务项目与预算的重要参考依据。

四、工作要求

（一）健全工作机制。建立健全政府统一领导、残工委统筹协调、财政部门与政府职能部门牵头、残联组织推动、社会广泛参与的工作机制。

要定期研究政府购买残疾人服务的重要事项,及时研究解决试点工作中
出现的问题。定期在相关部门间汇总通报政府购买残疾人服务的工作
情况。

(二)确定试点地区。根据现实工作基础,确定优先开展相关试点项
目的试点城市或地区。原则上,每个省、自治区、直辖市都要选择 1 到 2
个地区或城市开展试点工作,取得经验后再逐步扩大范围。具体试点地
区范围,由省级财政部门、职能部门会同残联组织研究确定,报中央相应
部门备案。

(三)及时跟进总结。要及时总结试点经验,完善试点工作,制定并
逐步完善试点工作措施和实施办法。在总结经验的基础上,将政府购买
残疾人服务逐步扩展到残疾人社会保障、医疗、康复、法律维权、教育、就
业、扶贫、文化、体育、托养、照料、住房保障和无障碍服务等各个领域中的
服务项目。

(四)加强分类指导。财政部门与政府职能部门、残联组织要加强对
不同地区、不同项目、不同服务的分类指导工作。试点地区要切实加强调
查研究,认真总结经验,及时发现并解决实施过程中出现的问题,试点进
展情况和工作中遇到的重大问题,及时报财政部、职能部委和中国残联。

(五)做好培训宣传。充分利用各种宣传媒体,广泛宣传实施政府购
买残疾人服务工作的指导思想、重要意义、主要内容、政策措施、示范典
型,充分调动社会参与的积极性,为推进试点工作营造良好的舆论氛围。

财政部

民政部

住房和城乡建设部

人力资源社会保障部

国家卫生和计划生育委员会

中国残疾人联合会

2014 年 4 月 23 日

政府购买残疾人服务试点项目目录

一、残疾人康复辅具配置（辅助器具适配）服务

1.假肢、矫形器装配

2.助听器验配、调试、维护维修

3.低视力助视器适配

4.残疾人生活自助及护理用具适配

5.轮椅适配

6.其他辅助器具适配

二、残疾儿童抢救性康复服务

1.残疾儿童康复训练

2.残疾儿童治疗

3.0—6岁儿童残疾初筛、复筛、诊断

三、残疾人照料服务

1.机构托养服务

2.机构供养服务

3.居家托养服务

4.日间照料服务

5.生活照料服务

四、残疾人就业培训与岗位提供服务

五、残疾人家庭无障碍改造服务

1.住宅公共空间无障碍改造

2.乡村民居无障碍改造

3.卧室无障碍改造

4.卫生间无障碍改造

5.厨房无障碍改造

8. 北京市人民政府办公厅关于政府向社会力量购买服务的实施意见

（京政办发〔2014〕34号）

各区、县人民政府，市政府各委、办、局，各市属机构：

为贯彻落实《国务院办公厅关于政府向社会力量购买服务的指导意见》（国办发〔2013〕96号），进一步转变政府职能，创新公共服务供给模式，加大政府向社会力量购买服务（以下简称政府购买服务）的力度，积极构建公平、优质、高效的公共服务体系，结合本市实际，现就政府购买服务工作提出如下实施意见。

一、充分认识政府购买服务的重要性

政府购买服务，是通过发挥市场机制作用，把政府直接向社会公众提供的公共服务等事项，按照一定的方式和程序，交由具备条件的社会力量承担，并由政府根据服务数量和质量向其支付费用。

（一）政府购买服务是转变政府职能的迫切需要。将部分公共服务从"直接举办、直接提供"转为"购买服务、监督质量"，有利于充分发挥财政资金使用效益，切实降低行政成本，进一步提高公共服务水平和效率，对深化社会领域改革，推动政府职能转变，加快建设高效透明的服务型政府具有重要意义。

（二）政府购买服务是健全完善公共服务体系的重要途径。为有效解决一些领域公共服务缺位、规模不足、质量不高、发展不平衡、专业性不强等问题，必须进一步强化政府公共服务职能，通过创新公共服务供给模式，整合利用社会资源，构建多层次、多方式的公共服务供给体系。

（三）政府购买服务是促进社会力量发展的重要举措。释放有效需求，放开公共服务市场准入，创新服务业态，充分调动社会组织、企业等社会力量参与社会治理、提供公共服务的积极性，促进其健康发展。

二、政府购买服务的总体思路

（一）指导思想。

全面贯彻落实党的十八大、十八届三中全会精神和习近平总书记系列重要讲话特别是考察北京工作时的重要讲话精神，准确把握首都城市战略定位，加快转变政府职能，推进政事分开和政社分开，进一步放开公共服务市场准入，改革创新公共服务提供机制和方式，推动建立公平、优质、高效的公共服务体系，满足公众日益增长的公共服务需求。

（二）基本原则。

1.明确重点，注重实效。进一步明确政府公共服务职能，准确把握社会公共服务需求，把政府购买服务的重点放在公共服务缺位、水平不高、效率不高的领域。按照有利于转变政府职能，有利于降低服务成本，有利于提升服务水平和资金使用效益的原则，推进政府购买服务工作，确保取得实效。

2.积极推进，稳步实施。基本公共服务领域要逐步加大政府购买力度；非基本公共服务领域要更多更好地发挥社会力量作用。制定政府购买服务指导性目录，逐步扩大购买服务的范围和规模，有序引导社会力量参与服务供给。各区县政府、各部门要改革创新公共服务供给方式，积极探索政府购买服务新形式。

3.公开透明，竞争择优。及时公布政府购买服务指导性目录、年度计划和绩效评价结果等信息，主动接受社会监督。按照竞争择优原则选择承接政府购买服务的社会力量，研究制定有利于承接主体多元化的政府购买服务政策，并建立优胜劣汰的奖惩机制。

4.统筹协调，完善机制。建立机构编制管理与政府购买服务的协调机制，对可以通过政府购买服务方式提供服务的，不再增设机构或增加人员。将深化政府购买服务工作与事业单位改革有机衔接，推动事业单位与主管部门理顺关系和去行政化，并根据实际及时调整机构编制和经费。

（三）工作目标。

2014 年,出台政府购买服务指导性目录,初步建立基本政策制度,形成统一有效的工作机制。到 2017 年,建立比较完善的政府购买服务制度,形成与本市经济社会发展水平相适应、高效合理的公共服务资源配置体系和供给体系,公共服务水平和质量显著提高。

三、积极稳妥开展政府购买服务工作

（一）购买内容。

政府购买服务的内容为政府职责范围内、适合采取市场化方式提供、社会力量能够承担的公共服务、事务性管理服务以及履行政府职责所需的辅助性服务。与保障和改善民生密切相关领域的公共服务项目应重点考虑、优先安排。应由政府直接提供、不适合社会力量承担的公共服务,以及不属于政府职责范围的服务项目,不得向社会力量购买。

对政府购买服务内容实行指导性目录管理,并根据经济社会发展水平和公共服务需求动态调整。对指导性目录范围内适合社会力量承担的服务项目,原则上应采取政府购买服务的方式提供。

（二）购买主体。

政府购买服务的主体是各级行政机关和参照公务员法管理、具有行政管理职能的事业单位,以及纳入行政编制管理且经费由财政负担的群团组织。其他机关事业单位使用财政性资金购买服务参照执行。

（三）承接主体。

承接政府购买服务的主体包括依法在民政部门登记成立或经国务院批准免予登记的社会组织,以及依法在工商管理或行业主管部门登记成立的企业、机构等社会力量。符合条件的事业单位也可作为承接主体,但要与社会力量公开平等竞争。

承接主体应具有独立承担民事责任的能力,具备提供服务所必需的设施、人员和专业技术能力,具有健全的内部治理结构、财务会计和资产管理制度,具有良好的社会和商业信誉,具有依法缴纳税收和社会保险的良好记录,并符合登记管理部门依法认定的其他条件。承接主体的具体条件由购买主体会同财政部门根据购买服务的内容确定,但不得附加与服务无关的限制条件。

（四）购买程序。

具有购买服务需求的部门和单位应在编制年度预算时提出政府购买服务的项目，编报年度项目预算，并将年度计划向社会发布。政府采购范围内的服务项目要严格按照政府采购流程购买；政府采购范围外的服务项目可参照政府采购有关规定购买，也可采取合同、委托等方式购买。购买主体应与承接主体签订合同，监督项目实施；承接主体要严格履行合同义务，按时完成服务项目任务，保证服务数量、质量和效果，严禁转包行为。

（五）预算管理。

政府购买服务所需资金坚持"以事定费"，按照现行预算管理办法列入购买主体部门预算，不单独设立专项资金；坚持"费随事转"，原有服务项目转为政府购买服务方式的，及时调整原有相关支出预算。

（六）绩效管理。

购买主体要对承接主体提供服务的数量、质量、服务对象满意度等进行绩效评价。财政部门要对重点领域和重点项目政府购买服务资金使用效益进行监督检查和绩效评价。充分发挥服务对象和第三方在确定购买内容和绩效评价工作中的作用，建立社会力量承接政府购买服务的信用体系。

四、保障措施

（一）加强组织领导。

加强政府购买服务工作的组织领导，按照"政府统一领导，财政部门牵头，业务部门分工配合"的原则，建立全市统筹协调机制，形成各负其责、齐抓共管的工作格局，确保工作规范有序开展。

（二）明确职责分工。

市政府有关部门要根据职责分工，深入开展调研，认真听取具有购买服务需求的部门和单位意见建议，进一步研究细化政府购买服务的政策措施。财政部门负责牵头建立健全政府购买服务制度，制定政府购买服务预算管理办法，组织编制并发布政府购买服务指导性目录，做好政府购买服务的预算资金管理、绩效评价等工作。机构编制部门负责制定与政府购买服务相衔接的机构编制管理办法,参与编制政府购买服务指导性目录。民政、工商管理及行业主管部门负责制定承接主体条件标准,并将其服务质量和效果纳入社会组织评估和年检的工作内容。民政、社会建设部门负责研究制定促进社会组织发展的政府购买服务具体政策。监察、审计部门负责加强对政府购买服务工作的监督和审计。具有购买服务需求的部门和单位要建立健全相关工作制度,认真做好组织实施工作,并对购买服务项目进行监督管理和绩效评价。

各区县政府要认真落实政府购买服务工作,结合本地实际,制定具体实施意见和办法,按照事权范围编制本区域的政府购买服务目录,并报市财政局备案。市财政局要会同有关部门加强对各区县开展政府购买服务工作的指导和监督,积极推动相关工作顺利开展。

(三)做好宣传引导。

各区县政府、各部门要向社会公众广泛宣传政府购买服务的目的、意义和相关要求,做好政策解读,加强舆论引导,充分调动社会力量的积极性,积极营造良好的社会氛围。

北京市人民政府办公厅

2014 年 6 月 6 日

9. 北京市 2014—2015 年市级政府向社会力量购买服务指导性目录

（京财综〔2014〕1418 号）

市级各部门预算单位：

为贯彻落实《国务院办公厅关于政府向社会力量购买服务的指导意见》（国办发〔2013〕96 号）和《北京市人民政府办公厅关于政府向社会力量购买服务的实施意见》（京政办发〔2014〕34 号），进一步规范北京市市级政府购买服务工作，结合北京市实际，我们编制了《北京市 2014—2015年市级政府向社会力量购买服务指导性目录》，现印发给你们，请遵照执行。

附件：北京市 2014—2015 年市级政府向社会力量购买服务指导性目录

北京市财政局

2014 年 7 月 28 日

一、教育类

1.教育资源数字化制作及传播

2.教育评估监测

3.校园安全保障

4.学生竞赛活动组织和实施

5.全民终身教育服务

6.教育基础设施管理与维护

二、医疗卫生及计划生育类

7.公共卫生知识普及推广服务

8.公益性健康检查

9.居民就医预约挂号服务

10.重大疾病预防控制辅助性服务

11.灾害事故紧急医学救援辅助性服务

12.公共医疗卫生成果推广应用

13.卫生人才培养

14.突发公共事件卫生应急处置辅助性服务

15.育龄夫妇计生、优生技术服务

16.计生、优生、生殖健康等科普宣传教育和咨询服务

三、社会保障类

17.失智失能老人养老服务

18.老年人精神关怀

19.居家养老助残服务

20.养老服务机构和托老所"全托型"床位

21.养老机构管理服务人员培训

22.残疾人康复

23.残疾人就业指导

24.残疾人职业技能培训

25.防灾减灾应急救助宣传培训

26.社会救助组织与实施辅助性工作

27.社会福利设施管理与维护

28.婚姻登记业务咨询和婚姻家庭辅导服务

29.优抚安置设施维护

四、"三农"服务类

30.园林设施维护与管理

31.水利基础设施维护与管理

32.农业常规性检测

33.动物重大疫情和农作物重大病虫害监测预警和防控辅助性服务

五、文化类

34.公共文化设施运营维护

35.公益性文化活动组织实施

36.文化遗产保护与传播

37.公益性艺术品创作

六、体育类

38.体育基础设施管理与维护

39.公益性竞赛、体育活动组织实施

40.全民健身指导

41.国民体质测试与指导

七、交通运输类

42.交通运输基础设施维护与管理

43.交通执法暂扣车辆保管

44.道路运输营运车辆综合性能检测

45.重点物资和紧急客货运输

八、市政市容类

46.环境清扫维护

47.绿地管理养护

九、环境保护类

48.辅助性监测设施维护

49.环保宣传

50.放射性废物处置设施运行管理

十、社会事务类

51.法律援助及公益性法律咨询

52.人民调解

53.普法服务

54.公众热线服务

55.证照办理辅助性服务

56.产品、食品质量安全监管检验检测服务

57.安全生产监督检查辅助服务

58.安全生产专业技术支撑服务

十一、人才就业服务类

59.公益性就业、创业指导

60.公益性招聘

61.职业技能鉴定

62.档案托管服务辅助性工作

十二、政府辅助性服务类

63.资产及其他评估服务

64.调查统计

65.研究分析、规划

66.审计检查

67.会计服务

68.法律服务

69.宣传推广

70.咨询服务

71.培训服务

72.会议服务

73.交流合作

74.车辆租赁、维修和保养服务

75.印刷服务

76.保险服务

77.基础电信服务

78.信息化服务

79.计算机设备维修和保养服务

80.办公设备维修和保养服务

81.物业管理服务

10. 北京市承接政府购买服务
社会组织资质管理办法

（京民社发〔2015〕238号）

各业务主管单位,各区县民政局,各社会组织:

为贯彻落实财政部、民政部《关于支持和规范社会组织承接政府购买服务的通知》(财综〔2014〕87号)精神及市政府有关规定,结合工作实际,我们对《北京市承接政府购买服务社会组织资质管理办法(试行)》做了进一步修订完善,现将修订后的《北京市承接政府购买服务社会组织资质管理办法》印发给你们,请认真贯彻执行。

北京市民政局

2015年7月6日

第一条 为规范承接政府购买服务社会组织的资质管理,根据《国务院办公厅关于政府向社会力量购买服务的指导意见》《北京市人民政府办公厅关于政府向社会力量购买服务的实施意见》和《财政部民政部关于支持和规范社会组织承接政府购买服务的通知》,制定本办法。

第二条 本办法适用于通过公开招标、邀请招标、竞争性谈判、单一来源采购等形式获得承担原本由政府承担的公共服务的社会组织,以及得到政府财政资金资助开展公益服务的社会组织。

社会组织承接政府购买服务资质,应坚持平等参与、竞争择优、公开透明、注重绩效、社会评价的原则。

第三条 民政部门是社会组织承接政府购买服务资质的管理部门,

资质管理工作按照社会组织登记管理权限,实行分级管理。

第四条 具有承接政府购买服务资质的社会组织应当是依法在民政部门登记成立或经国务院批准免予登记的社会组织,应具有独立承担民事责任的能力,符合民政部门依法认定具体条件的社会团体、民办非企业单位、基金会。

第五条 社会组织承接政府购买服务应当具备以下基本条件:

(一)具有开展工作所必需的条件,有固定的办公场所和合法稳定的收入来源,有必要的专职工作人员;

(二)具有健全的法人治理结构,完善的内部管理、信息公开和民主监督制度;

(三)执行《民间非营利组织会计制度》,具有完善的财务核算和资产管理制度,有独立的银行账号,有依法缴纳税收、社会保险费的良好记录;

(四)上年度年检合格;

(五)近两年无重大违法违规行为,在政府购买服务中无违反合同行为,未受到登记管理机关或者其他政府部门行政处罚;

(六)符合购买主体、行业管理部门和财政部门提出的具体专业资质要求。但不得对承接主体实行歧视性差别待遇。

第六条 采取联合方式申报政府购买服务项目或财政资金资助项目的,其组成成员均应符合本办法第五条的规定。

第七条 符合本办法第五条规定,在公平竞争、同等条件下,具备以下情形之一的,购买主体可优先选择:

(一)具有捐赠税前扣除资格或非营利组织免税资格;

(二)在国际国内或市内具有较大影响力,具有良好的社会声誉,曾获得政府和有关组织荣誉;

(三)曾经承接政府购买服务,并获得良好评价;

(四)参加社会组织社会评估并获得3A以上评估等级;

(五)具备购买主体、行业管理部门和财政部门提出的其他优先条件。

第八条 社会组织在申请承接政府购买服务时,应提供以下资料供购买主体审查：

（一）提供登记证书、年检结论、年度报告、财务审计报告、依法缴纳税收和社会保险费等相关证明材料；

（二）提供无重大违法记录的声明；

（三）符合第七条优先条件的相关证明材料。

第九条 建立健全由购买主体、服务对象及专业机构组成的综合性评价机制。

购买主体在绩效评价时，发现社会组织在承接政府购买服务中出现违法违规行为的，应向民政部门和业务主管单位通报。民政部门可以视情节轻重给予该社会组织相应的年度检查结论，对违法违规行为情节严重的，依法进行查处。对违反其他法律、法规的，由有关国家机关依法处理。

第十条 民政部门将社会组织承接政府购买服务行为及绩效评价结果纳入年度检查、评估考核和信用记录内容。

社会组织在当年年度检查中，应如实提供购买主体对其承接政府购买服务的绩效评价报告。

第十一条 民政部门负责建立完善社会组织信用体系，建立社会组织承接政府购买服务信用记录，及时收录各购买主体对承接政府购买服务的社会组织绩效评价结果。每年按时向社会公布社会组织名录，披露社会组织年检、评估、对违法社会组织的处罚决定等信用情况，并协助购买主体核实社会组织的资质及相关条件。

第十二条 本办法由北京市民政局负责解释。

第十三条 本办法自印发之日起实行。《北京市承接政府购买服务社会组织资质管理办法（试行）》同时废止。

11. 上海市人民政府关于进一步
建立健全本市政府购买服务
制度的实施意见

（沪府发〔2015〕21 号）

各区、县人民政府，市政府各委、办、局：

为贯彻落实党的十八大和十八届三中、四中全会精神，加快推进政府购买服务改革，进一步促进政府职能转变，更好地发挥市场在资源配置中的决定性作用，依据《中华人民共和国预算法》和《中华人民共和国政府采购法》及其实施条例等法律法规规定，按照《国务院办公厅关于政府向社会力量购买服务的指导意见》（国办发〔2013〕96 号）和《财政部 民政部 工商总局关于印发〈政府购买服务管理办法（暂行）〉的通知》（财综〔2014〕96 号）的要求，结合本市实际，现就进一步建立健全本市政府购买服务制度提出如下实施意见：

一、立足全局、着眼长远，正确把握深化政府购买服务改革的指导思想、基本原则和目标任务

（一）指导思想

全面贯彻党的十八大和十八届三中、四中全会精神，按照"四个全面"的战略布局，紧紧围绕使市场在资源配置中起决定性作用和更好发挥政府作用，正确处理政府和市场、社会的关系，进一步放开公共服务市场准入，不断加大公共服务提供机制和方式的改革创新力度，加快构建多层次、多方式、多元化的公共服务供给新体系，推动具有中国特色、上海特点的公共服务体系建设，努力为人民群众提供更加方便快捷、优质高效的公共服务。

（二）基本原则

1.公共公益、有进有退。对应由政府提供、适合社会力量承担的各类事务性公共管理和服务,纳入政府购买服务范围;对应由政府直接提供、不适合社会力量承担或者不属于政府职责范围的服务内容,不得向社会力量购买,切实解决政府职能"越位""缺位"和"错位"的问题。

2.突出重点、民生优先。准确把握社会公共服务需求,充分发挥政府主导作用,重点考虑、优先安排、聚焦保障与改善民生密切相关、有利于转变政府职能、有利于推进城乡基本公共服务均等化、有利于创新社会治理加强基层建设的领域和项目,把有限的财政资金用到人民群众最需要的地方。

3.公开透明、竞争择优。按照"公开、公平、公正"的原则,坚持以事定费、费随事转,通过竞争择优方式,确定承接政府购买服务的市场主体,多中选好、好中选优,建立优胜劣汰的动态调整和信息公开机制,确保具备条件的社会力量平等参与竞争,逐步实现承接主体多元化和提供方式的市场化、社会化。

4.政策衔接、完善机制。政府购买服务所需资金应列入财政预算,从既有财政预算中统筹考虑和安排;坚持深化推进政府购买服务改革与政府职能转变相衔接,深入推进政事分开、政社分开,加快实现由"养人"向"养事"转变,加快形成公共服务提供新机制,切实降低公共服务成本。

5.积极稳妥、逐步到位。既着眼长远、整体规划,提出中长期目标任务,体现先易后难、分步实施的要求,又立足当前、远近结合,充分考虑改革面临的外部环境和区县实际,明确近期重点任务,体现分类指导、先试点后推广的要求。

（三）目标任务

2015—2017年,政府购买服务工作在全市逐步推开,规范统一、安全高效的购买服务公共管理平台和运行机制基本形成,相关制度体系建设取得新进展,政府购买服务的范围和规模不断扩大,购买服务逐步成为政府提供公共服务的重要方式之一。到2020年,在全市建立起比较完善的政府购买服务制度,形成与"全国改革开放排头兵、创新发展先行者"相适应、与建设上海"四个中心"和具有全球影响力的科技创新中心相匹配的公共服务资源配置和供给体系,公共服务水平和质量显著提高。

二、抓住关键、聚焦突破,加快构建有利于推进实现国家治理体系与治理能力现代化的政府购买服务制度

当前和今后一个时期,要按照中央对上海新的战略定位和当好全国改革开放排头兵、创新发展先行者的总体要求,不失时机地深化推进政府购买服务改革,努力取得改革的先发效应。

(一)准确把握购买主体范围,科学厘清各主体间关系。政府购买服务的主体(以下简称"购买主体")是本市各级行政机关、行政类事业单位以及参照行政类管理的事业单位。党的机关、纳入行政编制管理且经费由财政负担的群团组织向社会提供的公共服务以及履职服务,也可根据职能需要,通过政府购买服务方式提供。

政府购买服务应与行政体制改革、事业单位改革和社会组织改革相结合。建立机构编制管理与政府购买服务的互动协调机制,对可以通过政府购买服务方式提供公共服务的,原则上不再增设机构或增加人员编制,严格控制财政供养人员总量;推动事业单位与主管部门理顺关系和去行政化改革,理顺政事关系、事企关系,推进有条件的事业单位转为企业或社会组织,并相应调整财政预算保障方式,坚决防止一边花钱购买服务、一边通过财政拨款养人办事"两头占"的现象发生。

(二)创新完善公共服务市场准入制度,鼓励引导社会力量积极有序参与。承接政府购买服务的主体(以下简称"承接主体")包括在登记管理部门登记或经国务院批准免予登记的社会组织、按事业单位分类改革应划入公益二类或转为企业的事业单位,依法在工商管理或行业主管部门登记成立的企业、机构等社会力量。要结合推进简政放权和落实国家出台的市场准入负面清单,进一步放开公共服务市场准入,着力培育市场主体。购买主体要坚持规范操作,确保社会力量公平参与、平等竞争,不得以不合理的条件对承接主体实行差别化歧视。

社会组织是政府购买服务的重要承接主体。购买主体应在公平竞争的原则下,鼓励行业协会商会参与承接政府购买服务,培育发展社会组织,提升社会组织承担公共服务能力,推动行业协会商会与行政机构脱钩。购买主体在购买民生保障、社会治理和行业管理等公共服务项目时,在同等条件下优先向社会组织购买。按照做强做大做优社会组织的要求,鼓励和引导社会组织跨区域承接政府购买服务项目,切实解决部分社会组织行政化色彩较浓、市场竞争不足等方面的问题,不断激发和增强社会组织活力,加快培育和形成一批具有良好的社会和商业信誉、拥有自主品牌优势和核心竞争力的新型社会组织。

(三)合理界定购买范围,分级实施目录管理。政府购买服务范围应根据政府职能性质确定,并与经济社会发展水平相适应。政府购买服务的内容为适合采取市场化方式提供、社会力量能够承担的公共管理和服务事项,突出公共性和公益性。教育、就业、社保、医疗卫生、住房保障、文化体育、残疾人服务等基本公共服务领域要逐步加大政府购买力度;非基本公共服务领域,要更多更好地发挥社会力量的作用。

对不属于政府职责范围,以及应由政府直接提供、不适合社会力量承担,或者政府提供的效率明显高于社会力量、政府提供的综合成本明显低于市场供给的事项,不得向社会力量购买。不得向社会力量购买服务的内容事项包括国家安全、保密事项、司法审判、行政决策、行政审批、行政处罚、行政征收、行政给付、行政强制、行政裁决、行政检查、行政确认、行政复议、行政备案、行政征用、行政调解、市场监管,以及法律法规和政府规章另有规定不得实施政府购买服务的内容事项等。

进一步健全完善本市政府购买服务目录管理制度。除法律法规另有规定外,基本公共服务、社会管理性服务、行业管理与协调性服务、技术性服务、政府履职所需辅助性事项、其他适宜由社会力量承担的服务事项等应纳入政府购买服务指导性目录。市、区县两级财政部门要按照"有利于转变政府职能、有利于降低服务成本、有利于提升服务质量水平和资金效益"的原则,科学确定适宜向社会力量购买的公共管理和服务事项,分别制定政府购买服务实施目录,并加强跟踪管理,建立动态调整机制。

(四)规范统一购买程序,优化完善购买机制。要根据购买内容的供求特点、市场发育程度等因素,按照"方式灵活、程序简便、竞争有序、结果评价"的原则,组织实施政府购买服务,优化完善以"政府采购、合同管理、绩效评价、信息公开"为主要内容的管理模式和规范化的管理流程,加快建立和形成规范统一、公开透明的政府购买服务新机制。

购买主体应按照《中华人民共和国政府采购法》的有关规定,采用公开招标、邀请招标、竞争性谈判、竞争性磋商、单一来源采购等方式确定承接主体,严禁层层转包、豪华采购、暗箱操作。对购买服务需求标准统一的项目,应采用最低评标价法确定承接主体;对招标需求标准差异较大或者没有统一标准的项目,可按照最有利标的决标原则,采用综合评分法确定承接主体。对采购需求具有相对固定性、延续性且价格变化幅度小的服务项目,可结合实行中期财政规划管理改革,签订履行期限为1—3年的政府采购合同,有效调动各类承接主体优化资源配置、降低服务成本的积极性;对金额较大、履约周期长、社会影响面广或者对供应商有较高信誉要求的服务项目,可探索运用市场化手段,引入政府采购信用担保,通过履约担保促进服务质量提升和服务水平提高,积极培育政府购买服务供给市场。

要按照过程评价与结果评价、短期结果评价与长远结果评价、社会效益评价与经济效益评价相结合的原则,建立健全由购买主体、服务对象及专业机构组成的综合性评价机制,积极推进第三方评价,切实加强政府向社会力量购买服务的绩效管理。评价结果向社会公布,并作为以后年度编制和安排政府购买服务预算和选择承接主体的重要参考依据。对服务项目绩效评价结果优秀的承接主体,在同类项目的政府采购中,同等条件下可以优先考虑。

要严格执行《中华人民共和国政府信息公开条例》《政府采购信息公告管理办法》等国家和本市有关规定,除涉及国家秘密、商业秘密和个人隐私外,财政部门和购买主体应通过政府门户网站、政府采购网站等信息平台,及时公开财政预算及部门和单位购买服务活动的相关信息,实现政府购买服务的事前、事中、事后全程公开,自觉接受社会各界的监督,主动回应社会关切。

（五）加快构建综合监管体系,不断提高资金使用效益。要加强服务项目标准体系建设,科学设定服务需求和目标要求,逐步建立服务质量标准、项目定价体系、预算评审和调整优化机制。对情况比较复杂、难以形成统一标准的服务项目,可通过建立综合性的评审机制,加大跨部门的联合会审力度,不断提高预算编制的科学性、规范性和准确性。建立由购买主体、承接主体和社会公众共同参与的本市政府购买服务公共管理平台,并按照"先易后难、先试点后推广"的原则,先行将重点民生领域的公共服务项目,纳入政府购买服务平台统一管理,不断提高政府购买服务的规范化管理水平和财政资金的使用效益。

建立政府购买服务信用制度,构建内外结合、市与区县联动、多层次的监督机制,加强对政府购买服务的全过程、全方位监督。对弄虚作假、冒领财政资金以及有其他违法违规行为的承接主体,依法给予行政处罚,并列入政府购买服务黑名单,3年之内不得参加政府购买服务活动,加快建立和形成完善的政府购买服务退出机制;对截留、挪用和滞留资金以及其他违法违规行为,依照国家法律法规规定追究法律责任,确保政府购买服务资金规范管理和安全使用。

三、锐意进取、攻坚克难,进一步增强统筹推进政府购买服务改革的整体合力

政府购买服务改革是一项涉及面广、政策性强的综合性改革。各区县、各部门要从政治、全局和战略高度,全面准确把握政府购买服务改革方向,进一步增强紧迫感、使命感和责任感,把推进政府购买服务工作摆在发展改革的重要位置,并采取切实有效措施,确保改革顺利推进。

（一）加强组织领导。为加强统筹协调和指导推进,市政府成立由市政府分管领导担任组长,市政府分管副秘书长、市财政局局长任副组长,市财政局、市编办、市民政局、市工商局、市审计局等部门分管领导参加的上海市政府购买服务工作领导小组（以下简称"领导小组"）。领导小组下设办公室(设在市财政局)。市有关部门要加强协调沟通,切实做到各司其职、各负其责、齐抓共管、合力推进。各区县要参照市级模式,根据各自的实际情况,建立"政府统一领导,财政部门牵头,编制、民政、工商、审计以及行业主管部门协同,职能部门履职,监督部门保障"的推进机制,确保政府购买服务工作规范有序地开展。

(二)明确职责分工。领导小组在市委、市政府领导下,负责统筹研究推进本市政府购买服务工作的重大改革、重大政策和目标任务,讨论、协调推广和规范政府购买服务中的重大事项,督促检查各区县、各部门相关政策落实情况和目标任务完成情况。领导小组办公室主要承担领导小组的日常工作,协调组织落实各项重点工作任务,交流、总结和推广改革成功经验,动态跟踪、收集反映政府购买服务工作推进中出现的新情况、新矛盾和新问题,并在分析评估和专题调研的基础上,研究提出相应的意见建议报领导小组审议。市财政局作为本市政府购买服务工作的牵头部门,要积极会同有关部门加强对政府购买服务工作的组织协调和指导推进,推动政府购买服务相关制度建设,加强政府购买服务预算审核,着力推进与政府公共服务提供方式转变相适应的财政预算管理模式和监督检查、绩效评价机制创新。市编办要结合推进政府职能转变,科学界定政府职能边界;进一步完善与深化政府购买服务改革相衔接的机构编制管理制度,严格控制事业单位机构编制总量,统筹协调事业单位分类改革和政府购买服务改革。市民政局、市工商局及行业主管等部门要按照职责分工将承接主体承接政府购买服务行为的信用记录纳入年检(报)、评估、执法等监管体系,不断健全守信激励和失信惩戒机制。市审计局要加强对政府购买服务的审计,防止和避免发生截留、挪用和滞留资金等现象,确保政府购买服务工作不走偏、不变样、可持续。各区县要结合各自实际,制定具体实施办法,并按照事权划分原则和转变政府职能要求,编制发布本区县的政府购买服务实施目录,逐步加大政府购买服务力度,不断创新公共服务提供方式。

(三)做好宣传引导。各区县、各部门要充分利用广播、电视、网络、报刊等媒体,广泛宣传政府购买服务的目的、意义、目标任务和相关要求,做好政策解读和业务培训,加强舆论引导,有效调动社会组织、企业和机构等社会力量参与社会治理、提供公共服务的积极性。

本实施意见自印发之日起施行,有效期至 2020 年 3 月 31 日。

附件:上海市政府购买服务管理办法

上海市人民政府

2015 年 5 月 23 日

上海市政府购买服务管理办法

第一章 总 则

第一条 为大力推广和规范政府购买服务,依据《中华人民共和国预算法》《中华人民共和国政府采购法》及其实施条例等国家法律法规规定,按照《国务院办公厅关于政府向社会力量购买服务的指导意见》(国办发〔2013〕96 号)、《财政部 民政部 工商总局关于印发〈政府购买服务管理办法(暂行)〉的通知》(财综〔2014〕96 号)的要求,制定本办法。

第二条 本办法所称政府购买服务,是指通过发挥市场机制作用,把政府直接提供的一部分公共服务事项以及政府履职所需服务事项,按照一定的方式和程序,交由具备条件的社会力量和事业单位承担,并由政府根据合同约定向其支付费用。

第三条 政府购买服务项目实行"政府采购、合同管理、绩效评价、信息公开"的管理办法。

第二章 购买主体

第四条 购买主体是本市各级行政机关、行政类事业单位以及参照行政类管理的事业单位。

第五条 党的机关、纳入行政编制管理且经费由财政负担的群团组织向社会提供的公共服务以及履职服务,可以根据职能需要,按照本办法规定实施购买服务。

第三章　承接主体

第六条　承接主体包括在登记管理部门登记或经国务院批准免予登记的社会组织、按事业单位分类改革应划入公益二类或转为企业的事业单位,依法在工商部门或行业主管部门登记成立的企业、机构等社会力量。

第七条　承接主体应具备以下条件:

(一)依法设立,具有独立承担民事责任的能力。

(二)治理结构健全,内部管理和监督制度完善。

(三)具有独立、健全的财务管理、会计核算和资产管理制度。

(四)具备提供服务所必需的设施、人员和专业技术能力。

(五)具有依法缴纳税收和社会保障资金的良好记录。

(六)前3年无重大违法记录,通过年检或按要求履行年度报告公示义务,信用状况良好,未被列入经营异常名录或者严重违法企业名单。

(七)符合国家有关政事分开、政社分开、政企分开的要求。

(八)法律、法规规定以及购买服务项目要求的其他条件。

第八条　承接主体的资质及具体条件,由购买主体根据第六条、第七条之规定,结合购买服务内容的性质和质量要求等具体需求确定。

第四章　购买内容

第九条　政府购买服务内容根据政府职能性质确定,并与经济社会发展水平相适应。购买事项应属于适合采取市场化方式提供、承接主体能够承担的公共服务和政府履职所需服务项目,购买事项应在经济上和技术上可行,购买成本应合理,一般应低于政府直接提供成本,购买服务效益应便于衡量和评价。

第十条　对不属于政府职责范围,以及应由政府直接提供、不适合社会力量承担,或者政府提供的效率明显高于社会力量、政府提供的综合成本明显低于市场供给的事项,不得向社会力量购买。不得向社会力量购买服务的内容事项包括国家安全、保密事项、司法审判、行政决策、行政审批、行政处罚、行政征收、行政给付、行政强制、行政裁决、行政检查、行政确认、行政复议、行政备案、行政征用、行政调解、市场监管,以及法律法规和政府规章另有规定不得实施政府购买服务的内容事项等。

第十一条 除法律法规另有规定外,下列服务应纳入政府购买服务指导性目录:

(一)基本公共服务。公共教育、劳动就业、人才服务、社会保险、社会救助、养老服务、儿童福利服务、残疾人服务、优抚安置、医疗卫生、人口和计划生育、住房保障、公共文化、公共体育、公共安全、公共交通运输、三农服务、环境治理、城市维护等领域适宜由社会力量承担的服务事项。

(二)社会管理性服务。社区建设、社会组织建设与管理、社会工作服务、法律援助、扶贫济困、防灾救灾、人民调解、社区矫正、流动人口管理、安置帮教、志愿服务运营管理、公共公益宣传等领域适宜由社会力量承担的服务事项。

(三)行业管理与协调性服务。行业职业资格和水平测试管理、行业规范、行业投诉等领域适宜由社会力量承担的服务事项。

(四)技术性服务。科研和技术推广、行业规划、行业调查、行业统计分析、检验检疫检测、监测服务、会计审计服务等领域适宜由社会力量承担的服务事项。

(五)政府履职所需辅助性事项。法律服务、课题研究、政策(立法)调研草拟论证、战略和政策研究、综合性规划编制、标准评价指标制定、社会调查、会议经贸活动和展览服务、监督检查、评估、绩效评价、工程服务、项目评审、咨询、技术业务培训、信息化项目管理和运维、后勤管理等领域适宜由社会力量承担的服务事项。

(六)其他适宜由社会力量承担的服务事项。

第十二条 市、区县两级财政部门应充分征求相关部门意见,在上述指导性目录的基础上,分别制定政府购买服务实施目录。政府购买服务实施目录实行动态调整,由部门根据本市社会经济发展水平、政府职能转变和人民群众对公共服务需求变化等情况,提出年度政府购买服务需求和内容,经财政部门审核并报同级政府购买服务工作领导小组批准同意后列入目录。对经评估确属不适合政府购买服务事项,应从政府购买服务实施目录中剔除。

第五章 预算管理

第十三条 政府购买服务所需资金应从部门预算经费或者经批准的专项资金等既有预算中统筹安排。

第十四条 购买主体要按照国家规定和行业标准,科学设定服务需求和目标要求,充分发挥行业主管部门、行业组织和专业咨询评估机构、专家等专业优势,综合物价、工资、税费等因素,根据厉行节约的原则,会同财政部门建立科学合理的服务项目质量标准和项目定价体系。

第十五条 财政部门在布置年度部门预算编制工作时,应将政府购买服务作为部门预算编报内容,并对购买服务相关预算安排提出明确要求。

第十六条 购买主体应充分开展项目论证和遴选,建立政府购买服务项目库,涉及保障和改善民生等相关领域的服务项目,要向社会公众征集意见和建议。

购买主体结合年度工作重点和实际需要,研究提出下一年度政府购买服务项目,按照部门预算编制有关要求,编制政府购买服务预算报送财政部门审核。

第十七条 财政部门应加强对政府购买服务预算的审核,必要时可会同相关职能部门建立评审小组,实行跨部门的联合会审。财政部门核定后的购买服务项目预算,随部门预算批复一并下达给购买主体。购买主体应按照财政部门下达的购买服务项目预算,组织实施购买服务工作。

第十八条 对预算已安排资金但尚未明确通过购买方式提供的服务项目,年度预算执行中,根据实际情况需要转为政府购买服务方式实施的,购买主体按照预算调整程序报送财政部门审核后按规定实施。

第六章 政府采购

第十九条 购买主体应根据购买内容的供求特点、市场发育程度等因素,按照"方式灵活、程序简便、竞争有序、结果评价"的原则,组织实施政府购买服务。

第二十条 购买主体应按照政府采购法的有关规定,采用公开招标、邀请招标、竞争性谈判、竞争性磋商、单一来源采购等方式确定承接主体。与政府购买服务相关的采购限额标准、公开招标数额标准、采购方式审核、信息公开、质疑投诉等按照政府采购相关法律制度规定执行。

第二十一条 服务项目预算金额在政府采购限额标准以上的,属于政府采购法适用范围:达到政府采购公开招标数额标准的,采用公开招标方式确定承接主体;未达到公开招标数额标准的,采用邀请招标、竞争性谈判或竞争性磋商方式确定承接主体;对市场条件尚不成熟,只有一家潜在承接主体的项目,购买主体可以采取单一来源方式进行定向委托。

第二十二条 服务项目预算金额在政府采购限额标准以下的,不属于政府采购法适用范围,可参照竞争性谈判、竞争性磋商、单一来源采购等政府采购非招标方式执行。

第二十三条 对购买服务需求标准统一的服务项目,应采用最低评标价法确定承接主体;对需求标准差异较大或者没有统一标准的服务项目,可按照最有利标的决标原则,采用综合评分法确定承接主体。

第二十四条 购买主体应在购买服务预算下达后,根据政府采购管理要求,编制政府采购实施计划,报同级政府采购监管部门备案后开展采购活动。

第七章 合同管理

第二十五条 按规定程序确定承接主体后,购买主体应及时与承接主体签订购买服务合同,明确购买服务的内容、期限、数量、质量、价格等要求,以及资金结算方式、双方的权利义务事项和违约责任等内容。

对采购需求具有相对固定性、延续性且价格变化幅度小的服务项目,可结合实行中期财政规划管理,在年度预算能保障的前提下,签订履行期限为1—3年的政府采购合同。

第二十六条 对承接主体履约时出现损害或可能损害公共利益、公共安全情形的,购买主体可按合同约定终止合同,并为保障公共服务连续性、稳定性,可以在原中标、成交候选人中按顺序确定临时承接方,如无合格候选人的,可以采取简便措施另行确定符合条件的临时承接方。

第二十七条 购买主体应加强对承接主体提供服务的跟踪监督,及时了解掌握购买项目实施进度,严格按照国库集中支付管理有关规定和合同约定支付款项。承接主体实施完成合同约定的服务事项后,购买主体应按照合同规定的技术、服务和安全标准等组织对供应商履约情况的检查验收,对政府向社会公众提供的公共服务项目,验收时应邀请服务对象参与并出具意见,验收结果应向社会公告。

第二十八条 承接主体应按合同履行提供服务的义务,认真组织实施服务项目,按时完成服务项目任务,保证服务数量、质量和效果,主动接受有关部门、服务对象及社会监督,严禁转包行为。

第二十九条 承接主体应建立健全财务管理制度,严格遵守相关财政财务规定,对购买服务的项目资金进行规范的财务管理和会计核算,加强自身监督,确保资金规范管理和使用。

第三十条 承接主体应建立健全财务报告制度,按要求向购买主体提供资金的使用情况、项目执行情况、成果总结等材料。

第八章 绩效评价

第三十一条 购买主体应建立健全体现政府购买服务项目特点和要求的绩效指标体系,编报政府购买服务项目绩效目标,开展对政府购买服务项目的绩效自评价。

第三十二条 财政部门应会同相关部门按照全过程预算绩效管理机

制的要求,推进政府购买服务绩效评价工作,加强成本效益分析,控制和降低服务成本,提高政府购买服务绩效。

财政部门应积极推进第三方评价,推动建立由购买主体、服务对象及第三方专业评审机构组成的综合性绩效评价机制,重点对购买服务项目的资金使用绩效、服务质量以及公开透明程度等进行综合、客观、公正的考核评价。评价结果作为以后年度安排政府购买服务预算和选择承接主体的重要参考依据。

第九章　信息公开

第三十三条　购买主体实施购买服务前,按照政府采购的有关要求及时向社会公告购买内容、规模、对承接主体的资质要求和应提交的相关材料等有关信息。签订购买服务合同后,应及时将购买的服务项目内容、合同金额、具体承接对象等相关信息向社会公开。完成购买服务及其绩效评价工作后,购买主体应及时将绩效评价结果信息向社会公开。

上述信息按规定向社会公开,涉及国家秘密、商业秘密和个人隐私的信息除外。

第十章　监督管理

第三十四条　购买主体应建立健全监督检查机制。加强购买服务项目全过程监督,积极配合有关部门将承接主体的承接政府购买服务行为纳入年检(报)、评估、执法等监管体系,确保资金规范管理、安全使用和绩效目标如期实现。对于购买金额较大、受益面广的公共服务项目,在完成服务后,购买主体应委托第三方独立审计机构进行审计,并出具审计报告。

第三十五条　对弄虚作假、冒领财政资金以及有其他违法违规行为的承接主体,依法给予行政处罚,并列入政府购买服务黑名单,3年之内不得参加政府购买服务活动,加快建立和形成完善的政府购买服务退出机制。

第三十六条　财政、审计等有关部门应加强对政府购买服务的监督、审计,确保政府购买服务资金规范管理和合理使用。对截留、挪用和滞留资金以及其他违反本办法规定的行为,依照《中华人民共和国政府采购法》《财政违法行为处罚处分条例》等国家有关法律法规规定,追究法律责任;涉嫌犯罪的,依法移交司法机关处理。

第十一章　附　则

第三十七条　各区县、各部门结合本区县、本部门实际情况,负责制定本区县、本部门开展政府购买服务的具体实施办法。

12. 云南省县级以上政府向社会组织
购买服务暂行办法

（云政办发〔2013〕124号）

第一条 为进一步转变政府职能，加快建设服务型政府，建立高效公共管理体制机制，提高政府购买社会组织公共服务效益，根据《中共云南省委 云南省人民政府关于大力培育发展社会组织加快推进现代社会组织体制建设的意见》（云发〔2013〕12号）精神，制定本办法。

第二条 本省行政区域内政府向社会组织购买服务活动适用本办法。

本办法所称社会组织，是指依法登记的社会团体、民办非企业单位、基金会等组织。

第三条 政府向社会组织购买服务遵循下列原则：

（一）权责明确，确保质量。

（二）竞争择优，公开透明。

（三）强化预算，注重绩效。

第四条 县级以上政府应当按照财权与事权配比原则，将向社会组织购买服务经费纳入同级财政预算。

第五条 县级以上政府有关部门按照职责分工，做好政府向社会组织购买服务工作：

（一）发展改革部门负责会同有关部门编制和实施政府投资计划，推动政府投资项目中的有关服务内容列入政府向社会组织购买服务计划。

（二）财政部门负责建立健全政府向社会组织购买服务制度，制定政府向社会组织购买服务目录，监督、指导购买主体依法开展购买服务工作,牵头做好政府向社会组织购买服务的采购管理、资金管理、监督检查和绩效评价等工作。

（三）社会组织登记管理机关定期在政府指定的信息发布媒体、网站公开依法登记的社会组织名单,参与政府向社会组织购买服务绩效评价。

（四）机构编制部门负责分期分批制定政府转移职能目录,参与政府向社会组织购买服务绩效评价。

（五）监察、审计部门负责监督政府向社会组织购买服务工作,参与政府向社会组织购买服务绩效评价。

第六条　政府向社会组织购买服务的主体（以下简称购买主体）为:纳入机构编制管理,经费由财政承担的各类机关、群团组织和事业单位。

第七条　下列事项应通过政府向社会组织购买服务方式,逐步转由社会组织承担:

（一）社会公共服务与管理事项。

1.教育、科技、文化、卫生、体育、交通运输、住房保障、社会保障、公共就业等领域适宜由社会组织承担的部分基本公共服务事项;

2.社区事务、养老助残、社会救助、法律援助、社工服务、社会福利、慈善救济、人民调解、社区矫正、安置帮教和宣传培训等领域适宜由社会组织承担的事项;

3.辅助行业资格认定和准入审核、处理行业投诉等行业管理与协调事项;

4.科研、行业规划、行业调查、行业统计分析、社会审计与资产评估、检验、检疫、检测等技术服务事项;

5.按照政府转移职能要求实行购买服务的其他事项。

（二）履行职责所需的有关服务事项。

1.法律服务、课题研究、政策调研、政策草拟、决策论证、监督评估、绩效评价、材料整理、专家评审、会务服务、编制规划、规划评估等辅助性和技术性事务;

2.按照政府转移职能要求实行购买服务的其他事项。法律法规另有规定,或涉及国家安全、保密事项以及司法审判、行政决策、行政许可、行政审批、行政执法、行政强制等事项,按照有关法律法规规定执行。

第八条 县级以上政府财政部门应会同有关部门拟订本级政府向社会组织购买服务的年度目录,报同级政府批准后实施。政府向社会组织购买服务目录应按照规定在政府指定的信息发布媒体向社会公布,情况有变化的,可根据实际进行调整。

第九条 参与政府购买服务的社会组织应具备以下条件:

(一)依法登记设立,能独立承担民事责任;

(二)治理结构健全,内部管理和监督制度完善;

(三)具有独立的财务会计核算和资产管理制度;

(四)具备提供公共服务所必需的设备和专业技术能力;

(五)行业管理部门有具体专业资质要求的,应具备相应资质要求;

(六)有依法缴纳税收和社会保障资金的良好记录;

(七)在参与政府购买服务竞争前 3 年内无重大违法违纪行为,最近 1 年年检合格,社会信誉良好;

(八)法律法规规定的其他条件。

第十条 购买主体应根据当年政府向社会组织购买服务目录,结合同级政府工作部署以及财政部门预算安排、本单位工作实际等因素,编制年度购买服务计划,经同级财政部门审核后,主动向社会公开所需购买服务项目的服务标准、购买预算、评价方法和服务要求等内容。

第十一条 政府向社会组织购买服务根据下列规定组织实施:

(一)编制采购预算。购买主体根据本单位实际需要,按照《中华人民共和国预算法》等有关规定,提出向社会组织购买服务的数量、规模、必要成本、质量和效果目标要求,在部门预算编制本年度政府向社会组织购买服务项目预算时报同级财政部门,财政部门根据采购需求及当年财力状况,审核安排项目预算。

(二)确定采购方式。政府购买服务目录中的项目均应当实施政府采购,购买主体应按照《中华人民共和国政府采购法》等有关规定,通过公开招标、邀请招标、竞争性谈判、单一来源等采购方式,委托有政府采购代理资质的政府采购代理机构组织实施。达到公开招标限额标准以上的服务项目,应当进入公共资源交易中心交易。

(三)签订购买合同。通过以上方式确定承接服务项目的社会组织后,购买主体应按照《中华人民共和国合同法》等有关规定及时与该社会组织签订购买服务合同,合同中除应明确购买服务的时间、范围、内容、服务要求、资金支付和违约责任等内容外,还应按照资金支付与服务质量挂钩原则明确支付方式。购买主体应将合同报同级财政部门备案。

第十二条 根据现行财政管理制度,购买主体购买服务所需资金,从其部门预算安排的公用经费或经批准使用的专项经费中解决。重大项目、重大民生事项或政府因工作需要临时确定的重要事项,按照财政专项资金管理规定和"一事一议"原则,专项研究确定购买服务资金规模和来源。

第十三条 购买服务所需资金从购买主体部门预算安排的公用经费或经批准使用的专项经费中解决的,由各部门依据购买服务合同,按照现行政府采购资金支付程序支付资金。

第十四条 购买主体应全面全程公开购买服务的有关信息,做到信息透明化,主动接受财政、监察、审计等部门的监督及社会监督。

第十五条 财政部门应会同审计、监察部门并引入第三方,对政府部门实施购买社会组织服务的绩效情况进行年度抽检和考评。评价范围包括购买主体购买服务的财政资金使用绩效和承接项目社会组织的服务绩效两个方面。评价结果作为以后年度预算安排及社会组织承接政府购买服务的重要参考依据。

第十六条 购买主体应建立健全内部监督管理制度。财政、监察、审计等部门应加强对购买服务的监督,对违法违规行为,按照规定,视情节轻重分别予以处罚、处分或移交司法机关处理。

第十七条 本办法自发文之日起实行。各州、市人民政府可根据本办法,结合本地实际,制定贯彻实施细则。

13. 温州市人民政府办公室关于政府向社会力量购买服务的实施意见

（温政办〔2014〕118号）

各县（市、区）人民政府，市政府直属各单位：

为规范和推进政府购买服务，进一步加快政府职能转变，积极构建公平、优质、高效的公共服务体系，提高公共服务供给水平和效率，根据《国务院办公厅关于政府向社会力量购买服务的指导意见》（国办发〔2013〕96号）和《浙江省人民政府办公厅关于政府向社会力量购买服务的实施意见》（浙政办发〔2014〕72号）精神，结合本市实际，经市政府同意，现就政府购买服务工作提出如下实施意见。

一、充分认识政府购买服务的重要性

政府向社会力量购买服务（以下简称"政府购买服务"），就是通过发挥市场机制作用，把政府直接向社会公众提供的一部分公共服务事项，按照一定的方式和程序，交由具备条件的社会力量承担，并由政府根据服务数量和质量向其支付费用。政府购买服务将部分公共服务从"直接举办、直接提供"转为"购买服务、监督质量"，有利于降低行政成本，推动政府职能转变，提高公共服务水平和效率。推进政府购买服务，创新公共服务供给模式，是健全完善公共服务体系的重要途径，能有效解决一些领域公共服务缺位、规模不足、质量不高、发展不平衡、专业性不强的问题。推进政府购买服务，释放有效需求，放开公共服务市场准入，充分调动社会力量积极性，有利于促进社会力量健康发展。

二、总体要求、目标任务和基本原则

（一）总体要求。深入贯彻落实党的十八大、十八届三中全会和省市有关会议精神，牢牢把握加快转变政府职能、推进政事分开和政社分开、在改善民生和创新管理中加强社会建设的要求，进一步放开公共服务市场准入，改革创新公共服务提供机制和方式，构建多层次、多方式的公共服务供给体系，努力为人民群众提供优质高效的公共服务。

（二）目标任务。2014年，在全市各公共服务领域开展政府向社会力量购买服务试点，制定并出台政府向社会力量购买服务指导目录、政府向社会组织转移职能指导目录、政府购买服务采购管理办法和政府购买服务财政资金管理办法。市级要遵循突出重点的原则，选择公共性、公益性较强的公共服务领域（如教育、社会保障、社会服务、医疗卫生等）和事务性管理服务领域（如软件研发、系统维护、咨询评估、会计审计等）开展试点工作，并将已列入购买服务计划的项目纳入政府采购规范管理。各县（市、区）要结合本地实际，选择群众关注度高、示范作用好的基本公共服务项目和支出较大的事务性管理服务项目作为试点。

2015年至2016年，政府向社会力量购买服务工作在全市进一步推开和规范，在完成制定制度、搭建平台和开展试点工作的基础上，初步形成统一有效的机制和平台。

2017年在全市基本建立比较完善的政府购买服务制度，形成与经济社会发展相适应、高效合理的公共服务资源配置体系和供给体系，公共服务水平和质量显著提高。

（三）基本原则。

1.明确重点，注重实效。进一步明确政府公共服务职能，准确把握社会公共服务需求，把政府购买服务的重点放在公共服务缺位、水平不高、效率不高的领域，把有限的资金用在刀刃上，用到人民群众最需要的地方。

2.积极稳妥，有序实施。从实际出发，准确把握社会公共服务需求，充分发挥政府主导作用，有序引导社会力量参与服务供给，形成改善公共服务的合力。

3.公开择优,以事定费。按照公开、公平、公正原则,坚持费随事转,通过竞争择优的方式选择承接政府购买服务的社会力量,确保具备条件的社会力量平等参与竞争。

4.改革创新,完善机制。坚持与事业单位改革相衔接,推进政事分开、政社分开,凡是适宜政府向社会力量购买公共服务的事项,政府原则上不再增加机构、编制、人员;放开市场准入,坚持优胜劣汰,加快形成公共服务提供新机制。

三、政府购买服务的购买主体和承接主体

(一)购买主体。政府购买服务的主体是经费由财政承担的各级行政机关和参照公务员法管理、具有行政管理职能的事业单位。经费由财政负担的群团组织,也可以根据实际需要,通过购买服务方式提供公共服务。

(二)承接主体。承接政府购买服务的主体包括:依法在民政部门登记成立或经国务院批准免予登记的社会组织,以及依法在市场监管或行业主管部门登记成立的企业、其他经济组织、机构等社会力量。承接主体应具有独立承担民事责任的能力,具备提供服务所必需的设施、人员和专业技术的能力,具有健全的内部治理结构、财务会计和资产管理制度,具有良好的社会和商业信誉,具有依法缴纳税收和社会保险的良好记录,并符合登记管理部门依法认定的其他条件。承接主体的具体条件由购买主体会同财政部门根据服务项目的性质和质量要求确定。鼓励提供特定公共服务的事业单位作为政府购买服务的承接主体,与具备条件的社会力量公开、公平参与政府购买服务的竞争。

四、政府购买服务的内容和目录

(一)购买内容。政府购买服务的内容为适合采取市场化方式提供、社会力量能够承担的公共服务及政府履职中所需的辅助性服务,突出公共性、公益性和辅助性。教育、就业、农业、社会保障、社会服务、医疗卫生、住房保障、计划生育、文化、体育、残疾人服务、公益性岗位等基本公共服务领域,要逐步加大政府购买服务的力度。非基本公共服务领域,要更多更好地发挥社会力量的作用,凡适合社会力量承担的,逐步通过政府采购的方式交给社会力量承担。应当由政府直接提供、不适合社会力量承担的公共服务,以及不属于政府职责范围的服务项目,政府不得向社会力量购买。

(二)购买目录。按照有利于转变政府职能、有利于降低服务成本、有利于提升服务质量水平和资金效益的原则,根据省级购买目录,结合温州市实际,在充分听取社会各界意见的基础上,由市财政局牵头研究制订全市政府购买服务的指导目录,经市政府批准后实施,并及时动态调整。各地、各部门要根据指导目录,坚持"先易后难、积极稳妥"的原则,制订具体实施目录,明确购买服务的种类、性质和具体项目,并根据实际情况变化及时进行动态调整。

五、政府购买服务的流程和方式

(一)购买流程。建立健全以程序规范、合同约束、全程监管、信息公开为主要内容,相互衔接、有机统一的政府购买服务机制,规范项目申报、项目评审、组织采购、资质审查、合同签订、项目监管、绩效评估、经费兑付一体化的工作流程。

(二)购买方式。政府购买服务应纳入政府采购管理,按照公开择优、以事定费的原则,采用公开招标、邀请招标、竞争性谈判、单一来源、询价等政府采购的程序、方式确定承接主体。针对不同特点的服务项目、采购需求,要探索与之相适应的采购方式、评审机制和合同类型,按照《政府采购法》规定和方式灵活、程序简便的原则,在市集中采购机构、各政府采购中介代理机构的采购平台组织开展政府购买服务。对于现已列入购买服务计划的项目,也要进一步规范采购。集中采购目录之外,政府分散采购限额标准以下的服务项目,各购买主体可按照"节约、效能、公开、公正"原则,自行组织采购确定承接主体。购买主体要按照合同管理要求,与承接主体签订购买服务合同、支付资金,监督项目实施;承接主体要严格履行合同义务,按时完成服务项目任务,保证服务数量、质量和效果,严禁转包行为。

六、政府购买服务的预算管理和信息公开

(一)项目申报。各购买主体根据政府购买服务的指导目录,结合实际需求,提出拟购买的服务项目计划,涉及新增政府职能转变必须购买服务的项目应报同级政府审批,对新增且规模较大的政府职能转变必须购买服务的项目要求提交政府常务会议研究审定;没有涉及政府职能转变的服务项目按原有经费申拨渠道审批。

各购买主体提出拟购买重大项目、重大民生事项或党委、政府因工作需要临时确定的特定服务项目,按照"一事一议"的原则,报请同级政府审定。

(二)资金安排。政府购买服务所需资金,从购买主体部门预算安排的公用经费、项目经费或经批准使用的专项经费(包括财政专项资金、政府投资项目资金及其他财政性资金等)既有预算中统筹安排。随着政府提供公共服务的发展所需增加的资金,按照预算管理要求列入财政预算。

财政部门要按照"费随事转"的原则,审定和安排同级政府购买服务项目的预算经费:

1.对于常规服务项目,可由年初部门预算安排的经费或者经批准使用的财政性资金中解决,原则上不予另行追加。

2.经同级政府批准的新增并涉及政府职能转变必须购买服务的项目和特定服务项目,可以根据具体情况在年度内追加经费,或者在市级财政性资金中安排。

3.相应核减或调整相关工作部门原已为转移的职能所安排的人员和工作经费。

(三)资金支付。政府购买服务资金实行国库集中支付。各部门依据购买服务合同或协议,按现行的部门预算政府采购资金支付流程支付,或根据政府购买服务的不同形式,经财政部门审核同意后,通过其他国库集中支付流程支付。

(四)资金监管。财政部门和政府相关工作部门对项目资金实行跟踪管理,定期或不定期地对资金使用和项目进展情况进行监督检查,督促资金使用单位加强资金和项目管理。

(五)绩效管理。财政部门应将政府向社会力量购买服务资金纳入财政资金绩效管理体系,确保资金使用安全有效。要建立健全由购买主体、服务对象及第三方组成的综合性评审机制,对购买服务项目数量、质量和资金使用绩效等进行考评。考评结果向社会公布,并作为以后年度编制政府向社会力量购买服务预算和选择政府向社会力量购买服务承接主体的重要参考依据。

(六)信息公开。充分利用和整合现有政府网络平台资源,建立集政策咨询、申报审批、日常监管、信息服务于一体,内容全面、方便快捷的政府购买服务平台;在温州政务服务网和浙江政府采购网及时发布政府购买服务有关政策制度、购买目录、承接主体条件、采购结果、绩效评价结果等信息,广泛接受社会监督。

七、组织保障

(一)加强组织领导。各级政府和各有关部门按照政府主导、部门负责、社会参与、共同监督的要求,认真制定并逐步完善政府向社会力量购买服务的政策措施和实施办法,拟定购买服务目录,指导监督购买服务工作,推动各项工作有序开展;要广泛宣传政府购买服务工作的目的、意义、目标任务和相关要求,做好政策解读,加强舆论引导,主动回应群众关切,充分调动社会参与的积极性。

(二)健全工作机制。各地要加强统筹协调,建立"政府统一领导,财政部门牵头,机构编制、民政、市场监管、审计、行政审批管理以及行业主管部门协同,职能部门履职,监督部门保障"的工作机制,做到各负其责又互相衔接,共同推进政府购买服务工作。

1.各县(市、区)人民政府要立足当地实际认真制订政府向社会力量购买服务的政策措施和实施办法,拟定购买服务目录。

2.各级财政部门负责建立健全政府购买服务采购管理办法和政府购买服务财政资金管理办法等政府购买服务制度,会同相关部门研究制订政府购买服务目录,监督、指导各类购买主体依法开展购买服务工作,牵头做好政府购买服务的资金管理、采购管理、监督检查和绩效评价等工作;牵头建立政府购买服务统一信息发布平台及购买服务项目管理系统。

3.各级机构编制部门负责推进政府职能梳理,推动公办事业单位与主管部门理顺关系和去行政化,按照事业单位改革的要求推进有条件的事业单位转为企业或社会组织,制订出台政府向社会组织转移职能目录,会同相关部门探索研究提出通过购买服务方式促进事业单位分类改革的意见和措施,逐步实现事业单位由"养人"向"办事"的转变。

4.各级民政、市场监管以及行业主管部门要按照职责分工,培养和壮大社会力量,支持社会组织、企业、其他经济组织等社会力量参与政府购买服务工作;要深化社会组织管理制度改革,清理和废除妨碍公平竞争的各项规定和做法。

5.购买主体负责购买服务的具体组织实施,并会同有关部门对承接主体进行资质审查,对承接主体提供的服务进行全过程跟踪和监督,项目完成后组织考核评估和验收。承接主体应认真履行购买服务合同,采取有效措施增强服务能力,提高服务水平,确保提供服务的数量和质量达到预期目标。

(三)强化政策衔接。按照"财政供养人员只减不增"的要求,在有效增加公共服务供给的同时,研究探索通过政府购买服务方式支持改革的政策措施,搞好政府购买服务与事业单位分类改革、行业协会脱钩等相关改革的衔接,实现"费随事转"。要通过政府购买服务,推进政府职能转移和事业单位改革,防止"一边购买服务、一边养人办事"现象发生。

(四)严格监督管理。各地、各部门要严格遵守财政财务管理规定,确保政府购买服务资金规范管理和使用,不得截留、挪用和滞留资金。

1.购买主体应建立健全内部监督管理制度,按规定公开购买服务相关信息,自觉接受社会监督。

2.承接主体应规范购买服务项目资金的财务管理和会计核算,接受并配合相关部门的监督检查和绩效评价。

3.各级财政部门要加强对政府购买服务的预算资金管理、采购活动监管和绩效管理、监督检查。

4.相关管理部门要各司其职,严格监督管理。要及时通过公共媒体披露政府向社会力量购买服务相关信息,强化社会公众监督。

5.各级监察部门要加强行政监察,各级审计部门要加强对政府购买服务中财政资金的真实性、合法性及效益的监督。

13. 温州市人民政府办公室关于政府向社会力量购买服务的实施意见

本实施意见自发布之日起施行,原《温州市人民政府办公室关于政府购买社会组织服务的实施意见》(温政办〔2011〕172号)同时废止。

温州市人民政府办公室

2014年9月23日

14. 成都市政府购买服务暂行办法

（成办发〔2015〕21 号）

第一章　总　则

第一条（政策依据）

为进一步推动政府职能转变，加强和创新社会管理，优化公共资源配置，提高公共服务水平和效率，根据党的十八届三中全会有关精神和国务院办公厅《关于政府向社会力量购买服务的指导意见》（国办发〔2013〕96号），省政府办公厅《关于推进政府向社会力量购买服务工作的意见》（川办发〔2014〕67 号），财政部、民政部、工商总局《关于印发〈政府购买服务管理办法（暂行）〉的通知》（财综〔2014〕96 号）等有关要求，结合我市实际，制定本办法。

第二条（术语含义）

本办法所称政府购买服务，是指通过发挥市场机制作用，把政府直接提供的一部分公共服务事项以及政府履职所需服务事项，按照一定的方式和程序，交由具备条件的社会力量和事业单位承担，并由政府根据合同约定向其支付费用。

第三条（实施目标）

政府购买服务实施目标为改革创新公共服务提供机制和方式，探索服务多元化供给模式，提高政府公共服务供给效率和质量，努力为人民群众提供优质高效的公共服务，促进全市经济、政治、文化、社会协调发展。

第四条（基本原则）

政府购买服务的基本原则为积极稳妥、有序实施,科学安排、注重实效,公开择优、以事定费,改革创新、完善机制。

第五条(适用范围)

本市行政区域内政府购买服务的管理适用于本办法。

第二章　购买主体和承接主体

第六条(购买主体)

政府购买服务的主体(以下简称购买主体)是全市各级行政机关和具有行政管理职能的事业单位。党的机关、纳入行政编制管理且经费由财政负担的群团组织向社会提供的公共服务以及履职服务,可以根据实际需要,按照本办法规定实施购买服务。

第七条(承接主体)

承接政府购买服务的主体(以下简称承接主体)包括依法在登记管理部门登记或经国务院批准免予登记的社会组织、按事业单位分类改革应划入公益二类或实行企业化管理的事业单位,依法在工商行政管理或行业主管部门登记成立的企业、机构等社会力量。

第八条(承接条件)

承接主体应具备下列条件:

(一)依法设立,具有独立承担民事责任的能力;

(二)治理结构健全,内部管理和监督制度完善;

(三)具有独立健全的财务管理、会计核算和资产管理制度;

(四)具备提供服务所必需的设施、人员和专业技术能力;

(五)具有依法缴纳税收和社会保障资金的良好记录;

(六)前三年内无重大违法记录,通过年检或按要求履行年度报告公示义务,信用状况良好,未被列入经营异常名录或者严重违法企业名单;

(七)符合国家有关政事分开、政社分开、政企分开的要求;

(八)法律、法规规定以及购买项目要求的其他条件。

第九条（具体条件）

承接主体的资质及具体条件,由购买主体根据第七条、第八条规定,结合购买服务具体内容确定。

第十条（改革衔接）

政府购买服务应当与事业单位改革相结合,推动事业单位与主管部门理顺关系和去行政化,推动有条件的事业单位转为企业或社会组织。

事业单位承接政府购买服务的,应按照"费随事转"原则,相应调整财政预算保障方式,防止出现既通过财政拨款养人办事,同时又花钱购买服务的行为。

第十一条（培育社会组织）

购买主体应当在公平竞争的原则下鼓励行业协会商会参与承接政府购买服务,培育发展社会组织,提升社会组织承担公共服务能力,推动行业协会商会与行政机构脱钩。

第三章 购买内容及指导目录

第十二条（购买范围）

政府购买服务的内容为适合采取市场化方式提供、社会力量能够承担的服务事项。政府新增或临时性、阶段性的服务事项,适合社会力量和符合条件的事业单位承担的,应当按照政府购买服务的方式进行。

第十三条（购买内容）

除法律法规另有规定外,下列事项可通过政府购买服务的方式,逐步交由社会力量和符合条件的事业单位承担:

（一）基本公共服务事项。教育、公共就业、人才服务、社会保障、医疗卫生、住房保障、公共文化、公共体育、交通运输、农业服务、资源环境以及公共安全等领域适宜由社会力量和符合条件的事业单位承担的基本公共服务事项。

（二）社会管理服务事项。社会救助、社会福利、社区服务、法律援助、社工服务、慈善救济、公益服务、人民调解、社区矫正、安置帮教、公共公益宣传和社会组织服务等领域适宜由社会力量和符合条件的事业单位承担的公共服务事项。

（三）行业管理与协调事项。行业资格认定和准入审核、处理行业投诉等领域适宜由社会力量和符合条件的事业单位承担的服务事项。

（四）技术服务事项。科研、行业规划、行业规范、行业调查、行业统计分析、资产评估、监测服务、信息技术服务等领域适宜由社会力量和符合条件的事业单位承担的服务事项。

（五）政府履职所需辅助性和技术性事项。法律服务、会议、经贸活动和展览服务、监督、评估、绩效评价、工程服务、项目评审、咨询、技术业务培训、会计审计服务等领域适宜由社会力量和符合条件的事业单位承担的服务事项。

（六）政府维持自身正常运转所需服务事项。公车租赁服务、机关物业管理服务以及其他适宜由社会力量和符合条件的事业单位承担的机关后勤服务事项。

（七）其他适宜由社会力量和符合条件的事业单位承担的服务事项。

第十四条（例外事项）

应当由政府直接提供，或涉及国家安全、保密事项以及司法审判、行政行为等不适合向社会力量购买，以及不属于政府职能的服务项目，政府不得向社会力量购买。

第十五条（目录制定）

财政部门应在准确把握公众需求的基础上，充分考虑各购买主体履行职责所需的服务内容，研究制定政府购买服务指导性目录，明确政府购买服务的种类、性质和内容。根据实际对目录进行动态调整，及时向社会公布。

第四章　购买方式和程序

第十六条（资金来源）

政府购买服务所需资金，应当在既有财政预算中统筹安排。随着政府提供公共服务发展所需增加的资金,按照预算管理规定纳入财政预算。

第十七条(预算安排原则)

财政部门要按照结构优化、服务改革、注重绩效和公开公正的原则,做好政府购买服务的预算资金管理工作。要理清购买服务与机构编制管理和财政经费安排的关系,禁止一边购买服务,一边养人办事。

第十八条(实施程序)

政府购买服务按照以下程序进行:

(一)拟定购买项目。

1.购买主体在编制下一年度部门预算时,应结合自身职责职能和业务需要,根据《成都市政府购买服务指导目录》,在拟定购买服务项目、编制年度购买服务计划、科学测算拟购买服务项目成本后,将所需资金编入年度部门预算。其中,属于政府采购范围的购买服务项目,应当编入部门预算中的政府采购预算。

2.财政部门按照预算管理规定审核批复部门预算。

3.部门预算批复后,购买主体应制定政府购买服务项目实施方案,方案应包括购买服务数量、经市场调研后的估算价格、需要达到的服务目标、对服务目标的评价方法及评价标准、拟实施采购时间及购买方式等内容。

(二)公告购买信息。购买主体应主动公开购买服务项目信息,将服务内容、服务标准、服务要求、预算安排、购买方式、承接主体条件、绩效评价标准等信息通过四川政府采购网、同级人民政府门户网向社会公开,接受财政、监察、审计等部门的监督及社会监督。法律法规和国家政策另有规定的,从其规定。

(三)确定承接主体。购买主体应按照以下原则选择确定承接主体:

1.政府采购项目应按照《政府采购法》及相关规定,通过公开招标、邀请招标、竞争性谈判、竞争性磋商、单一来源等方式选择确定承接主体。

2.非政府采购项目应按照竞争性原则选择确定承接主体。具有特殊性、不具备竞争条件的项目,可以采取委托、特许经营、战略合作等方式进行购买,待条件成熟后实施竞争性购买。

(四)签订合同。购买主体应及时与承接主体签订购买服务合同,明确购买服务范围和双方的权利义务,并对服务标的、数量、质量、期限、验收方式和标准、资金支付方式、违约责任等进行约定。购买合同报同级财政部门备案。

（五）履约管理。购买主体应加强对服务全过程的跟踪监管和对服务成果的检查验收,重点围绕购买服务合同目标制定管理办法和实施标准,有序开展执行监控,发现偏离合同目标的要及时采取措施予以更正,确保承接主体按照合同约定提供各项优质服务。

（六）评价验收。服务项目完成后,购买主体应及时组织对项目进行评价和验收,并出具评价验收报告。评价验收结果作为服务费用的结算依据。

第十九条（资金支付）

政府购买服务资金的支付,执行国库集中支付的相关管理规定。

第二十条（绩效管理）

财政部门应将政府购买服务资金纳入财政资金绩效管理体系,建立政府购买服务绩效评估办法,确保资金使用安全高效。要建立健全由购买主体、服务对象及第三方组成的综合性评审机制。购买主体应健全细化服务项目绩效评价指标体系,将服务对象满意度作为一项重要评价指标,对购买服务项目数量、质量和资金使用绩效等进行考核评价。

第二十一条（绩效运用）

政府购买服务绩效评价结果向社会公布,并作为以后年度编制政府购买服务预算和选择政府购买服务承接主体的重要参考依据。

第二十二条（合并购买）

不同部门、单位在服务内容、承接主体、工作载体等方面具有一致性和关联性的购买项目,由财政部门牵头对可以合并购买的项目进行梳理,报政府审定后以合并购买的方式购买服务。

第五章 职责分工

第二十三条（部门职责）

政府购买服务按照"政府主导、部门负责、社会参与、共同监督"的要求,建立政府统一领导,财政部门牵头,行业主管部门协同,职能部门履职,监督部门保障的工作机制,规范有序地开展政府购买服务工作。

(一)财政部门负责牵头推进政府购买服务制度体系建设,制定政府购买服务指导目录,会同有关部门监督、指导各类购买主体依法开展购买服务工作,牵头做好购买服务的资金管理、采购管理、监督检查和绩效评价等工作。

(二)机构编制部门负责梳理部门职责,明确政府职能转移范围和内容。

(三)人社部门负责结合事业单位分类改革,建立与政府购买服务相匹配的事业单位人事管理制度。

(四)发改、建设、交通、水务等有关部门按照各自职责范围,推动政府投资项目中有关服务项目实施政府购买服务,参与政府购买服务绩效评价。

(五)民政、工商管理以及行业主管等部门要按照职能职责,将承接主体承接政府购买服务行为纳入年检(报)、评估、执法等监管体系,配合财政部门、购买主体建立承接主体信用记录和应用制度,不断健全守信激励和失信惩戒机制。民政部门负责及时、主动公开具备承接购买服务资质的社会组织目录,扶持社会组织发展并推进其标准化建设,参与政府购买服务绩效评价。

(六)监察部门负责监督职能部门对政府购买服务工作履行监管责任,查处违纪违规行为,并严格问责。

(七)审计部门负责对政府购买服务资金使用情况进行审计监督。

第二十四条(购买主体职责)

购买主体是政府购买服务的责任主体,负责建立健全内部监督管理制度,制定与本办法配套的购买服务操作规程和实施细则,确定本部门政府购买服务的项目,根据项目特点明确购买需求和验收标准并据此编制购买服务预算;组织制定本部门购买服务项目的成本核算、绩效评价办法;制定政府购买服务实施方案并组织实施;公开政府购买服务信息;考核、跟踪、监督项目实施情况;组织对项目的评价验收并按规定支付和结算资金。

第二十五条（承接主体职责）

承接主体应认真履行购买服务合同约定,采取有效措施增强服务能力,提高服务水平,确保提供服务的数量和质量达到预期目标。规范购买服务项目资金的财务管理和会计核算,接受并配合相关部门的检查和绩效考核。严禁转包行为。

第二十六条（社会监督）

任何单位和个人有权对政府购买服务活动中的违法违规行为进行监督和检举,有关部门应当依照各自职责积极回应,及时处理。

第二十七条（区县管理）

各区(市)县政府应结合本地实际制定政府购买服务的措施办法,推进政府职能转移和基层公共服务体系改革,培育构建积极活跃、运行规范的公共服务市场。

第六章　附　则

第二十八条（解释机关）

本办法具体应用中的问题,由成都市财政局负责解释。

第二十九条（施行时间）

本办法自发布之日起 30 日后施行,有效期 2 年。

成都市政府购买服务指导目录

代码			一级目录	二级目录	三级目录
A	1	2	基本公共服务事项	教育	公共教育资讯收集与统计分析
A	1	3			公共教育基础设施管理与维护
A	1	4			公共教育成果质量监测、评估
A	1	5			公共教育成果交流与推广
A	1	6			教师、学生竞赛活动的组织和实施工作
A	1	7			公益性学前教育
A	1	8			公益性义务教育
A	1	9			支教助学与扶贫助困服务
A	1	10			政府委托的其他教育服务
A	2	1		公共就业	公共就业规划和政策研究、咨询及宣传服务
A	2	2			公共就业信息的收集与统计分析
A	2	3			农村劳动力转移就业辅助性工作
A	2	4			政府组织的就业培训和创业培训
A	2	5			技能培训项目验收
A	2	6			技能培训项目第三方监督
A	2	7			劳动力资源调查
A	2	8			社区就业帮扶
A	2	9			政府委托的其他公共就业、创业服务
A	3	1		人才服务	政府委托的人才信息收集统计分析
A	3	2			高层次人才引进配套服务
A	3	3			政府举办的公益性人才交流活动的组织与实施
A	3	4			高校毕业生就业指导及公益性招聘活动
A	3	5			公益性网上人才服务信息平台的基础设施建设及维护管理
A	3	6			政府委托的其他公共人才服务
A	3	7			高校毕业生人事档案管理
A	4	1		社会保障	社会保障社会化管理服务
A	4	2			社保类法律事务服务
A	4	3			政府委托的其他社会保障服务

续表

代码			一级目录	二级目录	三级目录
A	5	1		医疗卫生	公共医疗卫生规划、法规、标准研究、咨询及宣传服务
A	5	2			政府组织的公共医疗卫生信息采集、发布辅助性工作
A	5	3			政府组织的群众健康检查服务
A	5	4			突发公共事件卫生应急处置辅助性工作
A	5	5			对灾害事故实施紧急医学救援的辅助性工作
A	5	6			政府组织的重大疾病预防辅助性工作
A	5	7			公共卫生状况的评估
A	5	8			公共医疗卫生知识普及与推广
A	5	9			公共医疗卫生项目的实施与管理
A	5	10			政府组织的公共医疗卫生交流合作
A	5	11			公共医疗卫生成果推广应用
A	5	12			政府委托的其他医疗卫生服务
A	6	1		住房保障	住房保障规划和政策研究、宣传服务
A	6	2			住房保障对象信息采集与管理辅助性工作
A	6	3			住房保障信息征集与发布等辅助性服务
A	6	4			保障性住房使用监督的辅助性工作
A	6	5			保障性住房维修维护等后期管理服务
A	6	6			住房保障社会需求调查
A	6	7			政府委托的其他住房保障服务
A	7	1		公共文化	公共文化规划和政策研究、宣传服务
A	7	2			公共文化资讯收集与统计分析
A	7	3			优秀传统文化与非物质文化遗产保护及传承传播
A	7	4			公共文化基础设施的管理与维护服务
A	7	5			政府举办的公益性文艺演出
A	7	6			政府组织的公益性艺术品创作
A	7	7			政府组织的文化交流合作与推广
A	7	8			文物保护的辅助性工作
A	7	9			政府组织的群众性文化活动的组织与实施
A	7	10			文化产业规划和政策研究项目
A	7	11			政府委托的其他公共文化服务
A	8	1		公共体育	公共体育规划和政策研究、宣传服务
A	8	2			公共体育资讯收集与统计分析
A	8	3			公共体育运动竞赛组织与实施
A	8	4			政府举办的群众性体育活动的组织与实施
A	8	5			政府组织的体育职业技能再培训

代码			一级目录	二级目录	三级目录
A	8	6			政府组织的国民体质测试及指导服务
A	8	7			政府委托的其他公共体育服务
A	9	1		交通运输	交通运输规划和政策研究、咨询及宣传服务
A	9	2			政府组织的交通运输人才培训
A	9	3			政府委托的公共交通运输基础设施维护与管理
A	9	4			政府委托的重点物资和紧急客货运输服务
A	9	5			政府委托的其他交通运输服务
A	10	1		农业服务	"三农"规划和政策研究、宣传服务
A	10	2			农产品供需、价格信息收集、统计分析、咨询服务
A	10	3			政府组织的农民种养技能培训及指导、新型农业经营主体培训及指导
A	10	4			无公害农产品和地理标志产品认证管理的辅助性工作
A	10	5			农业突发公共事件的调查评估
A	10	6			政府组织的"三农"灾害性救助辅助性工作
A	10	7			农产品质量安全风险评估
A	10	8			动物重大疫病和农作物重大病虫害监测预警与防控辅助性工作
A	10	9			政府委托的其他农业服务事项
A	11	1		资源环境	资源节约环境保护规划和政策研究、宣传服务
A	11	2			政府组织的资源环境评估服务
A	11	3			政府组织的资源节约环境保护教育、培训
A	11	4			政府组织的资源节约环境保护考核、监督检查及环境污染调查辅助性工作
A	11	5			政府委托的资源节约监测及公共环境监测设施建设及维护辅助性工作
A	11	6			生态环境事故鉴定辅助性工作
A	11	7			政府组织的资源节约信息、环境质量信息收集及分析
A	11	8			政府组织的资源节约环境保护科技成果推广
A	11	9			政府委托的其他资源环境服务
A	12	1		公共安全	公共安全政策研究、宣传辅助服务
A	12	2			食品药品安全监管辅助服务
A	12	3			社会治安辅助服务
A	12	4			交通安全辅助服务
A	12	5			公共消防基础设施和维护管理辅助服务
A	12	6			校园安全辅助服务和校车服务
A	12	7			政府机关及重点单位的安保服务（含人力防范及技术防范等）

续表

代码			一级目录	二级目录	三级目录
A	12	8			政府组织的大型活动安保服务（含政治、经济、文化、公益等各类活动）
A	12	9			政府委托的其他公共安全服务
A	13	1		其他	其他基本公共服务事项
B	1	1		社会救助	社会救助政策研究、宣传服务、社会救助信息化管理服务
B	1	2			社会救助的组织与实施等辅助性工作（包括心理咨询、康复训练、教育矫正、技能培训、行为干预等）
B	1	3			政府组织的群众性应急救助培训
B	1	4			政府开展的社会救助专业人才培训
B	1	5			救助管理机构的管理与服务
B	1	6			政府委托的其他社会救助服务
B	2	1	社会管理服务事项	社会福利	社会福利政策研究、规划、咨询及宣传服务
B	2	2			公办社会福利设施管理与维护服务
B	2	3			社会福利服务对象信息收集等辅助性动态管理工作
B	2	4			社会福利服务项目的组织实施
B	2	5			政府委托的养老护理员、孤残儿童护理员等专业资质岗位的职业培训，养老服务管理人员的培训
B	2	6			公益性养老项目的实施与管理
B	2	7			公益性助残项目的实施与管理
B	2	8			政府委托的其他社会福利服务
B	3	1		社区服务	社区治理政策研究、规划及宣传服务
B	3	2			政府委托的助老助残、外来人口管理、社区调查等社区事务组织与实施
B	3	3			政府委托的社区工作者培训
B	3	4			政府委托的社区戒毒社区康复类
B	3	5			退休人员社区管理和服务
B	3	6			社区公共服务设施、文体活动场所等公共设施的管理维护
B	3	7			社区公共服务综合信息平台系统建设及维护
B	3	8			政府委托的其他社区服务
B	4	1		法律援助	法律援助规划及政策研究服务
B	4	2			政府委托的法律援助项目的实施服务
B	4	3			法律援助政策宣传与咨询
B	4	4			法律援助工作信息化建设及维护
B	4	5			法律援助对象情况信息收集等辅助性动态管理工作
B	4	6			政府委托的法律援助人才的培训

续表

代码			一级目录	二级目录	三级目录
B	4	7			政府委托的其他法律援助服务
B	5	1		社工服务	社工服务规划和政策标准研究、宣传服务
B	5	2			政府组织的社工人才培养
B	5	3			政府委托社工服务项目的组织实施
B	5	4			社工队伍和社工项目监督管理的辅助性工作
B	5	5			政府委托的其他社工服务
B	6	1		慈善救济	慈善救济的引导政策研究服务
B	6	2			慈善救济监管及服务
B	6	3			政府委托的慈善救济组织与实施
B	6	4			政府委托的慈善救济宣传
B	6	5			捐助站辅助性服务工作
B	6	6			政府实施的慈善救济项目的评估
B	6	7			政府委托的其他慈善救济服务
B	7	1		公益服务	政府举办的公益服务的组织实施辅助性工作
B	7	2			公益项目的策划和组织
B	7	3			公益服务绩效评价
B	7	4			志愿服务记录平台的管理
B	7	5			政府委托的其他公益服务
B	8	1		人民调解	人民调解政策研究、咨询及宣传服务
B	8	2			人民调解服务辅助性工作
B	8	3			政府组织的人民调解队伍培训
B	8	4			民间纠纷调解及政府委托的其他人民调解服务
B	9	1		社区矫正	社区矫正政策研究、咨询及宣传服务
B	9	2			政府设立的社区矫正中心的维护与管理服务
B	9	3			政府委托的矫正项目实施与日常管理
B	9	4			被矫正人员信息的收集等辅助性工作
B	9	5			政府委托的矫正工作队伍的日常管理及培训
B	9	6			社区矫正政策的宣传和咨询
B	9	7			被矫正人员就业指导与推荐
B	9	8			政府委托的矫正人员开展社区服务工作的组织与管理
B	9	9			政府委托的其他社区矫正服务
B	10	1		安置帮教	安置帮教政策的宣传和咨询
B	10	2			安置帮教队伍的建设与培训
B	10	3			政府委托的安置帮教项目的实施与管理
B	10	4			安置帮教的宣传和咨询

续表

代码			一级目录	二级目录	三级目录
B	10	5			安置帮教队伍的建设与培训
B	10	6			政府委托的其他安置帮教事项
B	11	1		公共公益宣传	政策法规宣传等辅助性工作
B	11	2			公共宣传、公益性宣传规划研究
B	11	3			政府举办的专题公益宣传活动的其他辅助性服务
B	11	4			政府宣传人才队伍的培训
B	11	5			宣传效果评估
B	11	6			政府委托的其他公益宣传服务
B	12	1		社会组织服务	社会组织发展政策与现状研究
B	12	2			社会组织评估
B	12	3			社会组织建设与管理
B	12	4			政府委托的其他社会组织服务
B	13	1		其他	其他社会管理服务事项
C	1	1	行业管理与协调事项	行业资格认定和准入审核	行业从业资格标准和政策研究服务
C	1	2			政府组织的行业信息收集与发布服务
C	1	3			行业准入技术标准制定辅助性工作
C	1	4			从业资格认定纠纷的技术服务及调解处理
C	1	5			产业政策符合性审核、行业准入条件审核
C	1	6			政府委托的其他行业资格认定和准入审核工作
C	2	1		处理行业投诉	行业管理政策研究、宣传服务
C	2	2			政府设立的行业投诉举报热线、网站平台的维护和申诉受理服务(包括知识产权、司法鉴定、民营企业、政府采购、销售彩票、消费者、产品质量)
C	2	3			政府委托开展的行业投诉数据统计与分析服务
C	2	4			政府委托的其他行业投诉处理服务
C	3	1		其他	其他行业管理与协调事项

代码			一级目录	二级目录	三级目录
D	1	1			科技发展规划和政策研究、宣传服务
D	1	2			基础性科学技术研究、咨询、信息检索及成果转化服务
D	1	3			基础性科学人才再培训
D	1	4		科研	政府组织的科学技术交流与合作
D	1	5			科研能力管理与评估
D	1	6			政府组织的科研资讯收集与统计分析
D	1	7			科普知识的普及与推广
D	1	8			政府委托的其他科研服务
D	2	1			政府组织的行业布局等总体规划研究服务
D	2	2		行业规划	政府委托的专项性规划的研究
D	2	3			政府委托的行业规划评估服务
D	2	4			政府委托的其他行业规划服务
D	3	1			政府组织的行业规范研究服务
D	3	2		行业规范	政府开展的行业规范评估
D	3	3			政府委托的其他行业规范服务
D	4	1			政府组织的经济社会发展情况调查
D	4	2	技术服务事项		政府组织的经营状况调查
D	4	3			政府组织的社会诚信度调查
D	4	4		行业调查	政府组织的服务满意度调查
D	4	5			政府组织的安全生产情况调查
D	4	6			政府组织的反倾销反补贴反垄断调查
D	4	7			政府委托的其他行业调查服务
D	5	1		行业统计分析	行业统计指标研究、制订等辅助性工作
D	5	2			政府组织的行业发展评估
D	5	3			政府委托的其他行业统计分析服务
D	6	1		资产评估	政府因资产转让、拍卖和税费征缴而实施的资产评估服务
D	6	2			政府委托的其他资产评估服务
D	7	1			自然环境监测辅助服务
D	7	2			社会管理监测辅助服务
D	7	3		监测服务	经济运行监测辅助性工作
D	7	4			公共医疗卫生监测
D	7	5			社会发展监测
D	7	6			政府委托的其他监测服务
D	8	1		信息技术服务	信息技术咨询服务
D	8	2			设计与开发服务

续表

代码			一级目录	二级目录	三级目录
D	8	3		检验检测	信息系统集成实施服务
D	8	4			运行维护服务
D	8	5			数据处理和存储服务
D	8	6			其他信息技术服务
D	9	1			产品质量监督检验
D	9	2			计量检测
D	10	1		其他	其他技术服务事项
E	1	1	政府履职所需辅助性和技术性事务	法律服务	行政诉讼代理应诉法律服务
E	1	2			政府法律咨询服务
E	1	3			政府非诉讼法律代理服务(含文书和证明)
E	1	4			行政调解辅助性工作
E	1	5			司法救助辅助性工作
E	1	6			政府委托的其他法律服务
E	2	1		会议、经贸活动和展览服务	会场布置、人员接送等辅助性工作及服务
E	2	2			会议、经贸活动、展览活动的组织、策划等辅助性工作及服务
E	2	3			会议、展览活动组展设计和实施
E	2	4			经贸活动项目对接、汇总和跟踪服务
E	2	5			产业宣传及宣传策划
E	2	6			政府委托的其他会议、经贸活动和展览服务
E	3	1		监督	人大监督的政策性技术性监督辅助工作
E	3	2			行政执法、行政执法监督的技术性工作
E	3	3			司法监督的政策性技术性监督辅助工作
E	3	4			工青妇等群团组织监督的政策性技术性监督辅助工作
E	3	5			重大事项的第三方监督
E	3	6			政府委托的其他监督服务
E	4	1		评估	行政政策的决策风险、实施效果等政策评估服务
E	4	2			社会管理、公共服务、重大民生项目执行情况和实施效果等项目评估服务
E	4	3			自然灾害及重大社会事件等突发公共事件影响评估服务
E	4	4			依法行政第三方评估
E	4	5			政府委托的其他评估服务
E	5	1		绩效评价	政策实施绩效评价辅助性工作
E	5	2			资金使用绩效评价辅助性工作
E	5	3			政府行政效能绩效评价辅助性工作
E	5	4			政府委托的其他绩效评价服务

续表

代码			一级目录	二级目录	三级目录
E	6	1		工程服务	公共工程规划
E	6	2			公共工程可行性研究报告草拟辅助性工作
E	6	3			公共工程安全监管辅助性工作
E	6	4			公共工程的概(预)、结(决)算审核工作
E	6	5			公共工程评价
E	6	6			政府委托的其他工程服务
E	7	1		项目评审	公共项目规划、设计、可行性研究等专家评审服务
E	7	2			政府资金申报的专家评审服务
E	7	3			政府设立奖项的专家评审服务
E	7	4			重大事项第三方评审服务
E	7	5			政府委托的其他项目评审服务
E	8	1		咨询	立法咨询
E	8	2			司法咨询
E	8	3			行政咨询
E	8	4			政府委托的其他咨询服务
E	9	1		技术业务培训	政府工作人员专业技能培训服务
E	9	2			政府委托的其他技术业务培训服务
E	10	1		会计审计服务	委托具有法定资质的社会中介机构实施项目审计
E	10	2			重大审计事项聘请专业技术人员参与审计服务
E	10	3			政府委托的其他会计审计服务
E	11	1		其他	政府履职所需其他辅助性和技术性事务
F	1	1	政府维持自身正常运转所需服务	公车租赁服务	"购、用、养、修"服务
F	2	1		机关物业管理服务	行政事业单位物业服务
F	3	1		其他	政府维持自身正常运转所需其他服务
G	1	1	其他适宜由社会力量承担的服务事项	政府向社会力量购买其他服务事项	政府向社会力量购买其他服务事项

六、税收优惠类

1. 财政部 国家税务总局关于非营利组织免税资格认定管理有关问题的通知

（财税〔2014〕13 号）

各省、自治区、直辖市、计划单列市财政厅（局）、国家税务局、地方税务局，新疆生产建设兵团财务局：

根据《中华人民共和国企业所得税法》（以下简称《企业所得税法》）第二十六条及《中华人民共和国企业所得税法实施条例》（以下简称《实施条例》）第八十四条的规定，现对非营利组织免税资格认定管理有关问题明确如下：

一、依据本通知认定的符合条件的非营利组织，必须同时满足以下条件：

（一）依照国家有关法律法规设立或登记的事业单位、社会团体、基金会、民办非企业单位、宗教活动场所以及财政部、国家税务总局认定的其他组织；

（二）从事公益性或者非营利性活动；

（三）取得的收入除用于与该组织有关的、合理的支出外，全部用于登记核定或者章程规定的公益性或者非营利性事业；

（四）财产及其孳息不用于分配，但不包括合理的工资薪金支出；

（五）按照登记核定或者章程规定，该组织注销后的剩余财产用于公益性或者非营利性目的，或者由登记管理机关转赠给与该组织性质、宗旨相同的组织，并向社会公告；

（六）投入人对投入该组织的财产不保留或者享有任何财产权利，本

款所称投入人是指除各级人民政府及其部门外的法人、自然人和其他组织;

(七)工作人员工资福利开支控制在规定的比例内,不变相分配该组织的财产,其中:工作人员平均工资薪金水平不得超过上年度税务登记所在地人均工资水平的两倍,工作人员福利按照国家有关规定执行;

(八)除当年新设立或登记的事业单位、社会团体、基金会及民办非企业单位外,事业单位、社会团体、基金会及民办非企业单位申请前年度的检查结论为"合格";

(九)对取得的应纳税收入及其有关的成本、费用、损失应与免税收入及其有关的成本、费用、损失分别核算。

二、经省级(含省级)以上登记管理机关批准设立或登记的非营利组织,凡符合规定条件的,应向其所在地省级税务主管机关提出免税资格申请,并提供本通知规定的相关材料;经市(地)级或县级登记管理机关批准设立或登记的非营利组织,凡符合规定条件的,分别向其所在地市(地)级或县级税务主管机关提出免税资格申请,并提供本通知规定的相关材料。

财政、税务部门按照上述管理权限,对非营利组织享受免税的资格联合进行审核确认,并定期予以公布。

三、申请享受免税资格的非营利组织,需报送以下材料:

(一)申请报告;

(二)事业单位、社会团体、基金会、民办非企业单位的组织章程或宗教活动场所的管理制度;

(三)税务登记证复印件;

(四)非营利组织登记证复印件;

(五)申请前年度的资金来源及使用情况、公益活动和非营利活动的明细情况;

(六)具有资质的中介机构鉴证的申请前会计年度的财务报表和审计报告;

(七)登记管理机关出具的事业单位、社会团体、基金会、民办非企业单位申请前年度的年度检查结论；

（八）财政、税务部门要求提供的其他材料。

四、非营利组织免税优惠资格的有效期为五年。非营利组织应在期满前三个月内提出复审申请，不提出复审申请或复审不合格的，其享受免税优惠的资格到期自动失效。

非营利组织免税资格复审，按照初次申请免税优惠资格的规定办理。

五、非营利组织必须按照《中华人民共和国税收征收管理法》（以下简称《税收征管法》）及《中华人民共和国税收征收管理法实施细则》（以下简称《实施细则》）等有关规定，办理税务登记，按期进行纳税申报。取得免税资格的非营利组织应按照规定向主管税务机关办理免税手续，免税条件发生变化的，应当自发生变化之日起十五日内向主管税务机关报告；不再符合免税条件的，应当依法履行纳税义务；未依法纳税的，主管税务机关应当予以追缴。取得免税资格的非营利组织注销时，剩余财产处置违反本通知第一条第五项规定的，主管税务机关应追缴其应纳企业所得税款。

主管税务机关应根据非营利组织报送的纳税申报表及有关资料进行审查，当年符合《企业所得税法》及其《实施条例》和有关规定免税条件的收入，免予征收企业所得税；当年不符合免税条件的收入，照章征收企业所得税。主管税务机关在执行税收优惠政策过程中，发现非营利组织不再具备本通知规定的免税条件的，应及时报告核准该非营利组织免税资格的财政、税务部门，由其进行复核。

核准非营利组织免税资格的财政、税务部门根据本通知规定的管理权限，对非营利组织的免税优惠资格进行复核，复核不合格的，取消其享受免税优惠的资格。

六、已认定的享受免税优惠政策的非营利组织有下述情况之一的，应取消其资格：

（一）事业单位、社会团体、基金会及民办非企业单位逾期未参加年检或年度检查结论为"不合格"的；

（二）在申请认定过程中提供虚假信息的；

（三）有逃避缴纳税款或帮助他人逃避缴纳税款行为的；

（四）通过关联交易或非关联交易和服务活动，变相转移、隐匿、分配该组织财产的；

（五）因违反《税收征管法》及其《实施细则》而受到税务机关处罚的；

（六）受到登记管理机关处罚的。

因上述第（一）项规定的情形被取消免税优惠资格的非营利组织，财政、税务部门在一年内不再受理该组织的认定申请；因上述规定的除第（一）项以外的其他情形被取消免税优惠资格的非营利组织，财政、税务部门在五年内不再受理该组织的认定申请。

七、本通知自 2013 年 1 月 1 日起执行。《财政部 国家税务总局关于非营利组织免税资格认定管理有关问题的通知》（财税〔2009〕123 号）同时废止。

财政部

国家税务总局

2014 年 1 月 29 日

2. 财政部 国家税务总局 民政部关于公益性捐赠税前扣除资格确认审批有关调整事项的通知

（财税〔2015〕141 号）

各省、自治区、直辖市、计划单列市财政厅（局）、国家税务局、地方税务局、民政厅（局）：

按照《国务院关于取消非行政许可审批事项的决定》（国发〔2015〕27号）精神，"公益性捐赠税前扣除资格确认"作为非行政许可审批事项予以取消。为做好公益性捐赠税前扣除资格后续管理工作，现将有关调整事项通知如下：

一、为简化工作程序、减轻社会组织负担，合理调整公益性社会团体捐赠税前扣除资格确认程序，对社会组织报送捐赠税前扣除资格申请报告和相关材料的环节予以取消，即《财政部 国家税务总局 民政部关于公益性捐赠税前扣除有关问题的通知》（财税〔2008〕160号）第六条、第七条停止执行，改由财政、税务、民政等部门结合社会组织登记注册、公益活动情况联合确认公益性捐赠税前扣除资格，并以公告形式发布名单。

二、公益性社会团体捐赠税前扣除资格确认程序按以下规定执行：

（一）对在民政部登记设立的社会组织，由民政部在登记注册环节会同财政部、国家税务总局对其公益性进行联合确认，对符合公益性社会团体条件的社会组织，财政部、国家税务总局、民政部联合发布公告，明确其公益性捐赠税前扣除资格。

（二）对在民政部登记注册且已经运行的社会组织，由财政部、国家税务总局和民政部结合社会组织公益活动情况和年度检查、评估等情况，对符合公益性社会团体条件的社会组织联合发布公告，明确其公益性捐赠税前扣除资格。

（三）在省级和省级以下民政部门登记注册的社会组织，由省级相关部门参照本条第一项、第二项执行。

三、按照"放管结合"的要求，财政、税务、民政等部门要加强公益性社会团体的后续管理，建立信息公开制度，加大对公益性社会团体的监督检查及违规处罚的力度。在社会组织监督检查或税务检查中，发现不符合条件的公益性社会团体，取消其公益性捐赠税前扣除资格，并向社会公告；建立公益性社会团体信息公开制度，公益性社会团体必须及时公开接受捐赠收入和支出情况，加强社会监督。

四、各级财政、税务、民政部门应加强沟通合作，建立部门会商、协调机制，切实将取消公益性捐赠税前扣除资格确认审批事项落实到位。

以上通知，请遵照执行。

财政部
国家税务总局
民政部
2015 年 12 月 31 日

3. 慈善捐赠物资免征进口税收暂行办法

第一条 为促进慈善事业的健康发展,支持慈善事业发挥扶贫济困积极作用,规范对慈善事业捐赠物资的进口管理,根据《中华人民共和国公益事业捐赠法》、《中华人民共和国海关法》和《中华人民共和国进出口关税条例》等有关规定,制定本办法。

第二条 对境外捐赠人无偿向受赠人捐赠的直接用于慈善事业的物资,免征进口关税和进口环节增值税。

第三条 本办法所称慈善事业是指非营利的慈善救助等社会慈善和福利事业,包括以捐赠财产方式自愿开展的下列慈善活动:

(一)扶贫济困,扶助老幼病残等困难群体;

(二)促进教育、科学、文化、卫生、体育等事业的发展;

(三)防治污染和其他公害,保护和改善环境;

(四)符合社会公共利益的其他慈善活动。

第四条 本办法所称境外捐赠人是指中华人民共和国关境外的自然人、法人或者其他组织。

第五条 本办法所称受赠人是指:

(一)国务院有关部门和各省、自治区、直辖市人民政府。

(二)中国红十字会总会、中华全国妇女联合会、中国残疾人联合会、中华慈善总会、中国初级卫生保健基金会、中国宋庆龄基金会和中国癌症基金会。

(三)经民政部或省级民政部门登记注册且被评定为 5A 级的以人道救助和发展慈善事业为宗旨的社会团体或基金会。民政部或省级民政部门负责出具证明有关社会团体或基金会符合本办法规定的受赠人条件的文件。

第六条 本办法所称用于慈善事业的物资是指：

（一）衣服、被褥、鞋帽、帐篷、手套、睡袋、毛毯及其他生活必需用品等。

（二）食品类及饮用水（调味品、水产品、水果、饮料、烟酒等除外）。

（三）医疗类包括医疗药品、医疗器械、医疗书籍和资料。其中，对于医疗药品及医疗器械捐赠进口，按照相关部门有关规定执行。

（四）直接用于公共图书馆、公共博物馆、各类职业学校、高中、初中、小学、幼儿园教育的教学仪器、教材、图书、资料和一般学习用品。其中，教学仪器是指专用于教学的检验、观察、计量、演示用的仪器和器具；一般学习用品是指用于各类职业学校、高中、初中、小学、幼儿园教学和学生专用的文具、教具、体育用品、婴幼儿玩具、标本、模型、切片、各类学习软件、实验室用器皿和试剂、学生校服（含鞋帽）和书包等。

（五）直接用于环境保护的专用仪器。包括环保系统专用的空气质量与污染源废气监测仪器及治理设备、环境水质与污水监测仪器及治理设备、环境污染事故应急监测仪器、固体废物监测仪器及处置设备、辐射防护与电磁辐射监测仪器及设备、生态保护监测仪器及设备、噪声及振动监测仪器和实验室通用分析仪器及设备。

（六）经国务院批准的其他直接用于慈善事业的物资。

本办法所称用于慈善事业的物资不包括国家明令停止减免进口税收的特定商品以及汽车、生产性设备、生产性原材料及半成品等。捐赠物资应为未经使用的物品（其中，食品类及饮用水、医疗药品应在保质期内），在捐赠物资内不得夹带危害环境、公共卫生和社会道德及进行政治渗透等违禁物品。

第七条 国际和外国医疗机构在我国从事慈善和人道医疗救助活动，供免费使用的医疗药品和器械及在治疗过程中使用的消耗性的医用卫生材料比照本办法执行。

第八条 符合本办法规定的进口捐赠物资，由受赠人向海关申请办理减免税手续,海关按规定进行审核确认。经审核同意免税进口的捐赠物资,由海关按规定进行监管。

第九条 进口的捐赠物资按国家规定属于配额、特定登记和进口许可证管理的商品的,受赠人应当向有关部门申请配额、登记证明和进口许可证,海关凭证验放。

第十条 经审核同意免税进口的捐赠物资,依照《中华人民共和国公益事业捐赠法》第三章有关条款进行使用和管理。

第十一条 免税进口的捐赠物资,未经海关审核同意,不得擅自转让、抵押、质押、移作他用或者进行其他处置。如有违反,按国家有关法律、法规和海关相关管理规定处理。

第十二条 本办法由财政部会同海关总署、国家税务总局解释。

第十三条 海关总署根据本办法制定具体实施办法。

第十四条 本办法自 2016 年 4 月 1 日起施行,《财政部 国家税务总局 海关总署关于发布〈扶贫、慈善性捐赠物资免征进口税收暂行办法〉的通知》(财税〔2000〕152 号)同时废止。

4. 国家税务总局 财政部 人力资源社会保障部 教育部 民政部关于支持和促进重点群体创业就业有关税收政策具体实施问题

（国家税务总局公告 2014 年第 34 号）

为贯彻落实《财政部 国家税务总局 人力资源社会保障部关于继续实施支持和促进重点群体创业就业有关税收政策的通知》（财税〔2014〕39 号）精神，现将创业就业有关税收政策的具体实施意见公告如下：

一、个体经营税收政策

（一）申请

1.在人力资源社会保障部门公共就业服务机构登记失业半年以上的人员、零就业家庭或享受城市居民最低生活保障家庭劳动年龄内的登记失业人员，可持《就业失业登记证》、个体工商户登记执照和税务登记证向创业地县以上（含县级，下同）人力资源社会保障部门提出申请。县以上人力资源社会保障部门应当按照财税〔2014〕39 号文件的规定，核实创业人员是否享受过税收扶持政策。核实后，对符合条件人员在《就业失业登记证》上注明"自主创业税收政策"。

2.毕业年度高校毕业生在校期间创业的，可注册登录教育部大学生创业服务网（网址：http://cy.ncss.org.cn），提交《高校毕业生自主创业证》申请表，由所在高校进行网上信息审核确认，学校所在地省级教育行政部门依据学生学籍学历电子注册数据库，对高校毕业生身份、学籍学历、是否是应届高校毕业生等信息进行核实后，向高校毕业生发放《高校毕业生自主创业证》,并在数据库中将其标注为"已领取《高校毕业生自主创业证》"。高校毕业生持《高校毕业生自主创业证》向创业地人力资源社会保障部门提出申请,由创业地人力资源社会保障部门相应核发《就业失业登记证》。

3.毕业年度高校毕业生离校后创业的,可凭毕业证,直接向创业地县以上人力资源社会保障部门提出申请。县以上人力资源社会保障部门在对人员范围、就业失业状态、已享受政策情况核实后,对符合条件人员相应核发《就业失业登记证》,并注明"自主创业税收政策"。

(二)税款减免顺序及额度

符合条件人员从事个体经营的,按照财税〔2014〕39号文件第一条的规定,在年度减免税限额内,依次扣减营业税、城市维护建设税、教育费附加、地方教育附加和个人所得税。纳税人的实际经营期不足一年的,应当以实际月份换算其减免税限额。换算公式为:减免税限额=年度减免税限额÷12×实际经营月数。

纳税人实际应缴纳的营业税、城市维护建设税、教育费附加、地方教育附加和个人所得税小于减免税限额的,以实际应缴纳的营业税、城市维护建设税、教育费附加、地方教育附加和个人所得税税额为限;实际应缴纳的营业税、城市维护建设税、教育费附加、地方教育附加和个人所得税大于减免税限额的,以减免税限额为限。

(三)税收减免备案

纳税人在享受税收优惠政策后的当月,持《就业失业登记证》(注明"自主创业税收政策"或附着《高校毕业生自主创业证》)和税务机关要求的相关材料向其主管税务机关备案。

二、企业、民办非企业单位吸纳税收政策

(一)申请

符合条件的企业、民办非企业单位持下列材料向县以上人力资源社会保障部门递交申请:

1.新招用人员持有的《就业失业登记证》。

2.企业、民办非企业单位与新招用持《就业失业登记证》人员签订的劳动合同(副本),企业、民办非企业单位为职工缴纳的社会保险费记录。

3.《持〈就业失业登记证〉人员本年度实际工作时间表》。

4.人力资源社会保障部门要求的其他材料。

其中,劳动就业服务企业要提交《劳动就业服务企业证书》,民办非企业单位提交《民办非企业单位登记证书》。

县以上人力资源社会保障部门接到企业、民办非企业单位报送的材料后,应当按照财税〔2014〕39号文件的规定,重点核实以下情况:

1.新招用人员是否属于享受税收优惠政策人员范围,以前是否已享受过税收优惠政策;

2.企业、民办非企业单位是否与新招用人员签订了1年以上期限劳动合同,为新招用人员缴纳社会保险费的记录;

3.企业、民办非企业单位的经营范围是否符合税收政策规定。

核实后,对符合条件的人员,在《就业失业登记证》上注明"企业吸纳税收政策",对符合条件的企业、民办非企业单位核发《企业实体吸纳失业人员认定证明》。

(二)税款减免顺序及额度

1.纳税人按本单位吸纳人数和签订的劳动合同时间核定本单位减免税总额,在减免税总额内每月依次扣减营业税、城市维护建设税、教育费附加和地方教育附加。纳税人实际应缴纳的营业税、城市维护建设税、教育费附加和地方教育附加小于核定减免税总额的,以实际应缴纳的营业税、城市维护建设税、教育费附加、地方教育附加为限;实际应缴纳的营业税、城市维护建设税、教育费附加和地方教育附加大于核定减免税总额的,以核定减免税总额为限。

纳税年度终了,如果纳税人实际减免的营业税、城市维护建设税、教育费附加和地方教育附加小于核定的减免税总额,纳税人在企业所得税汇算清缴时,以差额部分扣减企业所得税。当年扣减不足的,不再结转以后年度扣减。

减免税总额＝∑每名失业人员本年度在本企业工作月份÷12×定额

企业、民办非企业单位自吸纳失业人员的次月起享受税收优惠政策。

2.第二年及以后年度当年新招用人员、原招用人员及其工作时间按上述程序和办法执行。每名失业人员享受税收优惠政策的期限最长不超过3年。

（三）税收减免备案

1.经县以上人力资源社会保障部门核实后,纳税人依法享受税收优惠政策。纳税人持县以上人力资源社会保障部门核发的《企业实体吸纳失业人员认定证明》《持〈就业失业登记证〉人员本年度实际工作时间表》和税务机关要求的其他材料,在享受税收优惠政策后的当月向主管税务机关备案。

2.企业、民办非企业单位纳税年度终了前招用失业人员发生变化的,应当在人员变化次月按照前项规定重新备案。

三、管理

（一）严格各项凭证的审核发放。任何单位或个人不得伪造、涂改、转让、出租相关凭证,违者将依法予以惩处;对采取上述手段已经获取减免税的企业、民办非企业单位和个人,主管税务机关要追缴其已减免的税款,并依法予以处罚;对出借、转让《就业失业登记证》的人员,主管人力资源社会保障部门要收回其《就业失业登记证》并记录在案。

（二）《就业失业登记证》采用实名制,限持证者本人使用。创业人员从事个体经营的,《就业失业登记证》由本人保管;被用人单位录用的,享受税收优惠政策期间,证件由用人单位保管。《就业失业登记证》由人力资源社会保障部统一样式,各省、自治区、直辖市人力资源社会保障部门负责印制,统一编号备案,作为审核劳动者就业失业状况和享受政策情况的有效凭证。

（三）《企业实体吸纳失业人员认定证明》由人力资源社会保障部统一式样,各省、自治区、直辖市人力资源社会保障部门统一印制,统一编号备案。

（四）《高校毕业生自主创业证》采用实名制,限持证者本人使用。《高校毕业生自主创业证》由教育部统一样式,各省、自治区、直辖市教育行政部门负责印制,其中注明申领人姓名、身份证号、毕业院校等信息,并粘贴申领人本人照片。

（五）县以上税务、财政、人力资源社会保障、教育、民政部门要建立劳动者就业信息交换和协查制度。人力资源社会保障部建立全国统一的就业信息平台,供各级人力资源社会保障、税务、财政、民政部门查询《就业失业登记证》信息。地方各级人力资源社会保障部门要及时将《就业失业登记证》信息(包括发放信息和内容更新信息)按规定上报人力资源社会保障部。教育部门要按季将《高校毕业生自主创业证》发放情况以电子、纸质文件等形式通报同级人力资源社会保障部门和税务机关。

（六）主管税务机关应当在纳税人备案时,在《就业失业登记证》中加盖戳记,注明减免税所属时间。各级税务机关对《就业失业登记证》有疑问的,可提请同级人力资源社会保障部门予以协查,同级人力资源社会保障部门应根据具体情况规定合理的工作时限,并在时限内将协查结果通报提请协查的税务机关。

四、本公告自 2014 年 1 月 1 日起施行。《国家税务总局 财政部 人力资源社会保障部教育部关于支持和促进就业有关税收政策具体实施问题的公告》(国家税务总局公告 2010 年第 25 号)同时废止。

特此公告。

国家税务总局
财政部
人力资源社会保障部
教育部
民政部
2014 年 5 月 30 日

七、人才建设类

1. 人力资源社会保障部 民政部关于鼓励社会团体、基金会和民办非企业单位建立企业年金有关问题的通知

（人社部发〔2013〕51号）

各省、自治区、直辖市及新疆生产建设兵团人力资源社会保障厅（局）、民政厅（局）：

近年来我国社会团体、基金会和民办非企业单位（以下简称社会组织）发展迅速，为提升社会管理和公共服务，促进文化繁荣发展发挥了积极的作用。为进一步推动社会组织健康发展，更好地保障社会组织工作人员退休后的生活，根据《企业年金试行办法》（劳动和社会保障部令第20号）、《企业年金基金管理办法》（人力资源和社会保障部令第11号）、《关于企业年金方案和基金管理合同备案有关问题的通知》（劳社部发〔2005〕35号）、《关于企业年金集合计划试点有关问题的通知》（人社部发〔2011〕58号）有关规定，现就社会组织建立企业年金有关问题通知如下：

一、已经依法参加企业职工基本养老保险并履行缴费义务的社会组织，可以建立企业年金。其中工作人员较少的社会组织可以参加企业年金集合计划。

二、社会组织建立企业年金，应当由社会组织与本单位工会或职工代表通过集体协商确定，并制定企业年金方案。企业年金方案草案应当提交职工大会或职工代表大会讨论通过，并由集体协商双方首席代表签字后，形成拟报备的企业年金方案。

三、社会组织建立企业年金所需费用由社会组织和工作人员共同缴纳。社会组织缴费每年不超过本单位上年度工作人员工资总额的十二分之一,列支渠道按国家有关规定执行。社会组织缴费和工作人员个人缴费合计一般不超过本单位上年度工作人员工资总额的六分之一,工作人员个人缴费可以由社会组织从工作人员个人工资中代扣。

四、社会组织的企业年金方案应规定社会组织缴费计入工作人员企业年金个人账户的比例,可以综合考虑工作人员个人贡献、年龄等因素确定不同的计入比例,但差距不宜过大。

五、社会组织的企业年金方案应当报送所在地区县级以上地方人力资源社会保障行政部门备案。全国性社会组织的企业年金方案,报送人力资源社会保障部备案。社会组织参加企业年金集合计划可以由集合计划受托人报人力资源社会保障行政部门备案。

六、社会组织的企业年金基金,应当按照《企业年金基金管理办法》的规定,签订受托管理合同和委托管理合同,委托具有企业年金基金管理资格的机构,实行市场化投资运营。受托管理合同和委托管理合同,应当按有关规定报人力资源社会保障行政部门备案。

七、为规范管理,本通知发布前已经建立补充养老保险的社会组织,可按照本通知要求,对原有计划进行调整,逐步将原补充养老保险存量资金纳入企业年金管理。

八、各级人力资源社会保障行政部门要做好社会组织企业年金方案及管理合同备案工作,并负责对社会组织加入企业年金计划后的实施情况进行监督检查。各级民政部门可将企业年金实施情况作为社会组织评估工作的考量指标之一。

境外非政府组织驻华代表机构建立企业年金参照本通知执行。

人力资源社会保障部

民政部

2013 年 7 月 15 日

2. 人力资源社会保障部关于行业组织有序承接专业技术人员水平评价类职业资格具体认定工作实施办法（试行）

（人社部发〔2016〕3号）

各省、自治区、直辖市及新疆生产建设兵团人力资源社会保障厅（局），国务院各部委、各直属机构人事部门：

为进一步转变政府职能，规范职业资格管理，充分发挥行业组织作用，推动行业组织有序承接专业技术人员水平评价类职业资格具体认定工作，按照《国务院机构改革和职能转变方案》和国家职业资格管理有关规定，我部制定了《行业组织有序承接专业技术人员水平评价类职业资格具体认定工作实施办法（试行）》。现印发你们，请遵照执行。

专业技术人员水平评价类职业资格认定工作政策性、专业性强，考试安全责任重大，涉及广大专业技术人员切身利益，要坚持有序承接，试点先行，稳慎推进，成熟一个，推开一个。各行业组织要转变观念，健全工作制度，加强自身建设，增强服务意识，提升工作能力，认真履行职责，确保考试安全，不断创新符合行业组织特点的社会化人才评价方式。有关部门要切实转变职能，加强对行业组织承接工作的指导、监督和评估，搞好工作衔接，建立可负责、可问责的工作机制，确保行业组织有序承接专业技术人员水平评价类职业资格具体认定工作平稳顺利推进。

人力资源社会保障部

2016 年 1 月 8 日

第一章　总体要求

第一条　为转变政府职能,充分发挥行业协会学会等行业组织(以下简称行业组织)作用,提升政府职业资格管理服务水平,推动行业组织有序承接水平评价类职业资格具体认定工作,根据《国务院机构改革和职能转变方案》和职业资格管理相关规定,制定本办法。

第二条　行业组织承接国务院人力资源社会保障部门和国务院相关部门共同批准实施的专业技术人员水平评价类职业资格具体认定工作,适用本办法。

第三条　本办法所称行业组织,是指经国务院社会团体登记管理机关批准,符合规定条件的全国性行业协会、学会和经中央编制管理部门批准登记的全国性人才评价机构。

第四条　本办法所称水平评价类职业资格具体认定工作,是指采用考试、评审、考试与评审相结合等方式,对专业技术人员职业能力水平进行评价的相关工作。

第五条　行业组织应遵守国家法律、法规和相关政策规定,依据社团章程、编制管理部门批准的业务范围和本办法规定,承接实施水平评价类职业资格具体认定工作。

第六条　行业组织承接水平评价类职业资格其体认定工作,应坚持以下原则:

(一)公开透明,竞争择优。承接工作标准公开、程序公开、过程公开、结果公开,充分发挥行业组织的专业优势和组织优势,促进行业组织行业自律,竞争择优。

(二)规范程序,健全机制。建立可负责、可问责的运行机制和工作机制,有序承接,稳妥推进,确保行业组织承接水平评价类职业资格具体认定工作程序严密、运作规范、权责分明、制约有效。

(三)加强监督,动态调整。政府部门加强指导和监督管理,建立退出机制,根据承接工作实际效果,对承接具体认定工作的行业组织进行动态调整。

第二章　承接条件

第七条　承接水平评价类职业资格具体认定工作的行业组织应当符
合下列条件:

(一)经中央和国务院有关部门审核确认,有独立承担民事责任能力
的非营利性行业组织。

(二)在所承接的职业资格相关领域具有明显的专业优势和组织优
势,在业内具有全国性影响力。在登记机关审定(或者备案)的组织章程
或业务范围中,有与本行业领域相对应的职业资格项目内容。

(三)内设机构中有专职负责本专业职业资格具体认定工作的部门
和能够满足工作需要的专职工作人员,并拥有一支稳定的高素质专家
队伍。

(四)设有负责纪律监督的机构或监察人员。

第八条　行业组织一般应具备实施职业资格具体认定工作的分支机
构(含代表机构),该机构应当具有开展相关工作的部门和专职工作人
员。不具备分支机构或分支机构不具备实施能力的,应当签署协议委托
其他全国性人才评价机构开展职业资格认定有关工作。

接受委托的全国性人才评价机构,应当按照协议规定的专业范围、操
作规程、评价标准和工作纪律,组织实施职业资格具体认定相关工作,并
承担相应法律责任。

第三章　工作程序

第九条　行业组织向人力资源社会保障部和国务院相关部门提出承
接职业资格具体认定工作的申请。

第十条　人力资源社会保障部会同国务院相关部门对提出申请的行
业组织进行综合评估,必要时组织专家评估,根据评估意见确定承接职业
资格具体认定工作的行业组织。

第十一条　经确认承接职业资格具体认定工作的行业组织,按照人力资源社会保障部和国务院相关部门制定的职业资格认定标准和评价规范,组织实施相关职业资格具体认定工作。

第十二条　行业组织成立职业资格认定工作专家委员会,研究拟定职业资格评价大纲和评价内容,统计分析职业资格认定的具体技术指标,提出确定合格标准的建议。人力资源社会保障部会同国务院相关部门指导相应行业组织确定评价大纲、评价内容和合格标准。

第十三条　对达到职业资格认定标准的人员,由该行业组织颁发人力资源社会保障部和国务院相关部门监制,该行业组织用印的职业资格证书。证书在全国范围内有效。

第十四条　年度职业资格认定工作结束后,各行业组织将本年度本专业相关地区职业资格认定人员名单及评价结果,分别报所在地区省级人力资源社会保障部门和相关部门备案。

第四章　管理监督

第十五条　承接职业资格具体认定工作的行业组织、委托机构、专家委员会及其工作人员,应当严格遵守以下工作纪律:

(一)遵守法律法规和职业资格认定工作涉及的各项政策规定。

(二)不得利用开展职业资格认定工作,为本行业组织和个人谋取不正当利益,并接受社会监督。

(三)严格保密,在认定结果公布前,严禁泄露职业资格认定各类信息。

(四)不得举办与职业资格认定相关的培训,不得强制申请职业资格认定人员参加相关培训。

(五)负责具体认定的专职工作人员,不得申请参加本专业职业资格考试、评审等认定,不得参与与职业资格认定内容相关的培训活动。

第十六条　行业组织应当制定完善工作规章制度,建立健全监督机制,建立职业资格认定工作网络信息平台,面向公众提供查询服务,加强职业资格证书人员信用管理,及时向社会公告认定信息和有关情况。

第十七条　行业组织应当及时向人力资源社会保障部和国务院相关部门报送认定工作年度计划和工作总结,并接受监督检查。

第十八条　人力资源社会保障部和国务院相关部门通过巡视、巡察、抽查、评估等方式,对行业组织承接职业资格具体认定工作实施监督检查。

第十九条　违反政策规定或不能按照要求完成职业资格具体认定工作任务的行业组织,人力资源社会保障部和国务院相关部门责令其整改;情节严重的,视情况暂停其实施职业资格具体认定工作,宣布其认定结果无效,直至撤销其承接职业资格具体认定工作的资质。

第二十条　从事职业资格具体认定工作的人员违反工作纪律,按照国家有关法律和专业技术人员资格考试违纪违规行为处理规定进行处理;情节严重的,依法追究其法律责任。

第五章　附　则

第二十一条　本办法未尽事项,按照职业资格管理相关规定执行。

第二十二条　本办法自发布之日起施行。

第二十三条　本办法由人力资源社会保障部负责解释。

3.《中华人民共和国职业分类大典》(2015版)中社会组织人才相关内容节选

一、1(GBM 10000)党的机关、国家机关、群众团体和社会组织、企事业单位负责人

在中国共产党机关,国家机关,民主党派和工商联,人民团体和群众团体、社会组织及其工作机构,基层群众自治组织,企业、事业单位中担任领导职务并具有决策、管理权的人员。

本大类包括下列中类:

1—01(GBM10100)中国共产党机关负责人

1—02(GBM10200)国家机关负责人

1—03(GBM10300)民主党派和工商联负责人

1—04(GBM10400)人民团体和群众团体、社会组织及其他成员组织负责人

1—05(GBM10500)基层群众自治组织负责人

1—06(GBM10600)企事业单位负责人

1—04(GBM10400)人民团体和群众团体、社会组织及其他成员组织负责人

在人民团体和群众团体、社会团体、民办非企业单位、社会中介组织、基金会、宗教组织中,担任领导职务并具有决策、管理权的人员。

本中类包括下列小类:

1—04—01(GBM10401)人民团体和群众团体负责人

1—04—02(GBM10402)社会团体负责人

3.《中华人民共和国职业分类大典》(2015版)中社会组织人才相关内容节选

1—04—03(GBM10403)民办非企业单位负责人

1—04—04(GBM10404)社会中介组织负责人

1—04—05(GBM10405)基金会负责人

1—04—06(GBM10406)宗教组织负责人

1—04—02(GBM10402)社会团体负责人

在学术性、联合性、经济性、慈善性社会团体和专业性学术团体中,担任领导职务的人员。

本小类包括下列职业:

1—04—02—00 社会团体负责人

1—04—02—00 社会团体负责人

在学术性、联合性、经济性、慈善性社会团体和专业性学术团体中,担任领导职务的人员。

主要工作任务:

1.召集和主持理事会或常务理事会;

2.代表常务理事会作年度工作报告;

3.推荐秘书长候选人,根据工作需要,核定秘书长聘请的工作人员和专务理事;

4.聘任社团顾问和专务理事;

5.检查会员大会或会员代表大会、理事会或常务理事会决议的落实情况;

6.代表社团签署有关重要文件;

7.参与研究和制定工作方针;

8.行驶章程和理事会赋予的其他职权。

1—04—03(GBM10403)民办非企业单位负责人

在企业事业单位、社会团体和其他社会力量以及公民个人利用非国有资产举办的,从事非营利性社会服务活动的社会组织中,担任领导职务的人员。

本小类包括下列职业:

1—04—03—00 民办非企业单位负责人

1—04—03—00 民办非企业单位负责人

在企业事业单位、社会团体和其他社会力量以及公民个人利用非国有资产举办的,从事非营利性社会服务活动的社会组织中,担任领导职务的人员。

主要工作任务:

1.负责非营利性社会服务活动的组织与管理;

2.行使章程规定的其他职权。

1—04—05(GBM10405)基金会负责人

在利用捐赠的财产从事公益事业的非营利性法人机构中,担任领导职务的人员。

本小类包括下列职业:

1—04—05—00 基金会负责人

1—04—05—00 基金会负责人

在利用捐赠的财产从事公益事业的非营利性法人机构中,担任领导职务的人员。

主要工作任务:

1.负责理事会或常务理事会日常工作;

2.代表常务理事会作年度工作报告;

3.负责秘书长候选人推荐、基金会顾问和专务理事聘任及相关组织人事管理;

4.行使章程和理事会赋予的其他职权。

二、2(GBM20000)专业技术人员

从事科学研究和专业技术工作的人员。

本大类包括下列中类:

2—01(GBM20100)科学研究人员

2—02(GBM20200)工程技术人员

2—03(GBM20300)农业技术人员

2—04(GBM20400)飞机和船舶技术人员

2—05(GBM20500)卫生专业技术人员

3.《中华人民共和国职业分类大典》(2015版)中社会组织人才相关内容节选

2—06(GBM20600)经济和金融专业人员

2—07(GBM20700)法律、社会和宗教专业人员

2—08(GBM20800)教学人员

2—09(GBM20900)文学艺术、体育专业人员

2—10(GBM21000)新闻出版、文化专业人员

2—99(GBM29900)其他专业技术人员

2—07(GBM20700)法律、社会和宗教专业人员

从事律师、公证、司法鉴定、社会服务和宗教活动以及依法行使审判权、检察权等工作的专业人员。

本中类包括以下小类：

2—07—01(GBM20701)法官

2—07—02(GBM20702)检察官

2—07—03(GBM20703)律师

2—07—04(GBM20704)公证员

2—07—05(GBM20705)司法鉴定人员

2—07—06(GBM20706)审判辅助人员

2—07—07(GBM20707)法律顾问

2—07—08(GBM20708)宗教教职人员

2—07—09(GBM20709)社会工作专业人员

2—07—99(GBM20799)其他法律、社会和宗教专业人员

2—07—09(GBM20709)社会工作专业人员

在社区、社会服务机构和社会组织中，从事社区建设、社会服务、社会组织发展等工作的专业人员。

本小类包括下列职业：

2—07—09—01 社会工作者

2—07—09—02 社会组织专业人员

2—07—09—03 心理咨询师

2—07—09—02 社会组织专业人员

在社会团体、基金会、民办非企业单位等组织内部，从事机构运营和

业务督导的专业人员。

主要工作任务：

1.制定社会组织发展战略；

2.指导并建立分支代表机构、办事机构等管理机构；

3.研究、制订非营利市场营销策略；

4.创建、维护由捐赠者和志愿者组成的社会组织支持群体；

5.制订社会组织预、决算实施细则；

6.制订、应用行业标准和规范；

7.监督社会组织活动执行情况；

8.制订志愿者招募、培训、激励、使用及评估方案。

三、3（GBM30000）办事人员和有关人员

在公共管理和社会组织机构中，从事行政业务、行政事务、行政执法和仲裁、安全保卫、消防和应急救援等工作的人员。

本大类包括下列中类：

3—01（GBM30100）办事人员

3—02（GBM30200）安全和消防人员

3—99（GBM30300）其他办事人员和有关人员

3—01（GBM30100）办事人员

在公共管理和社会组织机构中，从事行政业务、行政事务、行政执法和仲裁工作的人员。

本中类包括下列小类：

3—01—01（GBM30101）行政业务办理人员

3—01—02（GBM30102）行政事务处理人员

3—01—03（GBM30103）行政执法和仲裁人员

3—01—04（GBM30104）其他办事人员

3—01—1（GBM30101）行政业务办理人员

在公共管理和社会组织及相关机构中，从事行政业务办理的人员。

本小类包括下列职业：

3—01—01—01 行政办事员

3.《中华人民共和国职业分类大典》(2015版)中社会组织人才相关内容节选

3—01—01—02 社区事务员

3—01—01—03 统计调查员

3—01—01—04 社团会员管理员

3—01—01—05 劝募员

3—01—01—04 社团会员管理员

在社会团体中,从事会员资格认定、会员权益维护、会员履行义务监督、会籍管理等工作的人员。

主要工作任务:

1.根据社会团体章程或会员管理办法,组织发展会员,筹办会员(代表)大会、理事会及常务理事会会议;

2.受理入会申请,审查资格,履行报批手续,反馈审批结果;

3.发放会员证书,讲解会员权利和义务;

4.收缴会费,提出会费使用办法,监督使用会费票据;

5.手机归档资料,建立、维护档案;

6.反映会员需求,组织会员活动,评估反馈服务信息;

7.办理退会手续。

3—01—01—05 劝募员

在社会组织中,从事公益宣讲、筹集款物、捐赠管理等工作的人员。

主要工作任务:

1.宣讲公益慈善理念、价值观及相关政策法规;

2.收集、整理、分析社会公益捐赠信息,研究公益市场需求;

3.制订募集方案;

4.与捐赠主体联合拟订捐赠协议;

5.跟进捐赠协议执行情况,执行保值增值,公开捐赠信息;

6.报告公益项目执行进展情况;

7.组织捐赠主体等合作伙伴,参与考察公益项目与实施;

8.撰写公益项目总结报告。

4.民政部关于加强和改进社会组织教育培训工作的指导意见

（民发〔2015〕206 号）

各省、自治区、直辖市民政厅（局），各计划单列市民政局，新疆生产建设兵团民政局：

开展社会组织教育培训工作，是建设高素质社会组织人才队伍的重要手段，是引导社会组织健康有序发展的基础工程。近年来，各地民政部门高度重视社会组织教育培训工作，培训规模逐步扩大、经费投入逐年增加、培训效果不断增强，有力地推进了社会组织治理体系和治理能力现代化。但是，社会组织教育培训工作还存在教材建设滞后、师资队伍薄弱、教学方法手段单一、与社会组织管理工作衔接不够紧密等问题，教育培训工作的系统化、规范化、专业化亟待加强。为贯彻落实党的十八大和十八届二中、三中、四中全会精神，进一步加强和改进社会组织教育培训工作，提高教育培训工作的覆盖面和影响力，现提出以下指导意见。

一、加强和改进社会组织教育培训工作的总体要求

加强和改进社会组织教育培训工作的指导思想是：高举中国特色社会主义伟大旗帜，以邓小平理论、"三个代表"重要思想、科学发展观为指导，深入贯彻习近平总书记系列重要讲话精神，紧紧围绕推进国家治理体系和治理能力现代化这一主题，紧紧围绕建立现代社会组织体制这一目标，注重教育引导、提高能力、发挥作用相统一，注重基础建设、制度规范、机制创新相结合，加快形成具有中国社会组织特色的教育培训新格局。

加强和改进社会组织教育培训工作要坚持以下原则：（一）坚持服务

大局。充分发挥教育培训的教育引导功能,促进社会组织健康有序发展。(二)坚持分级分类。突出需求导向,以提高能力为主线,根据教育培训对象的类型特点,分级组织实施。(三)坚持改革创新。把改革创新贯穿于教育培训全过程,增强工作的吸引力感染力,确保质量和效果。

二、进一步明确需求导向的教育培训目标

从社会组织最直接、最现实、最迫切的需求出发,统筹规划教育培训工作,争取到 2020 年基本建立与社会组织发展相适应、有活力的社会组织教育培训体系。

在现有教育培训工作的基础上,课程开发和教材体系建设取得积极进展,师资队伍进一步加强,教学方式方法改革成效明显,教育培训保障制度初步建立,社会组织的能力得到进一步提升,全社会关心和支持社会组织发展的氛围进一步增强。

三、加快开发教育培训课程和教材

优化课程设置。围绕提高社会组织能力,增强社会组织从业人员的责任意识、诚信意识、服务意识、创新意识,总体规划课程设置。根据教育培训对象的特点和岗位职责,合理设置课程,让社会组织听得懂、学得会、用得上。

完善教材体系。根据科学实用原则,适应不同层次、不同类别培训的需要,编写社会组织综合性与专业性、知识更新和能力提升教材,加大实务与案例教材编写力度,积极开发社会组织教育培训示范性教材,有条件的地方,可组织编写地方特色教材,逐步形成形式多样、内容衔接的社会组织教材体系。

四、着力抓好教育培训师资建设

拓展师资来源。依托民政系统主渠道,充分运用社会组织联系广泛、渠道多样的优势,选聘政策理论水平高、实践经验丰富的党政机关领导干部、专家学者和社会组织相关人员担任授课教师。建立社会组织师资库,实现师资资源共享。重视发现和培养社会组织教育培训的优秀人才。鼓励和支持民政职业院校培养专职社会组织教师。

提高师资能力。加强对师资的培训,鼓励对社会组织重大理论问题和实践问题进行跟踪研究,以研究促教学,不断提高教育教学能力。定期举办社会组织教育培训论坛,交流教育教学经验,探索教育教学规律,不断提高教育培训的科学化水平。建立激励机制,对社会组织教育培训工作作出突出贡献的教师,要以适当方式予以奖励。

五、扎实推进教学方式方法改革

丰富教学方式。尊重社会组织从业人员职业特点,以社会组织喜闻乐见的方式开展教育培训。鼓励运用微课、慕课等新型教学方法。突出实践教学,运用现场观摩等途径提高解决实际问题的能力。开展素质拓展,加强团队建设,增强从业人员的使命感。积极开发在线课程,开展网络远程教育,扩大教育培训覆盖面。

拓展教学方法。综合运用讲授式、启发式、参与式和案例式等教学方法,加强交流互动,提高教育培训效果。着手建立社会组织教育培训案例库。

六、建立健全教育培训工作保障制度

分类开展教育培训。推广社会组织新入职人员教育培训,重点提高适应社会组织工作的能力。开展社会组织负责人任职培训,重点提高胜任领导工作的能力。实施社会组织秘书长培训工程,新任秘书长任职1年内原则上要参加教育培训。加强社会组织法定代表人教育培训。强化社会组织从业人员专门业务培训,重点提高业务工作能力。推动社会组织从业人员继续教育,借助国家专业技术人才知识更新工程,打造社会组织领军人才队伍。鼓励有条件的院校开设社会组织相关课程,探索建立不同学历层次的社会组织专业教育。

拓展教育培训资源。以民政职业院校为依托,发挥高等院校、科研院所以及社会力量的优势,促进资源整合,开展教育培训基地建设。争取相关部门的支持,协调党校(行政学院)开展社会组织教育培训工作。通过购买服务等方式,引导社会力量承接教育培训工作。探索开展教学质量评估。

做好教育培训资金保障。将社会组织教育培训经费纳入社会组织管理工作经费,有条件的地方也可以将社会组织教育培训纳入政府购买服

务目录。倡导社会力量对教育培训工作予以捐助,鼓励举办公益性教育培训。规范资金管理,厉行节约、勤俭办学,提高资金使用效益。

七、切实做好教育培训工作的组织领导

建立协调机制。各级民政部门要重视和加强社会组织教育培训工作,建立"统一管理、分工负责、协同配合、注重实效"的教育培训工作协调机制,及时解决教育培训工作中的困难和问题。

分级组织实施。民政部负责制定社会组织教育培训规划,编写基础性、示范性培训教材,建立国家级教育培训师资库和教育培训基地,主要负责部本级社会组织教育培训工作。地方民政部门要结合实际,重点加强本级社会组织的教育培训工作。

加大宣传力度。认真总结和推广教育培训工作中的典型经验和成功做法,不断提高教育培训工作的针对性和实效性。加强对社会组织教育培训的理论研究,积极探索社会组织教育培训规律。

民政部

2015 年 11 月 3 日

5.民政部关于加强和改进社会组织薪酬管理的指导意见

（民发〔2016〕101号）

各省、自治区、直辖市民政厅（局），各计划单列市民政局，新疆生产建设兵团民政局：

薪酬是吸引人才、激励人才、留住人才的重要手段，也是社会组织人才队伍建设的重要保障。改革开放以来，随着社会主义市场经济体制的建立和完善，大多数社会组织根据相关法律法规，建立了以岗位为基础的薪酬管理制度。社会组织从业人员"五险一金"制度不断推广，各类补充保险积极探索。但从总体上看，尚未形成与社会组织从业人员相适应的薪酬管理体系。

目前，社会组织从业人员薪酬水平总体偏低，缺乏激励，吸引力不足。正常的薪酬增长机制有待建立，职业上升空间亟待拓宽。一些社会组织薪酬管理存在分配不公平、发放不规范等问题，有的甚至还存在有法不依现象。

薪酬问题已成为近年来社会组织从业人员反映最集中最突出的问题。根据党中央、国务院关于构建和谐劳动关系以及薪酬改革的有关精神，为引导社会组织合理确定从业人员薪酬水平，改进薪酬管理，建立健全薪酬水平正常增长机制，以更加有力的举措建设一支与社会组织发展相适应的数量充足、结构合理、素质优良、甘于奉献的专业人才队伍，现就加强和改进社会组织薪酬管理提出以下意见。

一、总体要求和基本原则

加强和改进社会组织薪酬管理的总体要求是:紧紧围绕改革发展这个大局,服务于社会组织人才队伍建设这个主题,以岗位绩效为导向,以规范化为基础,以制度建设为重点,不断提高薪酬管理的科学化水平,建立健全与社会组织发展相适应的薪酬管理体系。

加强和改进社会组织薪酬管理,要坚持以下原则:坚持注重效率与维护公平相协调,使社会组织从业人员既有平等参与机会又能充分发挥自身潜力,不断激发社会组织活力;坚持激励与约束相统一,按照社会组织从业人员承担的责任和履职的差异,做到薪酬水平同责任、风险和贡献相适应;坚持薪酬制度改革与相关改革配套进行,建立健全社会组织从业人员薪酬水平正常增长机制;坚持物质激励与精神激励相结合,提倡奉献精神,充分调动社会组织从业人员的积极性、主动性和创造性。

二、合理确定薪酬标准

社会组织对内部薪酬分配享有自主权,其从业人员主要实行岗位绩效工资制,薪酬一般由基础工资、绩效工资、津贴和补贴等部分构成。

基础工资是从业人员年度或月度的基本收入,主要根据社会组织自身发展情况、所从事的业务领域和所在地区经济发展水平等因素综合确定。

绩效工资应与个人业绩紧密挂钩,科学评价不同岗位从业人员的贡献,合理拉开收入分配差距,切实做到收入能增能减和奖惩分明。工资分配要向关键岗位和核心人才倾斜,对社会组织发展有突出贡献的从业人员,要加大激励力度。

津贴和补贴是社会组织为了补偿从业人员额外的劳动消耗和因其他特殊原因而支付的辅助工资,以及为了保证从业人员工资水平不受物价影响支付的生活补助用。

对市场化选聘和管理的社会组织负责人、引进的急需紧缺人才,结合社会组织发展实际,其薪酬水平可由双方协商确定。

三、及时足额兑现薪酬

基础工资、绩效工资、津贴和补贴应列入社会组织管理成本,其中绩效工资根据考核结果及社会组织自身发展情况,可按月度、季度、半年分期兑现或年底集中兑现。薪酬应当以法定货币支付,不得以实物及有价证券替代货币支付。鼓励支付方式电子化。

从业人员依法享受年休假、探亲假、婚假及丧假,期间社会组织应按劳动合同规定的标准支付薪酬。

四、着力规范薪酬管理

社会组织应建立薪酬管理制度,并将其纳入会员(代表)大会或理事会决策事项中,一经确定,应由社会组织在适当范围内予以公布,接受民主监督。

应根据薪酬管理制度编制工资总额预算,并严格按工资总额预算执行,不得超提、超发薪酬。

社会组织应建立工资台账,支付工资时应提供工资清单。工资台账须至少保存两年。

退(离)休领导干部在社会组织兼职期间,其薪酬问题按照《中共中央组织部关于规范退(离)休领导干部在社会团体兼职问题的通知》(中组发〔2014〕11号)规定执行。

五、逐步建立薪酬水平正常增长机制

社会组织应根据所处业务领域的整体薪酬水平,参考住所地人力资源社会保障部门发布的工资指导价位和工资指导线,以及行业薪酬调查报告发布的劳动力市场指导价位,就工资收入水平和调整幅度等事项,与从业人员进行平等协商,并在协商一致的基础上签订工资协议,确保从业人员薪酬水平与经济发展水平相协调、与劳动生产率提高相适应。

六、不断完善社保公积金缴存机制

社会保险和住房公积金按照国家有关法律法规执行,有条件的社会组织可建立企业年金及其他补充保险。

社会组织应依法为从业人员缴存社会保险和住房公积金。社会保险和住房公积金应由个人承担的部分,由用人单位代扣代缴;应由用人单位承担的部分,应及时申报缴纳。社会保险和住房公积金缴费基数按有关法律法规执行。

七、切实加强薪酬管理工作的组织领导

各级登记管理机关要高度重视,切实引导和督促社会组织做好薪酬管理工作,将其作为加强社会组织内部管理和人才队伍建设的重要举措,列入日常管理的重要日程。

社会组织要厉行节约反对浪费,切实履行职责,加强制度建设,严格按预算支出经费。要加强对财务人员的管理,提高财务人员工作能力,依照民间非营利组织会计制度要求,建立规范的财务管理制度,使资金和资源得到有效合理利用。

要挖掘潜力,拓宽合法收入来源,不断提高社会组织从业人员的薪酬水平。要大力弘扬奉献精神,建立健全社会组织从业人员荣誉激励机制,进一步激发社会组织从业人员的工作热情。鼓励社会力量捐助社会组织人工成本。

各级民政部门要结合实际,重点指导本级社会组织做好薪酬管理和服务工作。

民政部

2016 年 6 月 14 日

6. 中共宁波市委组织部 宁波市民政局 宁波市 人力资源和社会保障局 宁波市财政局关于 加强社会组织人才队伍建设的实施意见

（甬民发〔2013〕119号）

市级各有关部门,各县(市)区委组织部、民政局、人力资源和社会保障局、财政局:

为推进我市社会组织人才队伍建设,充分发挥社会组织在社会管理和社会服务中的重要作用,根据市委、市政府《关于加快建立现代社会组织体制促进社会组织健康有序发展的意见》(甬党办〔2013〕89号)精神,结合我市实际,现就加强社会组织人才队伍建设提出如下实施意见:

一、指导思想、工作原则和总体目标

1.指导思想:以科学发展观为指导,立足于我市社会组织发展的客观需要,以人才培养为基础,以人才使用为根本,以人才评价激励为重点,以政策制度建设为保障,努力建设一支高素质的社会组织人才队伍,为加快培育发展社会组织提供有力的人才支撑。

2.工作原则:坚持党的领导,确保社会组织人才队伍建设的正确政治方向;坚持政府推动,切实履行依法引导、规范、扶持等方面的职责;坚持社会参与,鼓励社会组织、企事业单位和社会公众支持社会组织人才队伍建设;坚持突出重点,优先培养促进我市经济社会发展的重点领域的经济类行业协会商会、公益慈善类社会组织和社区社会组织的专业人才;坚持立足基层,鼓励社会组织专业人才到基层社会组织服务,引导社会组织服务资源向基层倾斜。

3.总体目标:到2020年,建立较为完善的社会组织人才队伍建设工作机制,使社会组织人才总量增加与促进社会组织快速发展相适应,社会组织人才素质提升与社会组织的整体能力提高相适应,社会组织人才作用发挥与加快社会组织培育发展机制的改革创新相适应。

二、主要任务

4.切实加强党对社会组织人才队伍建设的领导。建立组织部门牵头抓总,民政部门具体负责,财政、人力资源社会保障等部门密切配合,社会力量广泛参与的工作格局。

5.把社会组织人才队伍建设纳入当地人才发展规划。适应我市社会组织快速发展的需要,将社会组织人才队伍建设纳入党委政府人才工作范畴,做好社会组织人才队伍的科学预测工作。按照实施万名社会工作人才培养工程,重点培养现代服务业、社会福利救助、社区管理服务、公共医疗保健、社会综治维稳、防灾减灾、应急管理等方面社会组织专门工作人才。

6.将社会组织人才纳入继续教育的范畴。社会组织业务主管单位及其他有关部门要根据各自职能,把社会组织人才的培训纳入培训工作规划和年度实施计划,并认真组织实施。扶持推动本地高校(院)开设社会组织管理专业。通过举办专题高级研修班等形式,有计划地选送社会组织专业人才到各级党校、行政学院、高等院校等培训机构和国(境)外进行培训,全面提高社会组织人才的整体素质。

7.完善社会组织专业人才引进机制。鼓励有条件、有需求的社会组织引进一批能担当秘书长等主要职位的高端管理人才和骨干人才,引导和鼓励社会组织工作者报考社会工作师及其他专业职称,促进社会组织人才队伍职业化、专业化和年轻化。逐步实现社会组织职业经理人管理。鼓励企事业单位和社会组织建立社会组织专业人才发展基金,鼓励引导用人单位、社会和个人投资社会组织专业人才资源开发。

8.完善社会组织人才保障和激励机制。研究制定和落实社会组织工作人员落户、人事档案、职称评定、就业培训、社会保障、工资福利等相关政策。建立以岗位职责为基础,以品德、能力和业绩为导向,科学化、社会化的社会组织专业人才评价机制。定期开展优秀社会组织专业人才评选活动,对于业绩突出、能力卓著、社会组织认可的优秀社会组织专业人才纳入政府人才奖励范畴。

9.建立社会组织专业人才库。吸收素质高、能力强、有爱心、奉献精神强的各种社会人才加入社会组织人才队伍。注重把政治素质好、业务水平高的社会组织优秀人才纳入组织部门选拔视野。支持有突出贡献的社会工作专业人才通过选举当选"党代表、人大代表和政协委员"。定期举办社会组织人才交流会,促进各类专业人才在不同地区和不同社会组织之间的合理有序流动。

10.建立社会组织专业人才和志愿者队伍联动服务机制。进一步完善志愿服务体系,建立健全社会组织专业人才和志愿者相互协作、共同开展服务的机制,通过社会组织专业人才的引领,提升志愿者服务水平,丰富社会组织专业人才资源,增强社会组织服务效果。

11.提高全社会对社会组织人才队伍的知晓度和认同度。创设各种平台,加大宣传力度,展示社会组织工作的丰富内涵、社会价值及广大社会组织专业人才的职业风采,营造推进社会组织健康有序发展的良好氛围。

中共宁波市委组织部

宁波市民政局

宁波市人力资源和社会保障局

宁波市财政局

2013 年 9 月 23 日

八、信用体系建设类

1. 民政部 中央编办 国家发展改革委 工业和信息化部 商务部 中国人民银行 工商总局 全国工商联关于推进行业协会商会诚信自律建设工作的意见

（民发〔2014〕225 号）

各省、自治区、直辖市及新疆生产建设兵团民政厅（局）、编办、发展改革委、工业和信息化主管部门、商务厅（局）、工商局、工商联，中国人民银行上海总部，各分行、营业管理部，各省会（首府）城市中心支行，各副省级城市中心支行，各全国性行业协会商会：

行业协会商会诚信自律建设，对于加强和改进行业协会商会管理，提高行业协会商会公信力，推进行业自律体系和社会信用体系建设，促进社会主义市场经济健康发展具有重要意义。为贯彻落实国务院《关于促进市场公平竞争维护市场正常秩序的若干意见》（国发〔2014〕20 号）和《社会信用体系建设规划纲要（2014—2020 年）》（国发〔2014〕21 号）精神，现就推进行业协会商会诚信自律建设工作提出以下意见。

一、支持行业协会商会参与行业信用建设

（一）建立健全会员企业信用档案。行业协会商会可以根据自身实际情况，研究制定会员企业信用信息收集标准，建立行业内部信用信息收集渠道，建立健全会员企业信用档案，依法收集、记录和整理会员企业在生产、经营中产生的有关信用信息。有条件的行业协会商会可以收集会员企业交易伙伴的信用信息，建立会员企业交易伙伴信用信息数据库，帮助会员企业减少生产和经营风险。

（二）积极开展会员企业信用评价。支持行业协会商会根据各自行业特点，加强与有资质的第三方信用服务机构合作，依法开展行业信用评价工作。信用评价工作要以服务会员企业、促进行业自律、提高行业信用水平为宗旨，遵循会员企业自愿参加的原则。行业协会商会要优化评价指标体系，完善评价操作流程，提升行业信用评价效率，评价方法、标准、结果等应当公开发布并提供查询服务。要依托新闻媒体、内部刊物和协会网站，积极宣传推广信用评价结果，提高诚信会员企业在政府、市场与社会中的接受度和知名度。

（三）加强会员企业信用信息共享和应用。行业协会商会要主动与行业主管部门、国家统一信用信息平台、征信机构以及有上下游产业关系的行业组织进行对接，建立信用信息交换共享机制，为会员企业提供多层次、全方位的信用信息服务。行业协会商会提供的会员企业信用信息，征信机构可予以记载。行业协会商会要加强会员企业信用信息的应用，将会员企业信用信息作为评先评优、市场拓展、行业扶持和奖励等工作的重要参考，加强与商业银行、保险机构等金融机构的合作，帮助信用良好的会员企业获取更多的业务优惠、便利和市场机会。

（四）帮助会员企业提高信用管理能力。行业协会商会可以通过举办培训班、研讨会等方式，加强会员企业信用管理专业知识培训，使会员企业了解、掌握企业信用管理知识，增强信用风险防范能力。可以协助会员企业建立客户档案、开展客户诚信评价，建立科学的信用管理流程和信用风险管理制度，提升会员企业综合竞争力，形成有效的信用风险防范机制。

二、推动行业协会商会建立健全行业自律机制

（五）健全行业自律规约。行业协会商会要根据行业发展要求，研究制定自律规约，积极规范会员企业生产和经营行为，引导本行业的经营者依法竞争，自觉维护市场竞争秩序，充分发挥市场监管中的自律作用。制定自律规约要体现公平公正、诚实信用和正当竞争的原则，不得含有排除、限制竞争的内容，要广泛征求行业企业和有关部门的意见建议，经过专家研究论证，并召开会员（代表）大会审议通过后颁布实施。对于没有制定自律规约的行业协会商会,要抓紧研究制定符合本行业特点的自律规约;已经制定或实施自律规约的行业协会商会,要认真总结经验,不断改进完善,使之更符合实际,针对性更强。行业协会商会要加强自律规约的执行与监督,对违反自律规约的,按照情节轻重,实行警告、行业内通报批评、公开谴责、取消会员资格、向有关部门通报等惩戒措施。推动行业协会商会建立的行业性约束和惩戒机制与政府、市场、社会形成的约束和惩戒机制相衔接,形成联动效应。

(六)制定行业职业道德准则。行业协会商会要按照社会主义核心价值观要求,研究制定行业职业道德准则,规范从业人员职业行为,全面提高从业人员的思想道德素质、科学文化素质和技术业务素质,培育从业人员的职业道德和职业精神,营造诚信执业良好氛围。加大行业职业道德准则宣传力度,推动行业从业人员严格遵守行业职业道德准则。对于违背行业职业道德准则的从业人员,探索建立行业惩戒机制。推动会员企业履行社会责任,探索建立与国际标准相一致、符合行业特点的社会责任指标和评价体系,发布行业社会责任报告,提升行业社会责任绩效。

(七)规范行业发展秩序。支持行业协会商会开展标准化工作。鼓励行业协会商会制定发布本行业的产品和服务标准,积极参与制定国家标准、行业规划和政策法规,不断提高行业产品和服务的质量。行业协会商会要发挥专业调解作用,积极协调会员企业之间、会员企业与其他经济组织之间关系,维护会员和行业整体利益。支持行业协会商会代表会员企业开展反倾销、反补贴、保障措施的调查、申诉、应诉工作,参与协调贸易争议。

三、加强行业协会商会自身建设

(八)完善法人治理。行业协会商会要以章程为核心,建立健全现代法人治理结构和运行机制。要把诚信自律建设内容纳入行业协会商会章程,提高行业协会商会依法自治水平。落实民主选举、差额选举制度,扩大直选范围。建立健全会员(代表)大会、理事会和监事会(监事)制度。完善人事、财务、档案、资产、活动管理、机构管理等各项内部管理制度。行业协会商会负责人和理事会成员要严格按照民主程序选举产生。鼓励选举企业家担任理事长(会长)。探索实行行业协会商会理事长(会长)轮值制。秘书长可以通过选举、聘任或向社会公开招聘等方式产生。

(九)实行信息公开。行业协会商会要主动向会员公开年度工作报告、财务工作报告、会费收支情况以及经理事会研究认为有必要向会员公开的其他信息;向社会公开登记事项、章程、组织机构、接受捐赠、承接政府转移职能以及政府购买服务事项等信息,增加透明度和公信力。行业协会商会要依托统一的信息平台或者自身官方网站进行信息公开,自觉接受会员、新闻媒体和社会公众监督。鼓励广大行业协会商会不断丰富信息公开内容,扩大信息公开范围,创新信息公开方式。

(十)推行诚信承诺。行业协会商会成立登记后,应签署诚信承诺书,并向社会公开诚信承诺书内容。要重点围绕服务内容、服务方式、服务对象和收费标准等进行公开承诺,做到不强制入会,不强行服务,不搞乱评比、乱培训、乱表彰,不超出章程规定的业务范围开展活动。鼓励行业协会商会积极培育诚信服务品牌,增强诚信服务意识,拓展诚信服务内容,创新诚信服务方式,不断提升诚信服务能力。

四、完善保障措施

(十一)加强组织领导。各地要将行业协会商会诚信自律建设与社会组织管理制度改革结合起来,作为一项重要工作纳入议事日程。各级民政、机构编制、发展改革、工业和信息化、商务、金融、工商、工商联等部门和单位要按照本意见的要求,切实加强组织领导,明确职责分工,落实工作责任,形成工作合力。鼓励行业协会商会设立专门的诚信自律工作机构。全国性行业协会商会要发挥带头作用,探索建立健全与国民经济行业发展相适应、覆盖全面、运行有效、作用明显的诚信自律建设体系。

(十二)建立奖惩机制。各级民政部门要会同有关部门依托全国社会组织法人单位信息资源库建设,收集、整合行业协会商会各类信用信息,建立行业协会商会信用档案。对诚信自律良好的行业协会商会,在年度检查、等级评估、税收优惠、职能转移、购买服务等事项中,实行优先办理、简化程序和重点支持等激励政策。对存在多次失信或者严重失信并造成严重后果的,纳入"黑名单"进行管理,采取取消税收减免资格、降低评估等级、限制参与承接政府转移职能和购买服务项目等措施,加大惩戒力度。通过信用奖惩机制,使守信者处处受益、失信者寸步难行。

(十三)做好宣传引导。组织行业协会商会深入开展以诚信自律创建为主题的教育活动,引导行业协会商会将诚信自律建设作为自觉追求和普遍行动。充分发挥电视、广播、报纸、网络等媒体的宣传引导作用,树立行业协会商会诚信自律典型,使广大行业协会商会学有榜样、赶有目标。建立行业协会商会失信行为的舆情监测机制,及时回应社会关切。

民政部

中央编办

国家发展改革委

工业和信息化部

商务部

中国人民银行

工商总局

全国工商联

2014 年 10 月 31 日

2. 上海市民政局 上海市社会团体管理局 上海市经济和信息化委员会 上海市征信管理办公室关于上海市社会组织信用信息记录、共享和使用管理暂行办法

（沪民办发〔2013〕19号）

各区（县）民政局、社团局，各有关单位：

根据《关于进一步加强上海市社会信用体系建设的意见》和《上海市社会信用体系建设 2013—2015 年行动计划》，市民政局、市社会团体管理局、市经济和信息化委员会、市征信管理办公室联合制订了《上海市社会组织信用信息记录、共享和使用管理暂行办法》《上海社会组织失信行为记录标准（试行）》，现印发给你们，请遵照执行。

上海市民政局

上海市社会团体管理局

上海市经济和信息化委员会

上海市征信管理办公室

2013 年 9 月 26 日

第一条（目的依据）

为了构建社会组织综合监管体系，推进社会组织自律与诚信建设，推动社会组织健康有序发展，依据《关于进一步加强上海市社会信用体系建设的意见》《上海市社会信用体系建设 2013—2015 年行动计划》，制定本办法。

2.上海市民政局 上海市社会团体管理局 上海市经济和信息化委员会 上海市征信管理办公室关于上海市社会组织信用信息记录、共享和使用管理暂行办法

第二条（范围定义）

本办法所称社会组织信用信息，是指本市各级社会组织登记管理机关，在依法履职过程中生成和获取的与社会组织信用状况有关的记录，以及有关评价社会组织活动情况的各项信息。

本办法所称社会组织是指在本市各级社会组织登记管理机关依法登记的社会团体、民办非企业单位和基金会。

第三条（管理主体）

市社会组织登记管理机关负责全市社会组织信用信息记录、共享和使用的综合管理工作，负责建立社会组织信用信息管理系统。市、区两级社会组织登记管理机关分别建立专门的社会组织信用信息档案库。

第四条（基本原则）

社会组织信用信息的记录、共享和使用应当合法、客观、公正、审慎，遵循以下原则：

（一）统一管理、分级负责，各司其职，协调配合；

（二）信用信息依法查询、部门共享、联合奖惩；

（三）信息记录完整、准确、真实、及时；

（四）秘密信息和隐私信息应予保护。

第五条（信息分类）

社会组织信用信息分为基本信息、失信信息、良好信息和其他信息。

第六条（基本信息）

社会组织基本信息是指在社会组织登记管理机关登记、备案的，反映社会组织基本情况的各项信息。主要记载：名称、住所（地址）、法定代表人、负责人、工作人员数、登记类型、注册资金、业务范围、组织机构代码证号、登记证号、分支代表机构情况等。

第七条（失信信息）

社会组织失信信息是指社会组织违反法律法规、章程及有关服务承诺等对社会组织信用状况产生负面影响的信息，分为严重失信信息和一般失信信息，具体见《上海社会组织失信行为记录标准》（试行）（附件）。

社会组织失信信息应记载：名称、组织机构代码证号、登记证号、失信行为、处理情况、记录依据、记录机关、记录日期、记录人等。

对社会组织法定代表人、负责人在履职过程中发生的失信信息也应予以记录。应记载:姓名、身份证号、社会组织名称、担任职务、失信行为、处理情况、记录机关、记录日期、记录人等。

第八条(良好信息)

社会组织良好信息是指社会组织规范化建设评估等级、获得全国和市级各项荣誉以及其他认证和获奖等正面信息。良好信息应记载:社会组织名称、组织机构代码证号、登记证号、评估等级及有效期、获得荣誉名称、荣誉授予机构、荣誉授予日期及有效期、记录人等。

第九条(其他信息)

社会组织其他信息是指其他与社会组织信用有关的信息,主要记载社会组织年检结论等内容。

第十条(证明材料)

社会组织信用信息记录应有书面证明材料,包括:

(一)市级以上各类表彰奖励的证书或文件;

(二)已生效的判决书、行政处罚决定书、仲裁裁决书等法律文书;

(三)各级行政机关的通报文件;

(四)经媒体披露、投诉举报后,有关部门查实认定为失信行为的文书等;

(五)其他能够证明社会组织信用情况的书面材料。

第十一条(记录责任)

对应予记录的社会组织信用信息,社会组织登记管理机关应当在15个工作日内,记录到社会组织信用信息管理系统。修改已记录信用信息内容的,应由记录该信用信息的社会组织登记管理机关负责。

第十二条(信息共享)

社会组织信用信息记录统一归集到市法人信息库,并通过市法人信息库在有关部门间进行共享。

第十三条(信息查询)

社会组织信用信息通过市公共信用信息服务平台对外提供查询,具体查询主体及查询办法按本市有关规定执行。

社会组织的基本信息、良好信息和年检结论等通过上海社会组织网主动公开。

第十四条（有效期限）

社会组织失信信息有效期最长不超过信息产生之日起 5 年。对超过有效期限的社会组织失信信息,将不再提供查询、共享和使用,但失信信息记录将永久保存。

法律、法规、规章和上级文件对信息有效期有其他规定的,从其规定。

第十五条（异议处理）

社会组织对经市公共信用信息服务平台查询的自身信用信息有异议的,可以向市公共信用信息服务平台提出书面核实申请。核实处理程序从其规定。

第十六条（信用使用）

社会组织登记管理机关依据记录的社会组织信用信息,在有效期和职权范围内,对社会组织采取相应的奖励和处理措施。

对信用良好的社会组织,可采取如下激励措施:

（一）优先承接政府授权和委托事项;

（二）优先获得政府购买社会组织服务项目;

（三）优先获得资金资助和政策扶持;

（四）优先推荐获得各类表彰和奖励等。

对有失信行为记录的社会组织,根据有关规定,视其失信程度和后果等,可采取下列处理措施:

（一）在日常管理中列为重点监管对象,开展警示谈话,加大财务审计和行政检查的频次和力度;

（二）限制或取消其参加公益招投标和政府购买社会组织服务项目,承接政府授权或委托事项,获取专项资金资助和政策扶持等;

（三）取消其参加先进社会组织评选表彰和获得规范化建设评估 3A 及以上等级的资格;

（四）对其接受捐赠、开展对外交往、举办研讨会等重大事项进行严格监管；

社会组织登记管理机关协调配合相关部门，依据有关规定，在各自职权范围内，采取其他相应的奖励和处理措施。

第十七条（协调指导）

市信用管理部门会同社会组织登记管理机关，协调指导相关部门，共同做好社会组织信用信息的记录、共享和使用工作。

第十八条（施行日期及有效期）

本办法自 2014 年 1 月 1 日起施行，有效期至 2015 年 12 月 31 日。

上海社会组织失信行为记录标准（试行）

社会组织失信行为是指社会组织违反法律法规、章程及有关服务承诺等，对社会组织信用状况产生负面影响的行为，分为严重失信行为和一般失信行为。

一、严重失信行为

1.在申请登记时弄虚作假骗取登记的；

2.社会团体、基金会自取得登记证书之日起 1 年未开展活动的、民办非企业单位自核准登记之日起满 6 个月尚未开展业务活动或者停止业务活动超过 12 个月的；

3.涂改、出租、出借社会组织法人证书，或者出租、出借社会组织印章的；

4.超出章程规定的宗旨和业务范围进行活动的；

5.拒不接受或者不按照规定接受监督检查的；

6.不按照规定办理变更登记的；

7.不按照规定办理注销登记的；

8.擅自设立分支机构、代表机构，或者对分支机构、代表机构疏于管理，造成严重后果的；

9.从事营利性经营活动的；

10.侵占、私分、挪用社会组织资产或者所接受的捐赠、资助的;

11.违反国家有关规定收取费用、筹集资金或者接受、使用捐赠、资助的;

12.在填制会计凭证、登记会计账簿、编制财务会计报告中弄虚作假的;

13.未按规定接受年度检查的;

14.不履行信息公开义务或者公布虚假信息的;

15.未按规定开展涉外活动,并产生严重后果的;

16.财务审计发现重大问题的;

17.以各种形式设立小金库的;

18.因违法、违规、侵权等受到行政处罚、民事制裁、刑事制裁或造成严重社会影响的。

二、一般失信行为

1.未依法按章按时召开会员大会或者会员代表大会、理事会、常务理事会、监事会会议的;

2.未依法按章按时换届或产生负责人,以及负责人未经批准超龄、超届任职的;

3.未按规定配备会计、出纳人员的;

4.未按规定的内容和标准收取费用的;

5.未执行《民间非营利组织会计制度》,违规使用财务凭证和票据的;

6.未按规定公开法人登记证书、税务登记证书、许可证、收费标准的;

7.基金会未按法规政策规定完成公益事业支出额度的;

8.未按规定履行报备手续的(负责人、办事机构、印章、银行账号等备案事项及领导干部兼任社会团体领导职务审批等);

9.向社会作出公开承诺未能按时兑现的;

10.未经审核批准面向社会开展评比表彰、达标活动的。

关于《上海社会组织失信行为
记录标准(试行)》的解释

为贯彻实施《上海市社会组织信用信息记录、共享和使用管理暂行办法》(附《上海社会组织失信行为记录标准(试行)》),根据《上海市行政规范性文件制定和备案规定》(市政府 26 号令)第二十五条的规定,现对《上海市社会组织信用信息记录、共享和使用管理暂行办法》中的"社会组织失信行为",做出如下解释:

一、严重失信行为第一条"在申请登记时弄虚作假骗取登记的"是指:

(一)伪造发起人、理事、会员、从业人员(民办非企业单位)、专职工作人员(社会团体)名单等;

(二)伪造住所相关证明文件或递交的住所证明文件与实际情况不符的;

(三)伪造验资报告的;

(四)社会组织发起人、拟任负责人隐瞒正在或者曾经受到剥夺政治权利的刑事处罚、不具有完全民事行为能力的;

(五)社会组织发起人、拟任负责人基本情况、身份证明不实的;

(六)社团法定代表人隐瞒同时兼任其他社团法定代表人的;

(七)基金会法定代表人隐瞒同时兼任其他组织法定代表人的;

(八)以其他伪造文件、隐瞒事实的方式骗取登记的。

二、严重失信行为第二条"社会团体、基金会自取得登记证书之日起 1 年未开展活动的;民办非企业单位自核准登记之日起满 6 个月尚未开展业务活动或者停止业务活动超过 12 个月的"是指:

(一)社会团体、基金会自取得登记证书之日起 1 年未开展活动或任意一年未开展活动的;

(二)民办非企业单位自核准登记之日起满 6 个月尚未开展业务活

动或者停止业务活动超过 12 个月的。

三、严重失信行为第三条"涂改、出租、出借社会组织法人证书,或者出租、出借社会组织印章的"是指:

（一）涂改、出租、出借社会组织法人证书（正、副本）的;

（二）出租、出借社会组织印章（公章、财务专用章、法定代表人印章）的。

四、严重失信行为第四条"超出章程规定的宗旨和业务范围进行活动的"是指:

（一）超出其章程规定的宗旨和业务范围进行活动的;

（二）超出许可证规定的许可内容进行活动的;

（三）未经行政许可,擅自从事依法应当取得行政许可的活动的。

五、严重失信行为第五条"拒不接受或者不按照规定接受监督检查的"是指:

（一）拒不接受或者不按照规定接受登记管理机关日常监督检查和专项检查的;

（二）拒不接受或者不按照规定接受财务审计的;

（三）拒不接受或者不按照规定接受其他部门日常监督检查和定期抽查的。

六、严重失信行为第六条"不按照规定办理变更登记的"是指:

（一）未在规定的时限内或未按规定的程序,申请变更登记的（名称、住所、法定代表人、业务范围和宗旨及活动地域、业务主管单位、注册资金、开办资金、原始基金数额、类型等）;

（二）未在规定的时限内或未按规定的程序,核准章程的;

（三）未在规定的时限内或未按规定的程序,申请行政许可延续的,导致证书有效期失效一年以上的;

（四）换届和法定代表人变更未按规定进行财务审计的。

七、严重失信行为第七条"不按照规定办理注销登记的"是指:

（一）符合注销条件,未在规定时限内或未按规定程序,申请注销登记（完成章程规定的宗旨,无法按照章程规定的宗旨继续从事公益活动

的,自行解散、分立或合并、由于其他原因终止等);

(二)前置许可失效后未办理注销的;

(三)在清算期间开展清算以外活动的。

八、严重失信行为第八条"擅自设立分支机构、代表机构,或者对分支机构、代表机构疏于管理,造成严重后果的"是指:

(一)未按法定程序办理分支机构、代表机构的设立、变更、注销审批手续的;

(二)社会团体、基金会自取得分支机构或代表机构登记证书之日起一年内未开展活动的;

(三)未尽到管理职责,致使分支机构、代表机构进行违法活动造成严重后果的;

(四)分支机构的名称使用不规范,对公众有误导的;

(五)在分支机构、代表机构下又设立分支机构、代表机构的;

(六)分支机构开展的业务活动与该社会团体、基金会宗旨、业务范围无关的;

(七)代表机构的活动内容、承办事项与该社会团体、基金会业务范围无关的;

(八)分支机构、代表机构设定的活动范围超越该社会团体、基金会设定的活动地域的;

(九)民办非企业单位设立分支机构的。

九、严重失信行为第九条"从事营利性经营活动的"是指:

(一)组织的利润用于成员间的分配或分红的;

(二)组织的资产以任何形式转变为私人财产的;

(三)假借公益名义,谋取非法利益,进行走私、套汇、逃税等非法活动的;

(四)与其他组织或机构发生利益输送的;

(五)社会团体成立与其会员争利的实体机构的;

(六)从事其他营利性经营活动的。

十、严重失信行为第十条"侵占、私分、挪用社会组织资产或者所接受的捐赠、资助的"是指：

（一）侵占、私分、挪用社会组织资产的；

（二）侵占、私分、挪用社会组织所接受的捐赠、资助的；

（三）社会组织工作人员利用职务之便，挪用本单位资金归个人使用或借贷给他人的。

十一、严重失信行为第十一条"违反国家有关规定收取费用、筹集资金或者接受、使用捐赠、资助的"是指：

（一）非法向社会集资的；

（二）将合法筹集的资金违法违规使用的；

（三）未按章程规定的宗旨和业务范围开展活动并收费的；

（四）有偿服务收费不符合国家有关规定的。

十二、严重失信行为第十二条"在填制会计凭证、登记会计账簿、编制财务会计报告中弄虚作假的"是指：

（一）未按《中华人民共和国会计法》规定如实填制会计凭证的；

（二）未按《中华人民共和国会计法》如实登记会计账簿，或设账外账的；

（三）编制财务会计报告中弄虚作假的；

（四）其他故意违反《中华人民共和国会计法》《民间非营利组织会计制度》行为的。

十三、严重失信行为第十三条"未按规定接受年度检查的"是指：

（一）拒不接受年度检查的；

（二）未按法定时限和要求填报年检报告书的；

（三）年检中隐瞒真实情况，弄虚作假的。

十四、严重失信行为第十四条"不履行信息公开义务或者公布虚假信息的"是指：

（一）未履行重大事项报告义务的（成立大会，换届大会，会员（代表）大会，涉外活动，接受境外捐赠，开展评比、达标、表彰活动，举办大型会议和影响较大的社会活动，社会组织违反法律法规，受到有关行政机关依法处罚等情况；社会组织发生重大纠纷、冲突以及重大人员伤亡和财产损失

事故等突发事件等);

（二）未按捐赠人或资助人的要求报告捐赠或资助使用情况的（如财物的使用期限、方式和合法用途);

（三）未按要求向业务主管单位报告接受、使用捐赠、资助有关情况并以适当方式向社会公布的;

（四）公募基金会未向社会公布募得资金后拟开展的公益活动和资金的详细使用计划;在募捐活动持续期间内未及时公布募捐活动所取得的收入和用于开展公益活动的成本支出情况;募捐活动结束后,未公布募捐活动取得的总收入及其使用情况的;

（五）基金会未向社会公布所开展的公益资助项目种类以及申请、评审程序;评审结束后,未公布评审结果并通知申请人;公益资助项目完成后,未公布有关的资金使用情况;事后对项目进行评估,未同时公布评估结果的;

（六）基金会在通过年度检查后,未将年度工作报告在登记管理机关指定的媒体上公布的;

（七）举办实体机构未备案的;

（八）公布虚假信息的。

十五、严重失信行为第十五条"未按规定开展涉外活动,并产生严重后果的"是指:

（一）不按规定履行报批手续的;

（二）未按规定和要求开展涉外活动造成严重后果的。

十六、严重失信行为第十六条"财务审计发现重大问题的"是指:

（一）未实施《民间非营利组织会计制度》的;

（二）未按财政部《内部会计控制规范》制定财务会计管理制度并产生严重后果的;

（三）未按规定依法进行税务登记并按期进行纳税申报的;

（四）按规定必须审计但未开展审计的;

（五）基金会工作人员工资福利和行政办公支出严重超出规定比例的;

（六）资产来源属于国家拨款或社会捐赠、资助，未按要求接受财政部门和审计机关监督的；

（七）民办非企业单位、基金会年末净资产低于行业最低标准的；

（八）监事在基金会领取报酬的；

（九）在基金会领取报酬的理事超过理事总人数的三分之一的；

（十）出租、出借或转让本单位账户给其他单位和个人使用的；

（十一）各种存款未按国家规定开设账户、办理存款、取款和转账结算等业务的；

（十二）未开设独立账户、开设两个及以上基本账户或以个人名义开立账户存储的；

（十三）分支、代表机构开设基本账户的；

（十四）无形资产的取得和转让不符合国家规定的；

（十五）登记注册后以各种方式抽逃资金的；

（十六）其他重大审计问题的。

十七、严重失信行为第十七条"以各种形式设立小金库的"是指：

（一）以单位名义开设假名单支付工资，开具发票时发票联与存根联的金额不一致，套取现金、虚列支出转出资金及其他形式设立"小金库"的；

（二）月末库存现金余额不符合规定，挪用库存现金进行非正常投资，以所得资金方式设立"小金库"的；

（三）隐匿会费收入，截留行政事业性收费和捐赠收入设立"小金库"的；

（四）其他违反中办、国办《关于深入开展"小金库"治理工作的意见》及其他有关规定，应列入而未列入符合规定的单位账簿的各项资金（含有价证券）及其形成资产，设立"小金库"的。

十八、严重失信行为第十八条"因违法、违规、侵权等受到行政处罚、民事制裁、刑事制裁或造成严重社会影响的"是指：

（一）因违法、违规、侵权等受到行政处罚的；

（二）因违法、违规、侵权等受到民事制裁的；

（三）因违法、违规、侵权等受到刑事制裁的；

（四）其他因违法、违规、侵权等造成严重社会影响的。

十九、一般失信行为第一条"未依法按章按时召开会员大会或者会员代表大会、理事会、常务理事会、监事会会议的"是指：

（一）未依法按章按时召开会员（代表）大会、理事会、常务理事会、监事会，召开次数不符合《章程》规定的；

（二）民办非企业单位、基金会未按要求产生监事或监事不履行监督职责的；

（三）会员（代表）大会、理事会、常务理事会、监事会未依法按章履职的。

二十、一般失信行为第二条"未依法按章按时换届或产生负责人，以及负责人未经批准超龄、超届任职的"是指：

（一）未依法按章按时换届或产生负责人，但未超过一年的；

（二）党政机关领导干部担任社会团体负责人未履行审批手续的；

（三）负责人产生不符合章程规定的程序，未经登记管理机关批准、超届任职的；

（四）法定代表人未按章程规定产生的。

二十一、一般失信行为第三条"未按规定配备会计、出纳人员的"是指：

（一）未配备会计、出纳人员的；

（二）会计、出纳人员不具备从业资格的；

（三）会计、出纳人员由一人兼任的；

（四）会计、出纳人员未按规定参加继续教育的。

二十二、一般失信行为第四条"未按规定的内容和标准收取费用的"是指：

（一）制定或修改会费标准的程序不符合规定的；

（二）未按规定的内容和标准收取活动费用的；

（三）社会团体专用收据（会费）使用不符合财务规定的。

二十三、一般失信行为第五条"未执行《民间非营利组织会计制度》，违规使用财务凭证和票据的"是指：

（一）票据购买缴销不及时、保管不规范、违规出借票据的；

（二）票据使用超出业务范围，不符合政策法规和章程规定的；

（三）未按票据科目或擅自涂改票据科目开票的；

（四）开具"白条"入账的；

（五）未按时上报财务报表的；

（六）会计核算未实行电算化的。

二十四、一般失信行为第六条"未按规定公开法人登记证书、税务登记证书、许可证、收费标准的"是指：

（一）未在办公场所显著位置悬挂法人登记证书（正本）、税务登记证书、许可证、收费标准的；

（二）不使用登记管理机关核准的名称的；

（三）证书遗失后未及时办理补证手续的。

二十五、一般失信行为第七条"基金会未按法规政策规定完成公益事业支出额度的"是指：

（一）公募基金会每年从事章程规定的公益事业支出低于上一年总收入 70% 的；

（二）非公募基金会每年用于从事章程规定的公益事业支出低于上一年基金余额 8% 的。

二十六、一般失信行为第八条"未按规定履行报备手续的（负责人、办事机构、印章、银行账号等备案事项及领导干部兼任社会团体领导职务审批等）"是指：

（一）负责人、办事机构未按"一届一备、变动必备"的原则履行报备手续的；

（二）理事、监事变动未按规定履行备案的；

（三）公章、财务专用章、法定代表人印章未按法律、法规、政策要求刻制和备案的；

（四）未将银行账号报登记管理机关备案的。

二十七、一般失信行为第九条"向社会作出公开承诺未能按时兑现的”是指：

（一）实际服务质量与公开承诺不符的；

（二）实际服务收费与公开承诺不符的；

（三）实际服务时限与公开承诺不符的；

（四）其他导致实际服务与公开承诺不符的情况。

二十八、一般失信行为第十条“未经审核批准面向社会开展评比表彰、达标活动的”是指：

（一）评比表彰、达标活动未按规定经过审批的；

（二）与章程规定的宗旨和业务范围不符，超出其活动地域和业务领域的；

（三）未坚持非营利性原则，向评选对象收取费用或变相收取费用的，或与营利性机构合作举办或者委托营利性机构举办的；

（四）未坚持公开、公平、公正原则，奖项设置不合理，评选条件和程序不公正，评选过程不公开透明的；

（五）未经批准冠以“中国”“全国”“国际”“世界”或其他类似字样的。

3.浙江省民政厅 浙江省发展和改革委员会 关于加强社会组织信用体系建设的通知

（浙民民〔2013〕226号）

各市、县（市、区）民政局、发改委（局）：

为切实加强社会组织信用体系建设,进一步推进社会组织评估工作,推动社会组织健康有序发展,根据民政部《社会组织评估管理办法》（第39号令）、省发改委《关于印发浙江省社会信用体系建设"十二五"规划的通知》（浙发改规划〔2012〕529号）、省民政厅《关于印发全省性社会组织评估实施办法的通知》（浙民民〔2009〕183号）等文件要求,现就有关事项通知如下：

一、充分认识社会组织信用体系建设的重要意义

党的十八大对推进社会体制改革、加快形成现代社会组织体制提出了明确要求,社会组织作为社会建设的重要主体,在经济社会发展中发挥着不可替代的作用。社会组织等级评估是社会组织综合监管机制的重要组成部分,进一步加强社会组织评估工作,对加强社会组织管理、提升社会组织能力、加快形成政社分开、权责明确、依法自治的现代社会组织体制具有重要意义。

社会组织等级评估是社会组织信用体系建设的重要内容。加强社会组织信用体系建设,不仅是提升社会组织透明度和公信力、促进社会组织持续健康发展的迫切需要,也是进一步加强社会信用体系建设的内在要求,更是促进政府、企业和社会组织互动合作、优化社会结构的重要举措。各地要从事关政治、经济、社会发展全局的高度,充分认识做好新形势下社会组织信用体系建设的重要意义。进一步加大工作力度,创新工作思路,改革工作举措,建立科学、高效的评估机制,健全公开、透明的信用环境,有效开展社会组织信用体系建设,引导社会组织健康有序发展。

二、积极推进社会组织信用信息平台建设

(一)建立全省社会组织信用信息平台。在省公共信用信息平台的架构内建立统一的全省社会组织信用平台,作为"信用浙江"网的"政府、企业、自然人、事业单位和社会组织五位一体"公共信用信息平台之一。省发改委与省民政厅共同制定社会组织信用信息收集、整理、入库和发布机制,研究完善数据信息全面性、准确性、安全性的具体措施。将于年底前初步构建全省社会组织信用信息平台。

(二)归集完善社会组织的信用信息。省发改委根据社会组织信用信息数据库需要,制定统一的信息标准和技术规范、数据比对方式、数据入库方式、数据报送形式,确保数据的准确性、及时性和权威性。省民政厅将现有的社会组织基本信息、监管信息、评估信息等,按照统一格式和标准,集中汇集到省公共信用信息平台。根据完善数据库信用信息的要求,与社会组织联系密切的业务部门,积极主动做好信用信息的收集与报送工作。社会组织信用信息的归集工作,于2013年10月份启动,12月中旬完成现有信息的归集并制定信息更新的措施。

(三)推进社会组织信用信息公开共享。本着"互联共享、方便查询、全面公布、积极应用"的要求,推进社会组织信用信息平台应用工作。坚持边建设、边公布,建立政府部门、金融机构、社会组织与信用平台之间互联互通、联建共享机制,提高应用的全面性和广泛性。社会组织信用评估报告经主管部门审核后,及时在"信用浙江"网上公示。做好快捷、方便的查询工作,提高社会组织信用信息使用的准确性、及时性和便捷性。

三、切实加强社会组织评估及成果应用

(一)加大社会组织评估工作力度。各级民政部门要进一步加强对社会组织评估工作的指导和监督,各相关业务主管部门要积极配合、协调推动社会组织积极参与评估,逐步建立民政牵头、部门协同、社会参与、专业指导的评估工作机制。争取明年全省社会组织总体参评率达到40%

以上,其中基金会达到 60% 以上,民办非企业单位及行业协会类社会团体达到 50% 以上;到 2015 年,全省社会组织总体参评率达到 60% 以上,其中基金会达到 100%,民办非企业单位及行业协会类社会团体达到 70% 以上。

(二)完善社会组织评估工作方法。各地要研究制定科学合理、公平公正的评估办法和评估指标体系,建立评估专业委员会和复核委员会,组织专业人员或委托第三方专业机构进行评估。各地可将社会组织评估工作纳入年度检查,作为年检的重要内容。各市、县(市、区)获得 5A 等级的社会组织要报省级社会组织登记管理机关复评,各县(市、区)获得 4A 等级的社会组织要报设区市社会组织登记管理机关复评。

(三)加强社会组织信用成果应用。各地要加大对社会组织信用成果的应用,在政府职能转移、项目招投标、委托代理、社会服务、评比表彰等方面,积极查询社会组织的信用记录,建立社会组织评估等级准入制度,对获得较高等级的社会组织给予相应优惠待遇。

1.优先资金扶持。省级财政资金和福利彩票公益金优先对等级评估在 3A 级以上的社会组织承接公益项目予以资助。各级各部门要根据实际,制定出台相应的政策措施,对较高等级的社会组织予以奖励和扶持。

2.优先承接职能。将政府事务性、适合由社会组织提供的公共管理和服务职能,优先向获得较高等级的社会组织转移。各级民政部门率先探索向社会组织转移相关公共服务职能的内容和程序,尽快制定出台政府职能转移目录表,加快推进政府职能转移和委托购买服务等措施。

3.优先评先评优。在开展社会组织评比表彰时,对评估获得 5A、4A 等级的社会组织予以优先考虑,未参与等级评估的社会组织不予考虑。对获得 5A、4A 等级的社会组织,将简化年度检查程序和内容。

四、不断强化社会组织信用体系建设的保障措施

(一)加强组织协调。各地要将社会组织信用体系建设作为促进社会组织健康发展、完善社会信用体系、推动社会建设的一项重要工作来抓。各级民政、发改等有关部门要密切配合,形成合力,在社会组织评估、社会组织信用信息采集和公开、社会组织等级评估成果应用等方面加强沟通协调,推进任务落实,逐步构建较为完善的社会组织信用体系。

(二)加大保障力度。各地要将评估工作经费纳入各级财政预算,进一步加强社会组织评估工作队伍建设,为社会组织评估工作的有效开展提供资金、人员等方面的有力支持。

(三)积极宣传引导。充分利用各种渠道,向社会各界广泛宣传开展社会组织评估工作和社会组织信用体系建设的重要意义,提高对社会组织等级评估以及社会组织信用体系的认识,积极推进社会组织信用成果应用。

(四)强化监督管理。进一步加强对社会组织评估工作的组织实施和考核督查,做好评估知识培训工作,切实提高评估工作的质量和成效。要加快培育社会组织评估服务市场,加强对评估服务机构的指导和规范。

浙江省民政厅

浙江省发展和改革委员会

2013 年 9 月 20 日

4. 浙江省社会组织信用信息管理暂行办法

第一条 为规范社会组织信用信息管理,推进社会组织诚信建设,不断加强和完善社会信用体系,根据国务院《关于印发〈社会信用体系建设规划纲要(2014—2020年)〉的通知》(国发〔2014〕21号)、浙江省"信用浙江"建设领导小组《关于印发〈浙江省公共信用信息指导目录(2014版)〉的通知》(浙信发〔2014〕2号)、浙江省民政厅、浙江省发展和改革委员会《关于加强社会组织信用体系建设的通知》(浙民民〔2013〕226号)有关规定,结合我省实际,制定本办法。

第二条 本办法所称社会组织是指在全省各级社会组织登记管理机关依法登记的社会团体、民办非企业单位和基金会。

本办法所称社会组织信用信息,是指全省各级社会组织登记管理机关,在依法履职过程中生成和获取的与社会组织信用状况有关的记录,以及有关评价社会组织活动情况的各项信息。主要包括基本信息、荣誉信息、失信信息等。

本办法所称社会组织信用信息管理,是指对社会组织信用信息的征集、管理和应用等行为。

第三条 省社会组织登记管理机关负责全省社会组织信用信息综合管理工作,负责建立全省社会组织信用信息管理系统。市、县两级社会组织登记管理机关分别建立专门的社会组织信用信息档案库,并负责本级社会组织信用信息征集和上报。

各级社会组织业务主管单位、行业指导部门及其他相关职能部门,应各司其职,协同推进社会组织信用信息管理工作。

提供社会组织信用信息的单位应当对信息的真实性负责。

第四条 社会组织信用信息的管理应遵循以下原则：

(一)统一管理、分级负责、协调配合；

(二)依法查询、联合奖惩、社会共享；

(三)完整准确、客观真实、及时全面；

(四)保守国家秘密和商业秘密,保护个人隐私。

第五条 社会组织基本信息是指在社会组织登记管理机关登记的,反映社会组织基本情况的各项信息。主要包括:组织名称、组织类型、组织机构代码证号、登记证号、法定代表人、住所(地址)、注册资金、业务主管单位、登记日期、联系电话、年检年度、年检结果、评估年度、评估结果、评估单位等。

第六条 社会组织荣誉信息是指社会组织获得各项荣誉以及其他认证和获奖等正面信息。荣誉信息除记载相关基本信息外,应包括:获得荣誉名称、荣誉授予机构、荣誉授予日期及有效期、记录人等。

第七条 社会组织失信信息是指社会组织违反法律法规、章程及有关服务承诺等对社会组织信用状况产生负面影响的信息,分为严重失信信息和一般失信信息,具体见《浙江省社会组织失信行为记录标准(试行)》(附件)。失信信息除记载相关基本信息外,应包括:失信行为、处理情况、记录依据、记录机关、记录日期、记录人等。

对社会组织法定代表人、负责人在履职过程中发生的失信信息也应予以记录。主要包括:姓名、身份证号、社会组织名称、担任职务、失信行为、处理情况、记录机关、记录日期、记录人等。

第八条 在社会组织失信信息基础上,建立社会组织失信"黑名单"制度。具有1条以上严重失信信息或者3条以上一般失信信息的社会组织,纳入社会组织失信"黑名单"数据库,并向社会发布。"黑名单"信息应包括组织名称、组织类型、组织机构代码证号、登记证号、法定代表人、失信行为、处理情况、记录依据、记录机关、记录日期、记录人等。

第九条 社会组织信用信息记录应有书面证明材料,包括:

(一)各类表彰奖励的证书或文件；

（二）已生效的司法判决书、行政处罚决定书、仲裁裁决书等法律文书；

（三）各级行政机关的通报文件；

（四）经媒体披露、投诉举报后，有关部门查实认定为失信行为的文书等；

（五）其他能够证明社会组织信用情况的书面材料。

第十条　对应予记录的社会组织信用信息，社会组织登记管理机关应及时记录到社会组织信用信息数据库。修改已记录信用信息内容的，应由记录该信用信息的社会组织登记管理机关负责。

第十一条　社会组织信用信息记录统一归集到省社会组织法人信息库，并通过省社会组织法人信息库在有关部门间进行共享。

第十二条　社会组织信用信息通过省公共信用信息平台对外提供查询，具体查询主体及查询办法按有关规定执行。

第十三条　社会组织荣誉信息记录期限为荣誉事项有效期。一般失信信息记录期限为失信行为认定之日起 3 年；严重失信信息为失信行为认定之日起 5 年。

对超过有效期限的社会组织失信信息，将不再提供查询、共享和使用。

法律、法规、规章和上级文件对信息有效期有其他规定的，从其规定。

第十四条　社会组织对经省公共信用信息平台查询的自身信用信息有异议的，可以向省公共信用信息平台或社会组织登记管理机关提出书面核实申请。核实处理程序从其规定。

第十五条　社会组织登记管理机关应会同有关职能部门推进社会组织信用信息的应用。在信息有效期和职权范围内，对社会组织采取相应的激励和处理措施。

对信用良好的社会组织，可采取下列激励措施：

（一）优先承接政府授权和委托事项；

（二）优先获得政府购买社会组织服务项目；

（三）优先获得资金资助和政策支持；

（四）优先推荐获得各类表彰和奖励；

（五）其他激励性措施。

对有失信行为记录社会组织，应充分发挥失信联合惩戒机制作用，根据有关规定，视其失信程度和后果等，可采取下列处理措施：

（一）在日常管理中列为重点监管对象，开展警示谈话，加大财务审计和行政检查的力度；

（二）限制或取消其参加公益招投标和政府购买社会组织服务项目，承接政府授权或委托事项，获取专项资金资助和政策扶持等；

（三）取消其参加社会组织评比表彰的资格；

（四）对其接受捐赠、开展对外交流、举办研讨会等重大事项进行严格监管；

（五）其他惩戒性措施。

第十六条　各地依据本办法制订实施细则，并组织实施。

对于纳入备案管理的社区社会组织，有条件的地方，可参照本办法进行管理。

第十七条　本办法由浙江省民政厅负责解释。

第十八条　本办法自 2014 年 12 月 1 日起施行。

5. 北京市民政局关于开展社会组织 "诚信建设行"活动的方案

（京民社发〔2016〕371 号）

为贯彻落实《中华人民共和国慈善法》（以下简称《慈善法》）和《关于改革社会组织管理制度促进社会组织健康有序发展的意见》、国务院《社会信用体系建设规划纲要（2014—2020 年）》及《北京市人民政府关于加快社会信用体系建设的实施意见》等文件精神，决定在全市社会组织中广泛开展"诚信建设行"活动，推进全市社会组织自律与诚信建设，营造诚实守信的风尚，提升社会公信力。

一、开展社会组织"诚信建设行"活动的重要意义

社会组织是社会治理的重要主体和依托，社会组织的诚信自律是社会信用体系建设的重要内容，开展社会组织"诚信建设行"具有重要的意义。

一是落实《关于改革社会组织管理制度促进社会组织健康有序发展的意见》的举措。《关于改革社会组织管理制度促进社会组织健康有序发展的意见》明确提出，加强社会组织诚信自律建设，推动社会组织建立诚信承诺制度，建立行业性诚信激励和惩戒机制。开展社会组织"诚信建设行"活动，有利于推动社会组织通过自查自纠，公开承诺，规范活动，建章立制等多项举措，落实《意见》精神，全面强化社会组织诚信自律建设。

二是动员全市社会组织共同参与信用体系创建的重要活动。社会组织所具有的公益理念和志愿精神，是诚信社会建设的一笔宝贵资产，在推动社会文明进步中发挥着不可或缺、不可替代的作用。开展社会组织"诚信建设行"活动,明确社会组织诚信的基本概念和基本标准,社会组织按照诚信基本标准要求,开展自查自纠、测评整改、建章立制等一系列活动,实现自我修正,建立起诚信自律机制。这是全市社会组织共同参与的一次诚信建设的实践,将为共筑共建社会组织信用体系打下良好基础。

三是加强社会组织内部治理和规范化建设的生动实践。开展社会组织"诚信建设行"活动,有利于引导社会组织增强诚信意识,健全自律机制,促进社会组织诚信建设从自我规范开始,并进一步推进到理事会、会员单位和利益相关方。以诚信建设为载体和手段,积极促进社会组织内部治理体系的完善。

四是对慈善组织诚信资格的检查认定。当前,《慈善法》已正式实施,把社会组织信用视为认定慈善组织、认定公开募捐资格的前提条件,参与社会组织"诚信建设行"活动并取得相应的成果,成为社会组织提出申请认定慈善组织、申请政府许可的慈善活动之必备条件,也促使这次活动成为落实《慈善法》的具体措施。

二、总体思路

紧密围绕《慈善法》颁布实施,通过开展社会组织"诚信建设行"活动,最广泛地动员社会组织共同参与信用体系建设实践,重点解决社会组织诚信自律机制不健全、公信力不强等问题。制定诚信自律达标标准,以简单、量化、可操作的诚信评价指标,强力推动社会组织自我测评、自查自纠,不断改进、完善制度,加快社会组织信用体系建设。把诚信行动与贯彻《慈善法》相结合,为贯彻落实《慈善法》奠定坚实基础。

三、主要内容

(一)自查自纠,公开承诺

全市社会组织要按照相关法律法规、政策规定,对照《北京市社会组织诚信达标参考标准》进行自我测评,认真查找在机构建设、内部治理、活动规范、信息公开和社会评价等方面存在的不足和薄弱环节,结合各自实际提出改进措施,形成达标整改方案,经理事会研究审议后实施;同时,依据本市《基金会信息公开实施办法》《社会团体信息公开指引》和《民办非企业单位信息公开指引》,对信息公开内容进行梳理,在指定媒体上依法进行信息公开;制定本单位诚信承诺书,在住所醒目位置或官方网站予以张贴公布,并在"北京市社会组织信用信息公示系统"与本组织名称对应的"基本情况"栏目中予以公布,接受政府部门、服务对象和社会公众的监督。

(二)区分层次,抓好测评

开展理事会成员诚信测评。由社会组织秘书处或办公室对照《北京市社会组织诚信达标标准》,对理事会成员单位诚信情况进行测评,并提出整改意见。建立理事会成员诚信准入制度,合格准入,不合格退出,强化理事单位诚信建设,确保理事会成员在组织中的先进性。

开展会员单位、捐赠方、利益相关方诚信测评。按照达标标准,开展对个人会员、会员单位、利益相关方信用状况的测评工作。探索建立会员单位诚信准入退出机制,利益相关方合作诚信测评制度,确保捐赠资金等来源合法合规。

开展行业诚信测评。行业协会商会要在这次活动中,结合本行业特点,研究制定本行业诚信准则,规范职业行为,增强诚信和守法意识;有条件的行业协会可开发建立行业会员单位诚信信息管理系统,借助信息化手段,建立健全会员准入与退出信用评价制度,逐步形成行业约束机制。

(三)规范活动,建章立制

社会组织要严格按照法律法规和章程规定开展活动,结合自查自纠及诚信建设的情况,进一步完善修订章程,将诚信建设内容纳入章程,确保诚信建设活动有章可依;对照相关诚信标准,加强各类活动的管理和规范,积极塑造诚信服务品牌,不断提升诚信服务能力和品牌的公信力。如,不强行或者变相摊派会费;举办评比达标表彰项目,按规定报批,不向企业强行收取费用;开展涉外活动履行报批手续;严格遵守财务会计制度,做到收支规范、账目清楚,等等。

四、加强活动组织管理

（一）建立工作机构。市民政局建立"诚信建设行"活动领导小组，办公室设在市社团办，负责全市活动的统筹协调，检查评估和总结表彰。市各有关部门、业务主管单位参与活动的管理工作。市信用协会专家组负责制定相关诚信标准。各区民政局成立相应机构，负责本区活动开展。各行业性、联合性社会团体负责推进本行业、本领域的相关活动。市民政局设立活动举报电话，举报电话65396185。

（二）活动成果应用。各社会组织要形成包括自查自纠、整改情况在内的专题报告，在年报时随规定材料一并提交市、区民政局，参与评估的要将专题报告提交第三方评估机构。一是纳入社会组织评估事项，把社会组织诚信达标情况与社会组织评估等级挂钩。二是与政府购买服务资格相关联，诚信未达标的社会组织将不能获得参与政府购买服务资格。三是社会组织诚信建设情况记入市社会组织信用信息公示系统。四是社会组织诚信承诺书将在"北京市社会组织信用信息公示系统"与其组织名称对应的"基本情况"栏目中予以公布。五是参加"诚信建设行"活动情况自查自纠报告将作为市、区民政局进行行政抽查的考评内容。

五、工作步骤

（一）启动阶段（2016年8月）

下发《北京市民政局关于开展社会组织"诚信建设行"活动的方案》《社会组织诚信达标参考标准》和《北京市社会组织诚信自律倡议书》。开通北京市社会组织信用信息公示系统。

（二）自查阶段（2016年9月—10月）

各社会组织依据相关信用达标参考标准，对照在组织建设、内部治理和活动规范等方面实际情况展开自查，认真查找本单位在信用建设方面存在的问题，制订整改方案，并经理事会研究后组织实施，完善相关内部制度，撰写自查、自评和整改总结报告。行业组织可在本行业、本领域开展符合行业特点的信用建设活动。

（三）成果上报阶段（2016 年 11 月）

社会组织完成活动后形成总结报告，上报登记管理机关并以适当形式进行公开，接受社会监督。民政部门设立活动举报专线，并负责对社会投诉举报情况进行核实和处理。

（四）评估评价阶段（2016 年 12 月中上旬）

完成以上工作的社会组织在 2017 年年报时向本级登记管理机关报告相关情况，市、区两级登记管理机关对参加"诚信建设行"活动的社会组织进行抽查，比率不低于 20%。

（五）总结表彰阶段（2016 年 12 月下旬）

全市评选出 100 家争创"诚信建设行"示范单位，对参加争创"诚信建设行"示范单位的社会组织进行表彰，并记入社会组织信用信息公示系统。

六、工作要求

（一）统一思想，加强领导。各单位要充分认清开展本次活动对于贯彻落实《慈善法》，全面提高社会组织素质，解决社会组织诚信建设问题的重要意义。要加强组织领导、统筹协调和督导落实，确保活动有序开展。各区民政部门要建立相应的工作机制，制定具体实施方案和配套措施，抓好督促检查和指导。各行业协会商会要结合自身实际，积极主动地组织开展"诚信建设行"活动。

（二）精心组织，注重实效。"诚信建设行"活动，是组织全市社会组织共同开展的一次诚信建设活动。市区民政部门和业务主管单位要仔细谋划、认真准备、精心布置，做到不走过场，不搞形式，力争在解决社会组织诚信建设问题上下功夫、见实效。

（三）广泛宣传，营造声势。市区民政部门、各业务主管单位及社会组织要努力探索、勇于创新，充分发挥广播、电视、报刊、网络等新闻媒体的作用，大力宣传在活动中涌现出来的先进典型和先进经验。结合主题活动，引导社会组织集中开展一些有规模、有影响的社会公益主题活动或诚信服务承诺活动，扩大社会组织的影响力和美誉度。

社会组织诚信达标参考标准

1.严格遵守宪法、法律、法规和国家相关政策,依法依规组织开展各类活动。
2.严格按照章程规定的宗旨和业务范围开展活动。
3.组织机构健全,职责分工明确,内部治理体制完善。
4.有健全的规章制度。有财务制度、人事制度、档案制度、活动规范、重大事项报告制度、服务承诺制度、信息公开制度等主要规章制度,并严格遵守执行。
5.依法参加年检,主动进行年报,积极参加等级评估。
6.经费来源合法,资金使用不违规。无侵占、私分、挪用资产,无有失公允的关联交易,无"小金库",不乱收会费,不乱收评比表彰费。
7.在项目实施过程中严格遵循程序与标准,秉承专业精神,坚持公开公正,诚信承诺。
8.用诚信标准考核理事成员、会员单位、捐赠方。建立会员单位诚信准入退出机制。
9.严格履行合同,诚信经营,依法纳税。
10.依法全面、及时进行信息公开。有信息公开管理制度及责任追究条款。
11.内部和谐,有团队文化。
12.依法与员工签订劳动合同、为其缴纳保险和提供劳动保护。无拖欠员工工资情况。
13.公益资助项目种类、申请、评审程序及结果进行公开,广泛接受社会监督。
14.本组织主要负责人(法定代表人、秘书长等)没有受行政处罚等不良信用信息,司法诉讼信用信息中没有列入失信被执行人名单。
15.不存在严重破坏市场公平竞争秩序和社会正常秩序及拒不履行法定义务的行为。
16.积极履行社会责任。

九、评 估 类

1. 民政部关于探索建立社会组织第三方评估机制的指导意见

（民发〔2015〕89号）

各省、自治区、直辖市民政厅（局），各计划单列市民政局，新疆生产建设兵团民政局：

建立社会组织第三方评估机制，是完善社会组织综合监管体系的重要内容，是社会组织评估的发展方向。近年来，社会组织评估已在全国许多地方得到推广，取得积极成效，但也存在发展不平衡、评估机构独立性不强、专业化水平不高和评估机制不健全等问题。为贯彻党的十八大和十八届二中、三中、四中全会精神，加快转变政府职能，激发社会组织活力，现就探索建立社会组织第三方评估机制提出以下意见。

一、探索建立社会组织第三方评估的总体思路和基本原则

社会组织第三方评估的总体思路：围绕社会组织改革发展大局，以评估促改革、促建设、促管理、促发展，着力规范第三方评估的范围、内容、程序，着力培育和发展第三方评估机构，着力建立第三方评估的体制机制和政策保障，使第三方评估成为政府监管的重要抓手，成为社会监督的重要平台，成为社会组织加强自身建设的重要动力，促进社会组织在经济社会发展中发挥更大作用。

社会组织第三方评估的基本原则：坚持政社分开，管评分离，由独立的社会机构进行专业化评价；坚持分级管理，分类评估，由各级登记管理机关指导和监督；坚持客观公正，公开透明，确保评估公信力；坚持引导激励，以评促建，促进社会组织健康有序发展。

二、积极培育和规范社会组织第三方评估机构

社会组织第三方评估机构应能够独立承担民事责任,具有相对稳定的专业评估队伍,管理规范,社会信誉良好。民政部门要充分利用现有资源,大力发展民办非企业单位、社会团体、市场中介机构和事业单位等形式多样的专业评估机构。探索建立第三方评估机构健康发展的政策措施,建立相应的管理制度,加强人才队伍建设,逐步使评估机构更好地承担社会组织第三方评估工作。

民政部门要按照公开公平公正的原则,向社会公开社会组织评估的项目、内容、周期、评审流程、资质要求等,通过招标、邀标等方式,择优选择第三方评估机构,明确第三方评估机构的服务内容、服务期限、权利义务、违约责任、评估验收、合同兑现。民政部门所属的社会组织不得作为社会组织第三方评估机构,需要作为社会组织第三方评估机构的应与民政部门脱钩。民政部门要依据评估项目和要求,定期检查第三方评估过程的相关资料记录,调查了解第三方评估结果的社会认可度,确保评估流程规范有序,评估过程客观公正。

第三方评估机构要严格依照评估标准和程序,按照要求认真做好社会组织评估工作,帮助参评社会组织提高自身建设的能力,并定期将工作进度等情况向民政部门报告。第三方评估机构要客观公正开展评估工作,不得利用评估谋取不正当利益,要教育引导评估人员严格遵守评估工作纪律,不得弄虚作假、徇私舞弊,自觉接受评估对象和社会的监督。

三、建立社会组织第三方评估资金保障机制

不断拓展第三方评估机构的资金来源渠道。积极争取财政部门的支持,将第三方评估经费纳入社会组织管理工作经费。有条件的地方也可以将社会组织评估纳入政府购买服务目录。倡导社会力量对评估工作予以捐助。

社会组织第三方评估机构不得向评估对象收取费用。要加强评估资金的规范和管理,提高资金使用效益,保证服务数量、质量和效果。资金使用情况应定期向社会公布。

四、推进社会组织第三方评估信息公开和结果运用

民政部门要定期汇总社会组织第三方评估信息,及时公布社会组织评估机构、评估方案、评估标准、评估程序和评估结果,提高评估工作透明度。第三方评估机构要将单位名称、组织机构、章程、业务范围、住所、负责人、联络方式向社会公开,自觉接受评估对象和社会公众对评估工作的咨询,积极回应质疑。

加快建立社会组织评估结果综合利用机制,扩大评估结果运用范围。各地要制定与评估结果挂钩的激励政策,提倡把评估结果作为社会组织承接政府转移职能、接受政府购买服务、享受税收优惠、参与协商民主、优化年检程序、参加表彰奖励的参考条件,鼓励把评估结果作为社会组织信用体系建设的重要内容。

五、加强对社会组织第三方评估工作的领导

各地要把第三方评估工作作为推动社会组织管理制度改革创新和政府转变职能的重要内容,列入重要工作日程,稳妥有序推进。已开展第三方评估工作的,要进一步完善工作机制,巩固提高;尚未开展的,要创造条件尽快起步。要认真总结经验,发挥示范作用,广泛开展宣传,提高评估工作的公信力和认可度。加强指导,不断完善评估标准,建立优胜劣汰的动态管理机制。吸收有关部门代表、人大代表、政协委员、专家学者、市场中介机构和社会组织代表等专业人士,建立信誉好、公信力高的评估委员会和复核委员会,充分发挥委员会在第三方评估中的决策和监督作用。积极拓展社会组织第三方评估类型,探索依申请评估和专项评估,逐步将承担政府购买服务项目和承接政府转移职能的社会组织纳入第三方评估之中,全面提升社会组织第三方评估规范化、标准化、信息化水平。与有关部门密切配合,通力协作,共同推进,加强信息共享,形成联动机制。

各地要依据《社会组织评估管理办法》的规定和本意见精神,结合实际,研究制定更加具体的第三方评估方案和政策措施。工作中遇到的重大的情况和问题,应及时报告民政部。

民政部

2015 年 5 月 13 日

2.北京市社会组织评估机构管理办法(试行)

北京市社会组织评估机构管理办法(试行)

第一章 总 则

第一条 为规范和加强对社会组织评估机构的管理,建立公开、公平、公正和规范有序的社会组织第三方评估工作机制,更好地发挥第三方评估在社会组织建设管理中的规范、引领和促进作用,根据《中华人民共和国慈善法》,中共中央办公厅、国务院办公厅《关于改革社会组织管理制度促进社会组织健康有序发展的意见》(中办发〔2016〕46号),民政部《社会组织评估管理办法》(民政部令第39号),《民政部关于探索建立社会组织第三方评估机制的指导意见》(民发〔2015〕89号)制定本办法。

第二条 本办法所称社会组织评估机构(以下简称评估机构)是指受本市民政部门委托,重点对本市社会组织基础条件、内部治理、诚信建设、工作绩效和社会评价等内容进行等级评估的工作机构,包括民办非企业单位(社会服务机构)、社会团体、市场中介机构和事业单位等形式多样的专业服务机构。

本办法所称社会组织是指在市、区民政部门依法登记的社会团体、民办非企业单位(社会服务机构)和基金会。

第三条 对评估机构的管理遵循以下原则:

(一)条件审核原则。承接本市社会组织等级评估工作的机构,需经过审核具备承接社会组织评估工作的条件(以下简称承接条件)。

(二)统一管理原则。北京市民政局负责对全市评估机构的承接条件进行统一审核和管理。

(三)统一标准原则。评估机构应具备的承接条件标准和审核程序由北京市民政局统一制定。

第二章　承接条件审核

第四条　北京市民政局是全市社会组织评估机构承接条件的审核和管理部门。

北京市民政局组织专家成立评估机构承接条件审核专业委员会(以下简称条件审核委员会),负责审核工作。

第五条　承接本市社会组织评估工作的评估机构应具备下列条件:

(一)具有独立法人资格,能够独立承担民事责任;

(二)具有固定办公场所和开展评估工作必需的办公设施;

(三)组织机构健全,内部治理规范,社会信誉良好;

(四)有与评估工作相适应、相对稳定的专业评估人才队伍,至少由5人以上组成,其中应包括2名以上具有评估工作经验、熟悉社会组织建设与管理的副高级及以上专业技术职称的专家,1名熟悉《民间非营利组织会计制度》的会计师,2名专职工作人员;

(五)近3年内无违法违规等不良信用记录;成立不满3年的,自成立之日起,无违法违规等不良信用记录。

第六条　拟承接社会组织评估工作的评估机构,应向北京市民政局提出承接条件审核申请。需提供以下材料:

(一)承接条件审核申请表;

(二)法人登记证书(副本复印件);

(三)评估工作人员(含聘任专家、会计师)名录、简介及职业(执业)资格证书(复印件);

(四)本机构及相关专家所获表彰奖励等荣誉证书(复印件);

（五）评估工作经历和业绩材料；

（六）其他需要提交的材料。

第七条 对评估机构的承接条件审核按照以下程序进行：

（一）申请。向北京市民政局提交承接条件审核申请材料。

（二）初审。北京市民政局对提出申请的评估机构承接条件进行初审。

（三）考察审核。条件审核委员会对通过初审的评估机构进行考察和承接条件审核，考察结束10日内做出考察审核意见并告知申请机构。

（四）公示。北京市民政局将考察审核结果向社会进行公示，公示期7日。公示期内，对评估机构承接条件提出异议的，由专家委员会进行复核并提出复核意见。

（五）公告。公示期满无异议或经复核无异议的，北京市民政局对具备承接条件的评估机构进行确认并予以公告。

第三章 承接条件管理

第八条 评估机构承接条件审核申请每年受理和审核一次。每年9月30日（含）前，评估机构向北京市民政局提出承接条件审核申请。12月31日前，北京市民政局做出审核结论并向社会公布具备承接条件的评估机构名单。

第九条 评估机构的承接条件自公布之日起3年内有效。有效期满须向北京市民政局提出承接条件延续申请，重新审核承接条件。

评估机构应在承接条件期满前90日内向北京市民政局提出承接条件延续申请。申请承接条件延续需提交下列材料：

（一）评估机构承接条件延续申请表；

（二）近3年评估工作总结报告和委托方绩效考核意见。

条件审核委员会进行审核并出具审核意见后，由北京市民政局进行承接条件确认。延续承接条件的有效期为3年。

第十条 评估机构的专职评估工作人员每年应参加北京市民政局组织的评估工作统一培训，通过考核后方能参与开展社会组织评估工作。

北京市民政局建立评估机构专职评估工作人员的培训学习和考核记录。

第十一条 评估机构发生名称、办公地址、法定代表人、业务范围变更和评估专家及工作人员调整的,应在变更或调整完成之日起 20 日内向北京市民政局办理备案。

第四章 行为规范

第十二条 评估机构开展活动,应当遵守法律、法规、规章的规定,遵守职业道德,遵循客观公正、诚实守信的原则。不得利用评估工作谋取不正当利益。

第十三条 评估机构独立开展评估工作,任何组织和个人不得干预。评估机构承接的评估项目不得进行转包或分包。

评估机构要教育引导评估工作人员严格遵守评估工作纪律,不得弄虚作假、徇私舞弊,自觉接受被评估的社会组织和社会的监督。

评估机构应定期将工作进度等情况向评估工作委托方报告。

第十四条 评估机构应根据全市统一制订的评估指标、评价标准、程序规范,客观公正地开展社会组织评估工作。

第十五条 评估机构要加强评估项目管理,建立健全内部管理机制和各项管理制度,确保评估项目规范有序实施。

第十六条 评估机构应当向社会公开单位名称、组织机构、章程、业务范围、住所、负责人、联络方式等,并接受被评估的社会组织和社会公众对评估工作的咨询和监督。

第十七条 评估机构应当建立完善的财务会计制度,加强评估工作经费的使用管理。评估工作完成后,要单独制作评估项目财务会计报告,接受审计监督。

开展本办法规定的评估工作不得向被评估单位收取费用。

第十八条 评估成果的知识产权归委托方所有,未经委托方同意,评估机构不得对外公开发表或向他人提供评估过程中产生的信息资料和研究报告。

第五章　监督管理

第十九条　北京市民政局是市级社会组织评估任务的委托和监督管理部门,负责市级社会组织评估机构的选聘和评估工作的监督管理。负责对各区民政局评估工作的指导。

区民政局是本区社会组织评估任务的委托和监督管理部门。负责本区社会组织评估机构的选聘和评估工作的监督管理。

区民政局选定本级评估机构后,需将评估机构名单报北京市民政局备案。区民政局每年评估工作完成后 30 日内,将评估等级 4A 级及以上的社会组织名单报北京市民政局备案,并由评估机构向市评估工作专家委员会汇报评估工作情况并接受质询。

第二十条　市、区民政部门每年向社会公开发布社会组织评估项目,通过招标、邀标和竞争性谈判等方式,聘用承担本级社会组织评估工作的机构。评估机构在开展评估工作前应将参与评估工作的专家和工作人员名单向评估任务委托方备案。

第二十一条　民政部门按照评估项目委托合同的内容,负责对评估机构项目执行情况进行绩效考核。北京市民政局可委托第三方机构对评估机构的合同履行情况、社会组织的投诉情况和评估工作的规范性及遵守评估纪律情况进行检查、复核和绩效考核,并定期通报监督检查结果。

第二十二条　北京市民政局建立社会组织评估机构和评估专家的信用记录,将绩效评价、违纪违规等情况纳入评估机构和评估专家的信用记录内容并向社会公示。

第二十三条　评估机构有下列情形之一的,民政部门予以行政约谈并责令改正;情节严重的,北京市民政局可将其移出具备承接条件的评估机构名单并向社会公布:

(一)未严格履行委托合同或进行分包、转包的;

(二)在评估工作中弄虚作假,或者与被评估的社会组织串通舞弊,致使结果失实的;

(三)违反廉洁自律相关规定和评估工作纪律,接受被评估的社会组织宴请、馈赠的;

(四)违反规定向被评估的社会组织收取评估费用或者利用评估工作谋取不正当利益的;

(五)受到相关部门警告、罚款、没收非法所得、限期停止活动等行政处罚的;

(六)不再具备本办法第五条规定条件的;

(七)未按本办法第十一条规定备案的;

(八)违反法律法规的其他情形。

被移出具备承接条件的评估机构名单的,整改期为 6 个月。经整改符合条件后可向北京市民政局重新提出承接条件审核申请。

第六章 回 避

第二十四条 评估机构与被评估社会组织之间有管理、利益关联关系或者其他可能影响评估结果公正的情形,应当回避。

第二十五条 条件审核委员会的专家和评估机构的工作人员(含聘用专家)有下列情形之一的,应当回避:

(一)与申请承接条件审核的评估机构或被评估的社会组织有利害关系的;

(二)在申请承接条件审核的评估机构或被评估的社会组织任职,或离职不满 2 年的;

(三)与申请承接条件审核的评估机构或被评估的社会组织有其他可能影响承接条件审核或评估结果公正的。

第七章 附 则

第二十六条 本办法自发布之日起实施。

十、培育孵化类

1. 上海市民政局 上海市社会团体管理局 关于加强本市社会组织服务中心建设的 指导意见（试行）

（沪民社非〔2015〕1号）

各区（县）民政局、社团局：

为贯彻落实《关于组织引导社会力量参与社区治理的实施意见》（沪委办发〔2014〕45号）精神，按照国家民间组织管理局推进社会组织服务机构建设要求，发挥社会组织服务中心在引导社会组织参与社区治理中的服务平台作用，现结合本市实际，提出如下意见。

一、重要意义

社会组织服务中心是党委、政府联系社会组织和群众的重要桥梁和纽带，是服务社会组织参与社区治理的重要载体。近年来，在市委、市政府的高度重视下，全市大部分区（县）、街道（乡镇）已建立民办非企业单位性质的各类社会组织服务中心，在承接政府转移事项、整合各方资源、满足居民需求等方面发挥了积极作用，但也存在发展不平衡、功能不完备等问题。为顺应社会治理发展需要、适应特大型城市治理要求、激发社会组织活力，迫切需要大力加强社会组织服务中心建设，推动社会组织在参与社会治理中发挥重要作用。

二、总体要求和基本原则

（一）总体要求

深入贯彻党的十八大和十八届二中、三中、四中全会精神，围绕市委市政府"创新社会治理加强基层建设"发展大局，以促进社会治理体系和治理能力现代化为目标,以构建社会组织服务支持体系和综合监管体系为重点,按照扩大覆盖、拓展功能、提升水平的要求,大力推动社会组织服务中心的建设,加快形成"覆盖广泛、功能互补、工作联动"的市、区(县)、街道(乡镇)社会组织服务中心体系,在服务社会组织发展中发挥枢纽作用。

(二)基本原则

坚持党的领导。在各级党组织领导下,发挥好社会组织服务中心在社会组织党建中的服务作用,加强党在社会组织中的组织覆盖和工作覆盖,保证社会组织发展的正确方向。

坚持政社分开。尊重社会组织主体地位,优化社会组织服务中心法人治理结构,以完善社会化运作机制为重点,促进社会组织服务中心依法治理、自主决策、独立运作。

坚持服务为本。把服务社会组织、服务社区发展、服务社区群众,作为社会组织服务中心建设的出发点和落脚点,建立健全多层次服务支持体系,满足基层群众和社会组织多样化需求。

三、功能定位

在发挥支持服务和枢纽作用的基础上,结合社会组织需求、社会治理需求和社区民生需求,不断拓展社会组织服务中心功能,建立市、区(县)、街道(乡镇)社会组织服务中心体系。市社会组织服务中心重点围绕本市经济社会发展现实需求,开展社会组织政策理论研究及宣传引导工作,做好与区(县)社会组织服务中心的联络、沟通和协调工作。区(县)社会组织服务中心重点围绕建立本区域社会组织互助发展模式,推动社会组织的自我服务、自我管理、自我完善;开展对本区域街道(乡镇)服务中心的业务指导及相关工作。街道(乡镇)社会组织服务中心重点围绕社区公共事务服务、供需对接和社会组织管理等方面,做好服务社会组织发展工作。

(一)服务社会组织发展。为新成立社会组织提供信息咨询、政策宣传、登记申请指导等服务;为初创期和成长期社会组织提供能力培训、项目指导、财务指导、品牌塑造等服务;动员和凝聚社会力量支持社会组织和公益事业发展,搭建跨界合作和供需对接平台,为社会组织推介和引进优质项目;为社会组织开展活动提供场地协调、宣传推介等服务;受相关部门委托,为社会组织党建工作提供相应服务。

(二)承接政府转移事项。适应政府职能转变需要,通过承接政府购买服务等方式,建设政府事务与社会组织对接的信息平台,提供各类相应信息服务,并开展对社会组织孵化培育、社区群众活动团队备案实施、年检咨询、法规政策辅导等工作;开展社会组织实地评估、人才培训、公益项目招投标指导、信用体系建设培训、档案托管、工资基金办理、票据发放等工作。

(三)参与社区多元治理。针对社区治理需求,协调和引导社会组织提供生活服务、公益慈善、文体活动、专业调处等社区服务;积极搭建协商交流平台,反映社情民意,推动社会组织参与基层民主协商,提高城乡社区治理水平。

(四)引导社会组织自治。加强社会组织服务中心依法自治建设,引导社会组织开展规范化建设和诚信建设;及时收集社会组织动态资料,配合提供社会组织基本信息的筛查检录;维护社会组织的合法权益,支持社会组织健康、有序发展。

四、建设要求

(一)人员队伍。社会组织服务中心应根据服务区域内社会组织和群众活动团队的数量、承担的主要功能等情况,配备相应的专职工作人员。

(二)服务场所。根据工作和发展需要,社会组织服务中心应有固定、独立的办公场地,面积一般不少于30平方米,并配备日常工作所需办公设备。

(三)开办资金。社会组织服务中心应有与其开展业务活动相适应的财产,区(县)、街道(乡镇)社会组织服务中心开办资金数额由各区(县)自行设定。

(四)运作模式。社会组织服务中心应实行理事会领导下的主任负责制,设立监事(会),落实法人单位自主权,实行社会化、专业化运作。

（五）规范建设。社会组织服务中心应建立健全财务管理、人事管理、议事规则等各项制度，严格依法办事、按章理事、依规行事；取得登记证书2年以上并符合相应条件的，应参加评估。

五、保障措施

（一）建立组织网络。推动各区（县）、街道（乡镇）全面建立社会组织服务中心，健全市、区（县）、街道（乡镇）社会组织服务中心组织网络；适时成立市社会组织服务中心联合会，发挥信息共享、联合联动、优势互补等作用。

（二）完善工作机制。鼓励市、区（县）社会组织服务中心与党政部门建立相应的协商机制；支持街道（乡镇）社会组织服务中心通过定期会商、情况专报、列席会议等方式，建立与街道办事处（乡镇人民政府）、居（村）民委员会协同机制；引导社会组织服务中心通过需求对接、项目开发、资源共享等方式，建立与各类社区资源平台的协作机制。

（三）加大扶持力度。按照"费随事转"的原则，加大政府购买服务的力度；鼓励各级部门采取有效措施，在人、财、物及办公场所等方面，给予社会组织服务中心支持；加强人才队伍建设，社会组织服务中心专职工作人员的平均收入，一般不低于上年度本市职工平均工资水平。

（四）加强考评监督。各级民政部门要积极协调有关部门，加强对社会组织服务中心的工作指导，完善由服务对象和第三方为主的评价机制，实施相应奖励；健全社会组织服务中心信息公开机制，主动接受其他社会组织、社区居民和社会舆论监督，提升社会公信力，保障社会组织服务中心健康有序发展。

上海市民政局

上海市社会团体管理局

2015 年 6 月 18 日

2.陕西省民政厅关于加强全省社会组织孵化基地建设的指导意见

（陕民发〔2014〕37号）

各设区市民政局、杨凌示范区社会事业局、韩城市民政局,神木、府谷县民政局,相关社会组织孵化基地:

为更好发挥社会组织在经济社会发展中的积极作用,落实党的十八大关于"在改善民生和创新管理中加强社会建设"的要求,推动社会健康发展。依据国家有关大力发展社会组织精神及有关社会组织管理的政策法规,现就加强全省社会组织孵化基地建设提出如下指导意见:

一、充分认识加强社会组织孵化基地建设的重要意义

社会组织孵化基地(以下简称"孵化基地")是针对社会组织发展需求而建立的载体和公共服务平台。通过整合政府、企业和社会组织的力量,有针对性地为初创期和转型期的社会组织提供各项支持和帮助。加强孵化基地建设,是深化政府职能转变、促进社会组织健康发展的重要抓手,是实现社会组织自我管理、自我完善、自我发展的有效途径。加强孵化基地建设,对于推动社会管理创新、加快形成"政社分开、权责明确、依法自治"的现代社会组织体制具有十分重要的意义。

通过近几年的努力,目前我省已形成若干孵化基地,并培育了一些社会组织,在助推各类社区民生服务和提升社会组织参与社会服务能力等方面发挥了积极作用。鉴于大部分孵化基地建设仍处于起步探索阶段,尚未完全形成较为完善的管理体系和运行机制,部分已建成的孵化基地还存在发展模式单一、协同机制落后、作用发挥不平衡等问题。因此,进一步加强全省社会组织孵化基地建设,切实提高质量效益和管理水平十分必要。

二、明确社会组织孵化基地建设的指导思想和总体目标

(一)指导思想

以党的十八大和十八届三中、四中全会精神为指导,以创新社会治理为重点,以民生服务需求为导向,突出公益性、专业性,创新性、示范性,积极为社会组织和社会服务项目提供阶段性的良好发展环境和培育条件,促进社会组织在孵化培育中成长壮大,更好地满足人民群众日益增长和多样化的民生服务需求。

(二)总体目标

根据我省社会组织发展需要:到 2015 年,各设区市和市辖区建成社会组织孵化基地 20 个,到 2017 年,全省县区 60%以上建成孵化基地。通过政府主导、专业团队运营、社会跨界合作的模式,努力提供多样化、个性化、专业化的社区公共服务和公共产品,不断提升孵化基地的质量效益和管理水平,把孵化基地建设成为以公益理念为引领,融服务、培育、管理、示范、创新为一体的可持续发展的社会组织生态园。

三、明确社会组织孵化基地建设的基本原则

(一)以人为本,理念至上

坚持以民生需求为导向,以提供公益性服务为宗旨,着眼于人民群众多层次、多样化的物质文化生活服务需求。孵化基地应在本区域形成自己的品牌项目,基地各单位应形成合力,树立和扩大孵化基地的社会影响力,应在公益文化倡导,公益理念传播,公民参与社区自治方面作出表率和示范。

(二)因地制宜,创新驱动

坚持从区域实际出发,从不同社会组织的具体情况出发,因地制宜,大胆创新,建立起充满活力和生机的高效运作机制和管理制度,为社会组织发展释放新的活力、创造新的空间。尤其是要注重以创意文化的理念引领孵化基地发展,引入创意人才参与孵化基地的建设。重点建设和发展市、区两级综合性、专业性孵化基地。

（三）整合资源，跨界合作

整合政府、企业、社会等资源，注重提高资源利用效率和服务效益，并通过跨界合作提升孵化培育和民生服务能力，通过引进，吸收先进地区的理念、创意及相关知名品牌公益支持服务机构，以此提升我省孵化基地整体的专业水准和创新能力。

（四）政府主导，专业运作

各登记管理机关要积极争取政府各部门对孵化基地的支持，建设资金可以政府投入为主，并进行科学合理规划，确立目标，制定标准，组织培训，监督管理，同时创造条件引导社会力量参与，形成社会力量参与孵化基地建设机制。努力实现建设资金投入来源的多元化。鼓励和倡导政府采取购买服务方式委托具有一定能力的专业性社会组织承担孵化基地的管理和运营，提供孵化培育的专业人员和专业服务。

（五）激发热情，多元参与

登记管理机关要与团委，青联，妇联，残联，工商联沟通，实现信息资源共享，寻求培育切入点；要与青年群体居多的银行、电信、学校、医院、铁路、大型企业工会等大型企事业单位取得联系，从行业特点出发，培育相关公益组织，鼓励青年志愿者参与孵化基地的公益志愿活动，形成多行业参与，全社会协同共建机制，充分激发社会组织孵化基地活力。

四、明确社会组织孵化基地的功能定位

孵化基地一般具有以下功能：

（一）培育扶持。一是硬件支持，提供办公场地、办公设备、会议场所、展示空间等。二是资金支持，在条件允许的范围内提供行政经费资助、项目资助和小额补贴。三是专业支持，包括管理服务、财务托管、法律咨询、网络技术支持以及协助社会组织进行法人注册，帮助社会组织与政府部门进行沟通等。

（二）提升能力。帮助入驻的社会组织和项目团队进行自身能力建设，提供制定章程、承接项目、发展业务等方面的咨询服务。在组织架构上帮助社会组织完善内部治理结构，同时提高社会组织的项目管理、人力资源管理、品牌塑造、风险应对、自治自律等方面能力。

（三）整合资源。整合资金、智力、创意、信息、政策、人才等各类资源，搭建平台、提供渠道，实现各类资源与社会组织发展需求之间、社会组织可提供的服务与社区公共需求之间的有效对接。

（四）引导规范。塑造社会组织良性发展的核心价值观和公益理念，努力以各种有效方式加以宣传和推广。引导社会组织依法活动、按章办事、诚信自律，并倡导和推动行业自律。

五、建立完善社会组织孵化基地的运行机制

（一）入驻选择机制

社会组织（专业项目团队）申请入驻，实行集体评审决策制。申请材料经运营管理方初审后，由同级社会组织登记管理机关或其授权的评审机构进行评分或票决决定。

专业项目团队的评审要素主要包括项目带头人的公益理念、以往公益项目的经验和成效、项目的定位和目标、项目团队的构成等。经评审确定入驻的社会组织或专业项目团队，应签订入驻协议，实行合同管理。

社会组织或专业项目团队入驻孵化基地期限一般为 1—2 年。对确需重点培育扶持的社会组织或项目，在双方协商一致的情况下可适当延长，延长期最长不超过 1 年。

孵化基地运营管理方要将签约入驻的社会组织或项目的相关材料报送同级登记管理机关，并接受同级登记管理机关的监管。

（二）出壳退出机制

入驻孵化期满，社会组织或项目已具备自我发展能力，可自然出壳。

入驻孵化期间，社会组织或项目存在未按时参加年检、年检结果不合格、发生违法违规行为被查处等任一情形的，即予退出。经一段时间运行后，社会组织或项目有无法实现既定目标，社会服务效益低等情形的，劝其退出。

入驻的社会组织或项目违反入驻协议约定的，可依据协议中相关退出或终止条款执行。

孵化基地运营管理方要将拟退出的社会组织或项目的相关材料，报送同级登记管理机关审核，经审核同意后方可办理相关手续。

（三）自治机制

建立孵化基地内部治理机制,实现管理架构的扁平化。鼓励和倡导成立由各方参与的孵化基地管理委员会,实行自主管理。同时,提高管理人员能力,建立健全管理制度,提升管理水平。建立规范的财务运行机制,提高政府扶持资金的利用效率。

充分挖掘和利用社会资源,创造条件,培训孵化专业机构专业人才,搭建交流学习平台,努力培养出熟悉公益行业,多学科背景,公益理念强的复合型人才。

鼓励与高校和科研单位合作,建立相互依存、共同发展的合作关系,充分利用专业人才资源和志愿者资源提升孵化基地建设水平。

引进优秀、专业的支持性社会组织为孵化基地内处于初创期、转型期的社会组织和项目提供服务,助其提升自身能力,尽快完成孵化顺利出壳。

六、落实加强社会组织孵化基地建设的保障措施

（一）加强组织领导。市、区（县）社会组织登记管理机关牵头负责各自层面孵化基地建设工作。

孵化基地自身建设可以通过政府购买服务或彩票公益金的方式获得资金扶持。孵化基地组织形式可以成为民政部门下设的公益服务平台,也可以设立为独立法人性质的民办非企业单位的组织形式。

（二）加大协调支持力度。市、区（县）社会组织登记管理机关协调同级相关部门,给予同级层面的孵化基地建设资金支持;以相关法规政策为依据,协调解决入驻社会组织在税收、房租、水电、承接政府部门转移的职能以及政府购买服务项目、人才引进、交流培训、依法登记注册等方面遇到的问题。同时,可通过开展"公益伙伴日""公益服务日（月、周）"等活动,或建立相关对接机制等形式,优先考虑入驻社会组织的项目落地。

（三）实施绩效考核评估。省级将按基地建设规范、孵化数量对各地孵化基地建设给予支持。由社会组织登记管理机关牵头,每年组织一次孵化基地运营绩效评估。主要评估要素为:政府支持资金的管理使用情况,社会组织孵化成功率,入驻社会组织发育状况、发挥作用情况、创造就业机会、建章立制及其执行情况等。

陕西省民政厅

2014 年 10 月 28 日

3. 苏州市扶持社会组织培育基地建设 "以奖代补" 资金管理办法

第一条　为完善社会组织培育体系、推动社会组织培育基地(包括各种类型的社会组织孵化器、培育中心、服务中心等,以下统一称"培育基地")建设,决定对已建成的各级、各类培育基地以奖代补。为加强"以奖代补"资金管理,特制定本办法。

第二条　"以奖代补"资金是指"十二五"时期市级福利彩票公益金专门用于对建成的区、街道(镇)和社区(村)的社会组织培育基地的专项资金。"以奖代补"资金只能用于建设项目,不得用于人员费用和公用支出。

第三条　扶持方式:

1.按照面积和功能分类扶持,先建后奖。

2.依据《苏州市社会组织培育基地考核评估细则》(附2)确定评估得分。按60分以下不予补助、60—90分折算为补助比例、90分以上全额补助执行。

3.社会组织培育基地以其他名义已得到市级福利彩票公益金资助的在"以奖代补"中抵扣。

第四条　扶持标准:培育基地面积在2000平方米以上规模的、每家最高不超过80万元,1000—2000平方米规模的每家最高不超过50万元,500—1000平方米规模的每家最高不超过30万元,500平方米以下的每家最高不超过15万元。

第五条　申报、评估和审定程序:

1.申报。以建成的社会组织培育基地名义正式申报。

2.评估。市民政局、财政局实地考核评估（考评细则附后）。

3.审定。市民政局、市财政局统一审定。

第六条 每年逐级申报"以奖代补"资金。初审工作由区民政局、财政局负责,在三季度前集中申报。申报时提供以下资料:

1.苏州市社会组织培育基地建设"以奖代补"资金申报表（见附件）;

2.申报的培育基地的法人证书复印件;

3.申报的培育基地的房屋面积、专职人员、入驻组织、受育组织和运行特色等相关资料。

第七条 市民政局和财政局每年组织专业人员,于四季度对申报项目进行现场考核评估,一般于年底前完成审定工作。

第八条 "以奖代补"资金由各级民政、财政部门共同实施监督管理,对项目单位在"以奖代补"资金申报、使用、管理过程中,有弄虚作假、违规操作和违法行为,或将已经建成的社会组织培育基地挪作他用的,除按有关规定收回"以奖代补"资金外,取消继续申报项目资格,并依据相关法律法规追究有关单位和人员违法、违纪责任。

第九条 本办法适用于姑苏区、高新区和工业园区范围内建设的区、街道（镇）、社区（村）的社会组织培育基地。

各市和吴江、吴中、相城区可根据当地的实际情况,参照执行。

后　记

　　2012 年 11 月中国共产党第十八次全国代表大会召开以来，中共中央、国务院以及各地陆续出台了促进社会组织健康发展的多项政策，社会组织发展进入了新阶段。本书选编了党的十八大以来，中央、国务院以及各省区市相关部门出台的支持社会组织健康发展的 62 份政策文件，分为综合改革类、党建类、政社分开类、转移职能类、购买服务类、税收优惠类、人才建设类、信用体系建设类、评估类、培育孵化类 10 个专题。本书可供社会组织管理部门、社会组织研究机构、专家学者和关心社会组织发展的社会各界人士学习和参考。

　　本书编辑过程中，民政部民间组织管理局和民政部政策研究中心和中共北京市委党校给予了大力支持和帮助，北京德诚社会组织评估与促进中心、中关村博硕人才与市场经济研究院的研究人员付出了辛勤的汗水。在此表示衷心的感谢！特别要对刘振国、孔德福、马仲良、徐家良、马文选、牛艳艳在编辑过程中给予的支持表示衷心的感谢！

　　由于编辑工作时间紧促，编写人员水平有限，本书难免存在不足之处，敬请读者批评指正。

2017 年 1 月

责任编辑:吴广庆

封面设计:徐 晖

图书在版编目(CIP)数据

社会组织支持型政策选编/吴刚 主编. —北京:人民出版社,2017.10

ISBN 978－7－01－017261－3

Ⅰ.①社… Ⅱ.①吴… Ⅲ.①社会组织管理-研究-中国 Ⅳ.①D669.3

中国版本图书馆 CIP 数据核字(2016)第 320250 号

社会组织支持型政策选编

SHEHUI ZUZHI ZHICHIXING ZHENGCE XUANBIAN

吴 刚 主编

人民出版社 出版发行

(100706 北京市东城区隆福寺街 99 号)

北京汇林印务有限公司印刷 新华书店经销

2017 年 10 月第 1 版 2017 年 10 月北京第 1 次印刷

开本:710 毫米×1000 毫米 1/16 印张:24

字数:340 千字

ISBN 978－7－01－017261－3 定价:68.00 元

邮购地址 100706 北京市东城区隆福寺街 99 号

人民东方图书销售中心 电话 (010)65250042 65289539